CURSO DE LECTURA
CONVERSACIÓN
Y REDACCIÓN

JOSÉ SILES ARTÉS
JESÚS SÁNCHEZ MAZA

S O C I E D A D   G E N E R A L   E S P A Ñ O L A   D E   L I B R E R Í A ,   S . A .

PRIMERA EDICIÓN: 1996
SEXTA EDICIÓN: 2003

PRODUCE
  SGEL-EDUCACIÓN
  Avda. Valdelaparra, 29
  28108 Alcobendas (Madrid)

COORDINACIÓN EDITORIAL
  Julia Roncero

DISEÑO
  Carla Esteban

© José Siles Artes, Jesús Sánchez Maza, 1996

© Sociedad General Española de Librería, S.A., 1996
   Avda. Valdelaparra, 29 - 28108 Alcobendas (Madrid)

ISBN: 84-7143-867-4
Depósito Legal: M-50.541-2003
Printed in Spain-Impreso en España

Fotomecánica: NEGAMI, S.L.
Impresión: MaterOffset, S.L.
Encuadernación: F. Méndez, S.A.

P R Ó L O G O

Este libro se ha ideado para estudiantes de nivel medio que quieran enriquecer sus conocimientos del español, y para aquellos de nivel superior que deseen dar un repaso a los suyos. La base principal de esta obra es una selección de textos de autores contemporáneos de España y de Hispanoamérica, que nos han parecido interesantes y representativos de la lengua española actual.

Esta selección comprende fragmentos de narrativa, ensayo y teatro. Además, se han intercalado textos de divulgación científica, tecnológica, económica, artística, etcétera. En cada unidad se ofrece la oportunidad de practicar la comprensión global del texto, seguida luego de su comprensión detallada, a la que se llega mediante ejercicios variados de léxico y estructuras sintácticas, tanto escritos como hablados. Se dan también ejercicios específicos de conversación que estimulen coloquios entre los estudiantes del grupo y les den la oportunidad de aportar sus propias ideas y experiencias, expresándolas en lengua española.

No se ha olvidado que el alumno medio-avanzado tiene que saber redactar, por lo que se le proporcionan ejercicios adecuados en cada unidad.

El orden en que aparecen las unidades persigue que el alumno avance de una forma gradual. Pero, por supuesto, en una antología de este tipo, otros profesores pueden considerar más conveniente seguir un orden diferente.

Una característica de este libro es que la mayor parte de sus ejercicios son autocorrectivos por medio de números que remiten al texto, lo que hace que se pueda utilizar por estudiantes autodidactas, además del uso normal como texto de un curso de español.

Finalmente, agradecemos la inapreciable colaboración de algunos colegas en la revisión y corrección del original.

LOS AUTORES

MADRID, JULIO DE 1996

NOTA A LA NUEVA EDICIÓN

Esta nueva edición del CURSO DE LECTURA, CONVERSACIÓN Y REDACCIÓN, Nivel Intermedio, ha sido cuidadosamente revisada, se han corregido los errores encontrados, se han modificado algunos ejercicios y se ha añadido al final del libro una **clave** a los ejercicios que no son autocorrectivos. De esta manera creemos haber introducido en nuestra obra un instrumento de ayuda que la enriquece notalemente.

Y no nos queda más que agradecer de manera muy especial la ayuda de A. Rey, experto profesor de español para extranjeros, en la revisión y corrección a fondo del libro.

MADRID, MARZO DE 2001

ÍNDICE

Resumen biográfico.

Wenceslao FERNÁNDEZ FLÓREZ (1885-1964)

Cronista parlamentario: *Acotaciones de un oyente*, periodista: *Las gafas del diablo*, *Visiones de neurastenia*, y novelista: *Volvoreta*, *El malvado Carabel*, *Los que no fuimos a la guerra*, despliega en algunas de sus novelas un intenso lirismo, como en *El bosque animado*, pero no faltan en ellas un humor acerbo, un profundo escepticismo y una caricatura mordaz de la sociedad de su tiempo, con agudos atisbos de lo que estaba por llegar en la vivienda de las grandes urbes o con la invasión del coche, tal como lo hace en *El hombre que compró un automóvil*. Perteneció a la Real Academia Española de la Lengua.

Entrando en situación.

¿Cambia la actitud de la persona al coger el volante? Opine.

Montamos en un excelente automóvil que él mismo guió. Lo conducía hábilmente entre el tránsito abundante de la ciudad; pero yo advertí con cierto sobresaltado asombro que apenas el acaudalado caballero cogió el volante, enrojeció, frunció las cejas, se mordió los labios y presentó algunos otros síntomas de enfurecimiento. En un cruce le vi asomar de repente la cabeza por la ventanilla, y oí que gritaba:

–¡Idiota! ¡Mala bestia! ¡Aprenda usted a andar!

En seguida me explicó:

–Un peatón que me ha increpado. Hay que estar pronto a contestar a esta gente, porque...

Se interrumpió para asomarse nuevamente a la ventanilla y vociferar:

–¡Al pesebre, canalla! ¡Lleva tu mano, imbécil! ¡Uncido a un carro estarías mejor que guiando un coche!

Siguió hablándome:

–Esto es lo que más trabajo me ha costado aprender; la respuesta rápida, el insulto pronto.

Es lo más difícil del automovilismo. En un casino, en la acera, en el teatro, en una reunión cualquiera, puede usted devolver un insulto acertada y cómodamente, porque siempre se dispone de algún tiempo para pensarlo. Pero cuando se va en un auto no, porque todo es demasiado fugaz. Especialmente si le insultan desde otro auto que se cruza con el de usted. Y es lo grave que ningún otro hombre tiene que afrontar mayores y más frecuentes ultrajes, porque al que va corriendo en un coche le insulta todo el mundo: los que van a pie, los que le miran desde los balcones y hasta los que pasan en otros coches, ya porque corren menos, ya porque corren más.

Es muy duro; le digo a usted que es muy duro. Hay que dar respuesta adecuada a demasiada gente. Al principio yo insultaba a todos con la misma palabra; pero concluí por aburrirme. Ahora, después de estudiar un poco el diccionario de la lengua, tengo un repertorio bastante rico.

Abrió un paréntesis para replicar a otro conductor que lo increpaba:

–¡Follón! ¡Calzonazos!

Íbamos por la parte más concurrida de la ciudad. El caballero me rogó:

–Tenga usted la bondad..., porque yo no doy abasto... Hágame el favor de insultar por la ventanilla de la derecha, mientras yo insulto por la de la izquierda...

–No sé si sabré...

–Sin duelo...

–Pero ¿cuándo?...

–En estos momentos puede ir usted insultando siempre, porque siempre habrá alguno que le insulte o que le vaya a insultar. No tenga reparo.

Por la ventanilla de la derecha comencé a gritar:

–¿Dónde llevas los ojos, cacatúa?

¡Cretino! ¡Golfo!

5

10

15

20

25

30

35

40

45

50

Lea las preguntas siguientes y localice las respuestas en el texto.

1 ¿Cómo era el tránsito en la ciudad y cómo conducía el propietario del coche?

2 ¿Qué es lo que hace en un cruce?

3 ¿Cómo ha podido ampliar su repertorio de insultos?

4 ¿Recuerda algunos de los que emplea?

5 ¿Qué es lo que tiene que hacer el acompañante durante el trayecto?

6 ¿En qué consistiría el trabajo que ofrece el conductor?

7 ¿Presenta algún problema?

8 ¿Qué solución quiere darle el caballero?

9 ¿Qué piensa de los que no tienen coche?

Y él por la ventanilla de la izquierda:

–¡Bergante! ¡Malandrín! ¡Cascanueces!

A derecha e izquierda nos injuriaban también automáticamente. Ya en la carretera, sólo dispa-

58 rámos cinco o seis injurias graves por kilóme-tro. Cuando nos cruzábamos a ciento por hora con otro auto que marchaba a ciento dos, clamábamos:

–¡Bárbaros!

63 Llegamos, al fin, a la propiedad de mi amigo. Me enseñó sus gallineros, sus conejeras, su huerto, su jardín; me instó para que me encargase de la estadística...

–Pero –yo objeté– tengo ya un empleo en

68 Madrid... No puedo abandonarlo; tampoco me gusta vivir en el campo...

Me conviene ganar esas pesetas más cada treinta días, pero es imposible que acepte...

–Si no hace falta que renuncie a su empleo, ni

73 que venga a vivir aquí. Usted trabaja por las mañanas en su oficina. Pues bien: cada tarde acude usted a la finca; dos o tres horas de labor, y otra vez a su casa...

–¿Hay trenes?

78 –No hay trenes.

–¿Entonces?

–En su coche de usted.

–Yo no tengo coche.

Me consideró primero con desprecio y des-

83 pués con lástima. Quedó largo tiempo calla-do, como si hubiese oído una inconveniencia o un disparate. Yo comenzaba a sentirme incómodo.

–Mire usted, amigo mío –dijo, al fin,

88 lentamente–, sin un coche no hará usted nada en la vida; siempre será usted un hombre incompleto.

El hombre que no posee un auto, una máquina de escribir, una navaja de afeitar y un desper-

93 tador no llegará a ser nada.

1

Localice en el texto los sinónimos de las palabras siguientes.

(02) tráfico   (33) apropiada
(05) arrugó   (56) insultaban
(06) furia   (61) gritábamos
(10) rápido   (63) finca
(18) ofensa   (67) trabajo

2

Localice los antónimos de:

(02) torpemente   (40) solitaria
(26) leve   (42) maldad
(34) empecé   (82) aprecio

3

Complete:

1 Sorpresa
= a .... (03)

2 Que tiene dinero.
= a .... (04)

3 Donde dos carreteras se encuentran
= cru ...... (06)

4 Quien va a pie
= .... tón (10)

5 Decir insultos a alguien
= ...... cre ...... (10)

6 Allí comen bestias
= .... bre (14)

7 Atar al yugo a un animal
= ...... cir (14)

8 Circula por la derecha
= lleva tu ...... no (14)

9 Colección
= re .... rio (36)

10 Que se deja dominar por las mujeres
= cal .... zos (39)

11 No actuar con la suficiente rapidez
= no ...... abasto (42)

12 Persona muy fea
= ca ...... túa (52)

13 Persona sin escrúpulos
= ...... fo (53)

14 Sirve para romper las nueces
= cas ...... nueces (55)

15 Persona incivilizada
= bár .... (62)

16 Allí se crían los conejos
= co .... ra (64)

17 Allí crían las gallinas
= ga .... (64)

18 Sirve para despertar a uno
= des .... (92)

4

Transforme.

a **Acertado** y **cómodo** ➠ *Acertada* y *cómodamente* (22).
Habló **rígido** y **amenazador** ➠ *Habló rígida y amenazadoramente*.

1 Realizó el trabajo rápido y fácil.
2 Se muestra siempre liberal y bondadoso.
3 Te gustará si lo usas de modo útil y adecuado.
4 Este coche funciona de modo automático y silencioso.

b Es posible que **haya** ➠ *siempre habrá* alguno (49).

1 Es posible que esté en su finca.
2 Es probable que estén de vacaciones.
3 ¿Qué le pasa? Quizá esté enfermo.
4 Como tiene exámenes, es posible que esté preparándolos
5 ¡Cuánto dinero gasta! Quizá le haya tocado la lotería.

5

Complete correctamente:

a **Como + verbo con valor de futuro:** *Hazlo como te venga mejor.*

1 Lo puedes hacer como (*querer, tú*) ...., es lo mismo.
2 Aunque no estoy de acuerdo, lo haré luego como (*decírmelo, tú*) ....
3 ¿Venimos antes de las nueve? Como (*a vosotros, parecer*) ....
4 Es un buen obrero; el trabajo quedará bien, como (*pedirle, tú*) .... mañana.
5 ¿Le puedo tutear? Como (*gustar, tú*) ....

b **Como si + subjuntivo.**

1 Habla de ello como si (*conocerlo*) .... a fondo.
2 Lo decía tan serio que parecía como si (*él mismo, creérselo*) ....
3 Se enfadó como si (*oír, él*) .... una inconveniencia.
4 Después de tanto caminar estábamos como si (*darnos*) .... una paliza.
5 Trátalo como si (*ser*) .... tuyo.

c **Predicado + que + subjuntivo:** *Es posible que se enfade/enfadara.*

1 Es lamentable que no (*excusarse, él*) ....
2 Era lamentable que la situación no (*tener*) .... arreglo.
3 Es posible que (*alcanzarte*) .... el dinero para el viaje.
4 Sería mejor que (*ir, nosotros*) .... en tren.
5 Sería una pena que (*llover*) .... durante la excursión.
6 Era posible que no (*poder, nosotros*) .... resolver este problema.
7 No es prudente que (*salir, tú*) .... a la calle con fiebre.
8 Es probable que la reunión (*terminarse*) .... muy tarde.
9 Era dudoso que no (*saber, él*) .... hablar francés.
10 Es lógico que (*querer, ellos*) .... oír esa ópera.
11 Sería una suerte que todavía (*estar*) .... abierta la panadería.
12 Sería conveniente que (*ahorrar, nosotros*) .... algo.

d Se + verbo.

1 Al sospechoso (*convocarle*) .... a declarar ayer mañana.

2 Si el concierto es bueno (*pagar*) .... mucho por la entrada.

3 (*Anunciar*) .... que este verano no habrá problemas de agua.

4 La semana pasada (*averiársenos*).......................... el coche antes de salir de viaje.

5 La bañera es vieja y el agua (*salir*) .... enseguida de ella.

6 (*Distribuir*) .... el correo dos veces al día.

7 Allí (*hacer*) .... trajes a medida.

8 El niño anoche (*estar*) .... muy callado durante la función.

9 (*Conservar*) .... la esperanza de que (*recuperarse, él*) .... pronto.

10 Cuando oían el himno, (*poner*)............................... todos a una en pie.

11 ¿(*Poder*) .... pasar? Queremos hablar con el jefe.

12 (*Calmar*)................ los ánimos a medida que llegan las nuevas noticias.

13 "...Cuando (*ir*) .... en un auto... (23).

6

Complete correctamente.

a apenas (04)/casi

1 Se acostó.........................:........ llegó.

2 .... llegamos tarde.

3 .... pudieron entenderle.

4 Cayó al suelo y .... se mató.

5 ¿Qué te pasa? .... has comido.

b se mordió (05)/mordió

1 .... la lengua.

2 Este perro no...

3 El perro...........................en una pierna.

4 No.......................................las uñas.

5 .... Vd. con fuerza.

c presentó (05)/se presentó

1 ¿Cuándo .... tu proyecto?

2 El problema .... muy tarde.

3 ¿Quieres .... tú mismo?

4 Este plan .... varias ventajas.

5 Los recién llegados ....

d ventanilla (07)/ventana

1 Un edificio sin ....

2 Las .... del tren.

3 Las .... del coche.

4 La .... del comedor da al jardín.

5 Una docena de sobres de......................

e pronto (18)/rápido

1 .... estaremos de vuelta.
2 Es un coche muy ....
3 ¿A qué hora se levantó? Muy ....
4 Se acuesta muy ....
5 ¡Qué .... caminas!

f acertada (22)/cierta

1 Ha sido una medida ....
2 La historia no es ....
3 Esos rumores no son ....
4 Su decisión fue muy ....
5 ¿Es .... esa noticia?

g a pie (28)/en pie/al pie

1 .... del árbol.
2 Están .... de guerra.
3 Fuimos ....
4 Se puso ....
5 A las 5 de la mañana estábamos ....

h demasiada (33)/bastante (36)

1 No invites a .... gente.
2 ¿Hay .... platos? No, necesitamos más.
3 Se hizo .... ilusiones.
4 ¡ .... problemas tengo yo ya!
5 Me siento pesado. He tomado................vino.

i también (56)/tampoco (68)

1 Estoy de acuerdo ....
2 No estoy de acuerdo ....
3 No le gusta el pescado, ni.............los huevos.
4 ¿Vienen Vds. .... ?
5 ¿Tienes prisa? No. Yo ....

j carretera (57)/camino/autovía

1 Un .... de tierra.
2 Era una .... de dos carriles.
3 No superes los 80 km/h en ....
4 La .... pasa por el centro del pueblo.
5 El................estaba bordeado de álamos.

k navaja (92)/cuchillo/cuchilla

1 Un .... de cocina.
2 Una .... de tres hojas.
3 Un .... de carne.
4 Un paquete de .... de afeitar.
5 Una .... de bolsillo.

l llevar/traer

1 Nos .... a todos locos con sus manías.
2 ¿Qué noticias ....el periódico?
3 ¿Sabes a dónde................a arreglar la bicicleta?
4 Si vienes a casa ....me el libro que te di.
5 Ahora llueve, ...te el paraguas.

7

Elija. Por ≠ para

1 Le llamé cuando se disponía **por/para** salir.
2 Se casó **por/para** lo civil.
3 Disponlo todo con cuidado **por/para** la recepción.
4 Llamarán **por/para** orden alfabético.
5 Se dispone a recibir la comitiva **por/para** la tarde.

8

Recomponga.

a Preposiciones (01 a 11)

Montamos .... un excelente automóvil que él mismo guió. Lo conducía hábilmente .... el tránsito abundante .... la ciudad; pero yo advertí .... cierto sobresaltado asombro que [...] presentó algunos otros síntomas .... enfurecimiento. .... un cruce le vi asomar .... repente la cabeza .... la ventanilla, y oí que gritaba [...] .... seguida me explicó: [...] Hay que estar pronto .... contestar .... esta gente.

b Acentos (17 a 36)

Esto es lo que mas trabajo me ha costado aprender, la respuesta rapida, el insulto pronto. Es lo mas dificil del automovilismo. En un casino, en la acera, en el teatro, en una reunión cualquiera, puede usted devolver un insulto acertada y comodamente, porque siempre dispone de algun tiempo para pensarlo. Pero cuando se va en auto no, porque todo es demasiado fugaz. Especialmente si le insultan desde otro auto que se cruza con el de usted. Y es lo grave que ningun otro hombre tiene que afrontar mayores y mas frecuentes ultrajes, porque al que va corriendo en un coche le insulta todo el mundo: los que van de pie, los que miran desde los balcones y hasta los que pasan en otros coches, ya porque corren menos, ya porque corren mas. Es muy duro; le digo a usted que es muy duro. Hay que dar respuesta adecuada a demasiada gente. Al principio yo insultaba a todos con la misma palabra; pero conclui por aburrirme. Ahora, despues de estudiar un poco el diccionario de la lengua, tengo un repertorio bastante rico.

c Imperfecto/Indefinido (56 a 71)

A derecha e izquierda *(injuriarnos)* .... también automáticamente. Ya en la carretera, sólo *(disparar)* .... cinco o seis injurias graves por kilómetro. Cuando *(cruzarse)* .... a ciento por hora con otro auto que *(marchar)* .... a ciento dos, *(clamar)* ....
– ¡Bárbaros!
(Llegar) ...., al fin, a la propiedad de mi amigo. *(Enseñarme)* .... sus gallineros, sus conejeras, su huerto, su jardín, *(instalarme)* .... para que me encargase de la estadística.
– Pero –yo *(objetar)* .... – tengo ya un empleo en Madrid... Me conviene ganar esas pesetas más cada treinta días, pero es imposible que acepte.

9
Conversación:

1 ¿Qué insultos conoce en español?
2 ¿Qué ventajas e inconvenientes tiene el uso del coche?
3 *Ande yo caliente y ríase la gente.*

10
Redacción:

1 Importancia de la industria automovilística en la economía.
2 Su coche favorito.
3 Un mundo sin automóviles: ventajas e inconvenientes.
4 Compare el concepto del coche que tienen el conductor y el narrador de este relato.
5 Exponga con ejemplos el tono humorístico del texto.

LLAMAZARES

*Escenas
de cine mudo*

U2 LOS AÑOS
DE ESCUELA

Resumen biográfico.

Julio LLAMAZARES (1955-)

IIa publicado *La lentitud de los bueyes* y *Memorias de la nieve* (poemas), y novelas como *Luna de lobos*, *La lluvia amarilla*, *El río del olvido*.

Escenas de cine mudo es una narración autobiográfica de la infancia de Llamazares en un pequeño pueblo de la cuenca minera de León, recuerdos de su pasado que un álbum de viejas fotografías trae a su pluma en forma emotiva y bello estilo.

Entrando en situación.

¿Recuerda especialmente a alguno de sus maestros?

15

Desde cada fotografía, nos mira siempre el ojo oscuro y mudo del abismo. A veces, como en ésta, ese ojo oscuro es apenas perceptible, se diluye en el clima escolar y apacible de una mañana de invierno que la estufa que mi padre ponía en marcha antes de que llegáramos los alumnos llenaba de calor y de un suave olor a humo. La estufa no aparece en la fotografía. La recuerdo en una esquina de la escuela, entre la carbonera y el armario de los libros, grande y negra como un tren y con la barriga siempre al rojo vivo. Mi padre la encendía muy temprano, para que cuando llegáramos sus alumnos no hiciera frío, y, luego, nosotros nos encargábamos de atizarla cada poco añadiéndole el carbón que la empresa nos mandaba de la mina. [...]

...Apareció en la escuela una mañana por sorpresa (al menos, yo no recuerdo que nadie nos avisara) con su maleta al hombro y la cámara y el trípode en la mano. Era un hombre ya mayor vestido con un sombrero y un traje de rayas y con ese extraño aspecto de los hombres que caminan por el mundo muy cansados. Era gallego (o portugués, quién sabe) y llevaba muchos años, según le dijo a mi padre, recorriendo las ciudades y los pueblos del país con la maleta al hombro y la cámara y el trípode en la mano. Se ganaba la vida visitando las escuelas y haciendo fotografías que luego pintaba a mano.

–Mira, chaval. De aquí soy yo– recuerdo que me dijo, señalando algún punto hacia el oeste, mientras le ayudaba a colgar un mapa encima del encerado.

Durante todo el día estuvo haciendo fotos, con el permiso expreso de mi padre, que también posó ante la cámara. Montó el trípode en el medio de la escuela y, uno detrás de otro, fuimos pasando todos por la mesa del maestro, en la que previamente había colocado un cuaderno y una pluma y la bola del mundo giratoria que teníamos guardada en el armario. Como telón de fondo, una sábana doblada y el mapa que yo le ayudé a colgar encima del encerado.

–Quieto, no te muevas. Mira fijo hacia la cámara.

Durante todo el día, uno detrás de otro, fuimos pasando todos por delante de la cámara, repitiendo el mismo gesto y la misma actitud rígida y artificiosamente espontánea: la pluma en una mano, apuntando hacia el cuaderno sin mirarlo, la otra en la bola del mundo (con los dedos sobre España) y los ojos clavados en aquel cristal oscuro desde el que él nos miraba, la cabeza escondida bajo el sombrero y la mano derecha sujetando el final del cable.

Nunca lo volví a ver. El fotógrafo se fue igual que había venido cuando acabó su trabajo, dejándonos tan sólo de recuerdo una sonrisa y, al cabo de algunos días, en que llegaron a la escuela por correo, nuestras propias fotografías coloreadas. A las pocas semanas ya nadie hablaba de él ni se acordaba siquiera

Lea las preguntas siguientes y localice las respuestas en el texto.

1 ¿Cómo era la estufa de aquella escuela?

2 ¿Cómo describe el autor al fotógrafo?

3 ¿Cómo aparecían los niños en la fotografía?

4 ¿Cómo recuerda el narrador al fotógrafo?

5 ¿Qué esperó el narrador durante mucho tiempo?

de su paso. Pero, durante mucho tiempo, yo esperé su vuelta en vano, vigilando cada poco la ventana con la esperanza de ver aparecer
55 su viejo coche dando tumbos por el fondo de la plaza.

Quizá por eso lo recuerdo todavía, tantos años después y tantas fotografías en la distancia, y, aunque en
60 la suya no encuentre más que mi propio fantasma, su recuerdo sigue impreso en mi memoria como si fuera una foto coloreada: su sombrero de fieltro, su maleta, su trípo-
65 de y su cámara, su viejo traje de rayas y el perfil de su figura silenciosa inclinada ante el volante mientras su destartalado coche se alejaba dando tumbos entre las escombre-
70 ras de la mina abandonada.

1

Localice en el texto los sinónimos de las palabras siguientes.

(03) apreciable   (30) en el centro de

(21) como   (03) sereno

(31) anteriormente   (47) terminó

(53) con frecuencia   (32) puesto

(49) después de   (18) raro

(41) fijos   (52) regreso

(40) sobre   (43) oculta

(52) inútilmente

2

Localice los antónimos de:

(01) claro   (15) desapareció

(03) imperceptible   (19) reposados

(06) fuerte   (66) ruidosa

(09) apagaba

3

Complete.

1 Pizarra = en ....   (27)
2 Gran profundidad = ... bis ....   (02)
3 Tiene tres pies = trí ....   (17)
4 Sirve para dar calor = es ....   (06)
5 Postura = ... ti ....   (39)
6 Donde se guarda el carbón
   = car ....   (07)
7 No puede hablar = mu ....   (01)
8 Forma familiar por vientre = ba ....   (09)
9 Término, extremo opuesto = fi ....   (44)
10 Sociedad comercial = em ....   (12)

4

Dígalo como lo dice el texto.

Ponía en marcha (04), *al rojo vivo* (09), *al menos* (15), *ya mayor* (17), *permiso expreso* (28), *montó el trípode* (29), *no te muevas* (36), *a las pocas semanas* (49), *ni se acordaba siquiera* (50), *con la esperanza* (54).

1 Unas semanas después
2 Ponía en funcionamiento
3 Por lo menos
4 Ardiendo
5 Permiso manifiesto
6 Algo viejo
7 Armó el trípode
8 No pestañees
9 Esperando
10 Ni siquiera recordaba

5

Ponga una forma adecuada.

Diluirse (03), *encargarse* (11), *atizar* (11), *añadir* (11), *avisar* (16), *recorrer* (21), *señalar* (25), *guardar* (33), *apuntar* (40), *sujetar* (43).

1 ¡No dejes que se apague el brasero, ...!

2 Van a .... México de norte a sur en seis días.

3 Por favor, ... cuando llegues.

4 ¿Dónde .... los cubiertos?

5 La sal...................... en el agua.

6 El centinela me .... con su fusil.

7 ¿Quieres..................... esta cuerda un momento?

8 Yo .... de las compras aquí.

9 "Va a llover", dijo .... a las nubes.

10 Tienes que .... más agua al gazpacho.

6

Lea y escriba.

El narrador recuerda que en **un rincón** / una .... (07) de la escuela había una estufa y cuenta que un día apareció por allí un fotógrafo **de Galicia** / .... (20) o portugués. Los alumnos fueron fotografiados con una **cortina**/.............................. (34) blanca detrás y una bola del mundo **que podía girar**/ .... (41) delante. La escena había sido preparada **de manera poco natural** / .... (39) pero también tenía algo de espontáneo. Luego a las fotos **les dieron color**/fueron .... (49). Durante mucho tiempo aquel niño esperó la vuelta del coche del fotógrafo, apareciendo **desde el lado opuesto** / .... (56) de la plaza e **inclinándose de un lado al otro**/ dando .... (69).

Y todavía tiene **grabado** / .... (62) en la memoria **la silueta**/el.............. .... (66) de su figura, su **deteriorado** / .... (68) coche alejándose entre **los montones de escombros**/las............. .... (69) de una mina abandonada.

7

Use correctamente las palabras en negrita.

a apenas/casi

1 .... se le oye.

2 Se duchó con el agua...................fría.

3 Eso es............................ imposible.

4 .... tuvimos tiempo de visitar la ciudad.

5 Llegamos .... al final del trayecto.

6 Me llamó por teléfono..........................de madrugada.

7 El fuego ha quemado.........................la ladera de la montaña.

8 Con el ruido .... no entendimos al conferenciante.

b suave/blando/liso

1 El mar estaba............................... aquella mañana.

2 Disfrutamos de la..........................brisa del mar.

3 No me gusta la tortilla tan............................

4 Mira que....................... ha quedado la mesa.

5 Tienes los músculos ....

6 Hace una temperatura.....................................

7 Su mujer es de un carácter....................................

8 Prefiero el queso .... a los demás.

9 ¡Ojo!, no resbales en este suelo tan........................... y mojado.

c mapa/plano

1 Un.............................. físico de Europa.

2 Este es el...................de la finca.

3 El............................ de Valencia ciudad.

4 El..................... de la casa.

5 Juan de la Cosa hizo el primer .... del mundo.

d esperanza/espera

1 Ya he perdido la......................... de encontrar otro empleo tan bueno.

2 Se me hizo muy larga la.....................................

3 En la estación hay una vieja sala de...................................

4 Tiene la.............................. de que le toque la lotería.

e actitud/aptitud

1 ¿Cuál es su.......................... respecto al cambio político?

2 Tiene muchas.....................................

3 Su................................. para el deporte es excepcional.

4 No me gusta su.............................. negativa.

f coloreados/colorados

1 Primero hizo el retrato a pluma y luego lo..........................

2 ¿No te pones la falda.................................?

3 Se puso................................. de vergüenza.

4 A los niños les encanta.............................. sus dibujos.

8

Transforme.

a ...Recuerdo que me **dijo**... (25)
➡ *no recuerdo que me **dijera**.*

...No recuerdo que nadie nos **avisara** (16)
➡ *recuerdo que nadie nos **avisó**.*

1 El año próximo pienso que estará allí una semana.

2 No se ve que se encuentre tan enferma.

3 Los chicos creen que el fotógrafo volverá al pueblo.

4 Calculamos que la obra resultará muy cara.

5 No nos han dicho que se vayan a mudar de casa.

6 Tú no notas que aquella máquina haga mucho ruido, ¿verdad?

7 Se habla de que se va a suspender el programa.

8 Piensan que puede suceder algo.

b Su recuerdo sigue impreso
en mi memoria **lo mismo que**
una foto colorcada.

➠ *... su recuerdo sigue impreso en mi memoria*
como si fuera una foto coloreada. (61)

1 Hace calor lo mismo que en verano.

2 Cuenta el atraco al banco como si fuera un testigo presencial.

3 Siempre tan orgulloso, como si fuera el más listo de todos.

4 Le trataban con gran familiaridad, lo mismo que a un miembro de la familia.

5 No le respondió a su pregunta, como si fuera sordo.

6 Estás perdiendo el tiempo, lo mismo que un chico vago.

7 Los niños vuelven a reírse con esta película como si fuera la primera vez.

8 Póngase Vd. cómodo, lo mismo que si estuviera en su casa.

C No te **muevas** (36)
➠ *muévete.*

Mira... hacia la cámara
➠ *no mires hacia la cámara.*

1 Cállate

2 No te vayas

3 No vengáis el lunes

4 Ande Vd. despacio

5 Que hagan las maletas

6 No hablen Vds. en voz alta

9

Recomponga.

a Preposiciones

(28 a 36)

Durante todo el día estuvo haciendo fotos, ... el permiso expreso .... mi padre, que también posó .... la cámara. Montó el trípode .... el medio .... la escuela y, uno detrás .... otro, fuimos pasando todos .... la mesa .... el maestro, ... la que previamente había colocado un cuaderno y una pluma y la bola .... el mundo giratoria que teníamos guardada .... el armario. Como telón .... fondo, una sábana doblada y el mapa que yo le ayudé .... colgar encima .... el encerado.
–Quieto, no te muevas. Mira fijo ...... la cámara.

(37 a 44)

Durante todo el día, uno detrás .... otro, fuimos pasando todos .... delante .... la cámara, repitiendo el mismo gesto y la misma actitud rígida y artificiosamente espontánea: la pluma .... una mano, apuntando .... el cuaderno .... mirarlo, la otra .... la bola .... el mundo (............ los dedos .... España) y los ojos clavados .... aquel cristal oscuro .... el que él nos miraba, la cabeza escondida .... el sombrero y la mano derecha sujetando el final .... el cable.

b Verbos

(15 a 24)

Apareció en la escuela una mañana por sorpresa (al menos, yo no [*recordar*] .... que nadie nos [*avisar*] ....) con su maleta al hombro y la cámara y el trípode en la mano. (*ser/estar*) .... un hombre ya mayor, (*vestir*) .... con un sombrero y un traje de rayas y con ese extraño aspecto de los hombres que (*caminar*) .... por el mundo muy cansados (*ser/estar*) .... gallego (o portugués, quién (*saber*) ....) y (*llevar*) .... muchos años, según le (*decir*) .... a mi padre, (*recorrer*) .... las ciudades y los pueblos del país con la maleta al hombro y la cámara y el trípode en la mano. (*Ganarse*) .... la vida (*visitar*) .... las escuelas y (*hacer*) .... fotografías que luego (*pintar*) .... a mano.

10

Ponga los verbos entre paréntesis en la forma correcta. Correspondencia de tiempos.

1 Llegué demasiado pronto y todavía no (*abrir, ellos*) ....

2 El niño ya (*romper*) .... el juguete que le compramos hace media hora.

3 No nos gustaron los pescados porque no los (*freírlos, ellos*) .... bien.

4 Sabes que (*decírtelo, yo*) .... mil veces.

5 Os calasteis hasta los huesos porque no (*ponerse, vosotros*) .... los impermeables.

6 Todo salió mal, pues Vds. no (*hacer*) .... nada de lo previsto.

7 Yo no (*ver*) .... eso que tú me cuentas.

8 No sabíamos quién (*escribir*) .... aquella nota.

9 Cuando nació Mozart hacía seis años que Juan Sebastián Bach (*morir*) ....

10 Aunque la época no es la mejor, los turistas (*volver*) .... contentos de la excursión.

11 Os llamaron la atención porque no (*quitarse, vosotros*) .... el sombrero antes de entrar en el templo.

12 Cuando el vigilante nocturno del hotel nos avisó, ya (*despertarse, nosotros*) ....

13 ...Se fue igual que (*venir, él*) ....

14 ¡Te lo quiero comprar y ya lo (*vender, tu*) ....!

11

Emplee el posesivo en lugar de las palabras en negrita.

1 **El** coche **que tengo** es más viejo que el **que tú tienes**.

....

2 La maleta negra es de usted, y los bolsos **de sus amigas**.

....

....

3 ¿Era de Pedro esa cámara? –Sí, era **de Pedro**.

....

....

4 **La** opinión **que tenemos** de él es inmejorable.

....

....

5 No os lleváis bien con **los** vecinos de al lado.

....

....

6 **Las** amenazas **de él** contra el jefe del grupo fueron muy claras.

....

....

7 **Los** intereses **que tú persigues** no son los **que tenemos nosotros**.

....

....

8 Cicerón con el discurso que pronunció ante el Senado consiguió la absolución de **los** amigos que estaban acusados de traición al César.

....

....

....

....

12
Conversación:

1 ¿Conserva alguna foto de cuando estaba en la escuela? ¿Qué se ve en ella?

2 ¿Recuerda en qué circunstancia se hizo? Hable de ello.

3 Hable de algún compañero de escuela que le haya dejado un fuerte recuerdo.

13
Redacción:

1 La fotografía y la pintura. Compare.

2 Escriba sobre un acontecimiento sobresaliente de su vida escolar.

3 *Cada maestrillo tiene su librillo.*

Resumen biográfico.

Carmen LAFORET (1921-)

Autora de novelas cortas, cuentos y narraciones de sus viajes por América y Europa, ha publicado también novelas como *La isla de los demonios*, *La mujer nueva* y la emprendida trilogía *Tres pasos fuera del tiempo*, de la que hasta ahora sólo ha aparecido *La insolación*. En la novela *Nada*, ganadora en 1945 del primer Premio Nadal, se refleja la precaria y desilusionada situación de una parte de la burguesía catalana de la posguerra española a través de una joven que viaja a Barcelona para iniciar sus estudios universitarios.

Entrando en situación.

¿Qué ventajas e inconvenientes encuentra una persona al independizarse de su familia?

Lea las preguntas siguientes y localice las respuestas en el texto.

1 ¿Cómo era la maleta de la narradora?

2 ¿De qué personas de la familia se despide?

3 ¿Qué observaciones le hacen?

4 ¿Qué parentesco tenía Juan con la narradora?

5 ¿Quién la ha decidido a marcharse?

6 ¿Con quién se iba a casar Ena?

7 ¿Con qué deseos había llegado la narradora a aquella casa?

8 ¿A dónde iba la narradora?

Acabé de arreglar mi maleta y de atarla fuertemente con la cuerda, para asegurar las cerraduras rotas. Estaba cansada. Gloria me dijo que la cena estaba ya en la mesa. Me había invitado a cenar con ellos aquella última noche. Por la mañana se había inclinado a mi oído: 5

–He vendido todas las cornucopias. No sabía que por esos trastos tan viejos y feos dieran tanto dinero, chica...

Aquella noche hubo pan en abundancia. Se sirvió pescado blanco. Juan parecía de buen humor. El niño charloteaba en su silla alta y me di cuenta con asombro de que había crecido mucho 10 en aquel año. La lámpara familiar daba sus reflejos en los oscuros cristales del balcón. La abuela dijo:

–¡Picarona! A ver si vuelves pronto a vernos...

Gloria puso su pequeña mano sobre la que yo tenía en el mantel. 15

–Sí, vuelve pronto, Andrea, ya sabes que yo te quiero mucho...

Juan intervino:

–No importunéis a Andrea. Hace bien en marcharse. Por fin se le presenta la ocasión de trabajar y de hacer algo... Hasta ahora no se puede decir que no haya sido holgazana. 20

Terminamos de cenar. Yo no sabía qué decirle. Gloria amontonó los platos sucios en el fregadero y después fue a pintarse los labios y a ponerse el abrigo.

–Bueno, dame un abrazo, chica, por si no te veo... Porque tú te marcharás muy temprano, ¿no? 25

–A las siete.

La abracé, y, cosa extraña, sentí que la quería. Luego la vi marcharse.

Juan estaba en medio del recibidor, mirando, sin decir una palabra, mis manipulaciones con la maleta para dejarla colocada cerca de la puerta del piso. Quería hacer el menor ruido y 30 molestar lo menos posible al marcharme. Mi tío me puso la mano en el hombro con una torpe amabilidad y me contempló así, separada por la distancia de su brazo.

–Bueno, ¡que te vaya bien, sobrina! Ya verás como, de todas maneras, vivir en una casa extraña no es lo mismo que estar con 35 tu familia, pero conviene que te vayas espabilando. Que aprendas a conocer lo que es la vida...

Entré en el cuarto de Angustias por última vez. Hacía calor y la ventana estaba abierta; el conocido reflejo del farol de la calle 40 se extendía sobre los baldosines en tristes riadas amarillentas.

No quise pensar más en lo que me rodeaba y me metí en la cama. La carta de Ena me había abierto, y esta vez de una manera real, los horizontes de la salvación.

"...Hay trabajo para ti en el despacho de mi padre, Andrea. Te 45 permitirá vivir independiente y además asistir a las clases de la Universidad. Por el momento vivirás en casa, pero luego podrás escoger a tu gusto tu domicilio, ya que no se trata de secuestrarte. Mamá está muy animada preparando tu habitación. Yo no duermo de alegría." 50

Era una carta larguísima en la que me contaba todas sus preocupaciones y esperanzas. Me decía que Jaime también iba a vivir aquel invierno en Madrid. Que había
55 decidido, al fin, terminar la carrera y que luego se casarían.

No me podía dormir. Encontraba idiota sentir otra vez aquella ansiosa expectación que un año antes, en el pueblo, me hacía
60 saltar de la cama cada media hora, temiendo perder el tren de las seis, y no podía evitarla. No tenía ahora las mismas ilusiones, pero aquella partida me emocionaba como una liberación. El padre de Ena,
65 que había venido a Barcelona por unos días, a la mañana siguiente me vendría a recoger para que le acompañara en su viaje de vuelta a Madrid. Haríamos el viaje en su automóvil. Estaba ya vestida cuando
70 el chófer llamó discretamente a la puerta. La casa entera parecía silenciosa y dormida bajo la luz grisácea que entraba por los balcones. No me atreví a asomarme al cuarto de la abuela. No quería despertarla.
75 Bajé la escalera despacio. Sentía una viva emoción. Recordaba la terrible esperanza, el anhelo de vida con que las había subido por primera vez. Me marchaba ahora sin haber conocido nada de lo que confusa-
80 mente esperaba: la vida en su plenitud, la alegría, el interés profundo, el amor. De la casa de la calle de Aribau no me llevaba nada. Al menos, así creía yo entonces.

De pie, al lado del largo automóvil negro,
85 me esperaba el padre de Ena. Me tendió la mano en una bienvenida cordial. Se volvió al chófer para recomendarle no sé qué encargos. Luego me dijo:

–Comeremos en Zaragoza, pero antes
90 tendremos un buen desayuno –se sonrió ampliamente–; le gustará el viaje, Andrea. Ya verá usted...

El aire de la mañana estimulaba. El suelo aparecía mojado con el rocío de la noche.
95 Antes de entrar en el auto alcé los ojos hacia la casa donde había vivido un año. Los primeros rayos del sol chocaban contra sus ventanas. Unos momentos después, la calle Aribau y Barcelona entera
100 quedaban detrás de mí.

1
Localice en el texto los sinónimos de las palabras siguientes.

(10) sorpresa (41) se alargaba
(13) pillina (45) la oficina
(18) irse (48) elegir
(20) perezosa (49) ilusionada
(33) me miró (70) conductor
(36) igual (77) ansia
(39) la habitación

2
Localice en el texto los antónimos de:

(01) comencé a (44) perdición
(18) hace mal en (75) rápido
(33) hábil

3
Busque en el texto la palabra que falta.

1 Aquella .... expectación. (58)
2 La luz .... que entraba por los balcones. (72)
3 No me atreví a .... al cuarto de la abuela. (73)
4 Recordaba la terrible .... (76)
5 La vida en su .... (80)
6 Me tendió la mano en una .... cordial. (86)
7 Se volvió al chófer para recomendarle no sé qué .... (88)
8 Los primeros rayos del sol .... contra sus ventanas. (97)

4

Ponga cada letra con su número:

1	atar	(01)	A	ajena	
2	cerradura	(02)	B	despertar	
3	cena	(03)	C	pieza de cerámica del suelo	
4	cornucopia	(06)	D	sujetar con una cuerda	
5	trasto	(06)	E	algo amarilla	
6	manipular	(30)	F	espejo con marco dorado y tallado	
7	colocar	(30)	G	agua que se desborda de un río	
8	extraña	(36)	H	en ella se mete la llave	
9	espabilar	(37)	I	poner	
10	baldosín	(41)	J	objeto viejo y fuera de uso	
11	riada	(41)	K	tocar con las manos	
12	amarillenta	(41)	L	comida por la noche	

1	....
2	....
3	....
4	....
5	....
6	....
7	....
8	....
9	....
10	....
11	....
12	....

5

Coloque cada palabra donde corresponda

oído (05)
charloteo (09)
mantel (14)
fregadero (22)
recibidor (29)
sobrina (35)
farol (40)
domicilio (48)
secuestrar (48)
carrera (55)
discretamente (70)
rocío (94)

1 *Charla* de poca sustancia
= ....
2 *Lugar* donde se vive
= ....
3 *Humedad* caída durante la noche
= ....
4 *Con delicadeza*
= ....
5 *Sentido* con el que oímos
= ....
6 *Allí se friegan los platos*
= ....
7 *Vestíbulo*
= ....
8 *Se pone sobre la mesa para comer*
= ....
9 *Alumbra* las calles
= ....
10 *La hija de mi hermano/a*
= ....
11 *Retener* a alguien para obtener dinero por su libertad
= ....
12 *Estudios conducentes a una profesión*
= ....

6

Ponga los verbos entre paréntesis en la forma correcta.

intervenir (17), *amontonar* (21), *convenir* (37), *rodear* (42), *meterse* (42), *asistir* (46), *alzar* (95), *chocar* (97).

1 Han..........................o dos coches en la esquina.

2 ....ó los brazos al cielo.

3 Como llovía ....í en un cine.

4 No quise ....r en la polémica.

5 El edificio estaba ....o por la policía.

6 ....é los libros sobre el taburete.

7 Ha ....o poca gente a la conferencia.

8 ....e darse prisa.

7

Busque cómo se dice en el texto lo que va en negrita.

1 Acabé de **hacer** ....mi maleta (01)

2 **Noté** ....con asombro (10)

3 **Espero que vuelvas pronto** .... (13)

4 Se le **ofrece** .... la ocasión (19)

5 Dame un abrazo, chica, **que a lo mejor no te veo** .... (24)

6 **Buena suerte** ...., sobrina (35)

7 **Por ahora**/............................... (47)

8 **Toda la casa** /.......................... (71)

8

Use correctamente las palabras en negrita.

a **cenar/comer**   *... Me había invitado a **cenar** con ellos aquella última noche...* (03)
*Suelo **comer** a las dos.*
*¡Niño, no **comas** tan de prisa!*
*¿Se puede **comer** esta seta?*

1 En este hotel se .... de 1 a 4, y se .... de 9 a 12.

2 En las fábricas el personal........................... entre 12 y 1, y en las oficinas se .... entre 2 y 3.

3 Solemos .... después del teatro.

4 De .... y .... están las tumbas llenas.

5 ¿Qué .... ? Chocolate.

6 No he .... nada desde el desayuno.

b reflejo ≠reflexión / reflejar≠reflexionar

*...La lámpara familiar **daba** sus **reflejos** en los **oscuros** cristales del balcón...*
*Hizo un movimiento **reflejo**.*
*Tiene buenos **reflejos**.*
*Una profunda **reflexión** filosófica.*

1 La luz del sol se .... en el agua.

2 .... de la luna en la mar.

3 Voy a .... sobre esa cuestión.

4 El artículo tiene algunas .... interesantes.

5 Un acto ....

6 Sus .... son lentos.

c esperanza/espera/expectación

*...me contaba todas sus preocupaciones y **esperanzas**... (51)*
*En aquel aeropuerto tuvimos una **espera** de tres horas por el mal tiempo*
*...aquella ansiosa **expectación**... (58)*
...me hacía saltar de la cama cada media hora... (59)

1 No debemos perder la ....

2 La .... del autobús se nos hizo demasiado larga.

3 A la .... de sus noticias, le saluda atentamente...

4 Aún conserva la .... de que se cure su hija.

5 La .... es lo último que se pierde.

6 El que .... desespera.

7 El anuncio de su visita produjo una gran ....

8 Hubo mucha .... por sus declaraciones.

d aparecer/parecer

*...el suelo **aparecía** mojado... (93)*
*El anillo nos **apareció**.*
*Carlos **parecía** cansado.*
*Esa medida no **parece** justa.*

1 ¿Ha .... o ya el cuchillo del pan?

2 ¿Qué le ....ó el restaurante?

3 El valle ....ó inundado.

4 No .... es muy contento.

5 Me .... e bien esa idea.

6 ¿A qué hora .... e hoy la luna?

9

Inserte la letra que corresponda y dé una frase por cada letra.

a

A *La abracé, y, cosa **extraña**, sentí que la quería...*(27)

B *...vivir en una casa **extraña**...* (36)

C *Desconfíe de los **extraños**.*

1 Aquí nunca me sentí extraño.
2 Murió en extrañas circunstancias.
3 Veo muchos extraños en esta fiesta.
4 Era un tipo extraño.
5 Se duerme mal en cama extraña.
6 Me siento inseguro en un coche extraño.

A ....

B ....

C ....

b

A *...pero aquella **partida** me emocionaba...* (63)

B *¿Jugamos una **partida** de ajedrez?*

C *Esta **partida** de melones ha salido excelente.*

D *Han aumentado la **partida** del presupuesto para educación.*

E *Se arruinó por una mala **partida** que le jugó su socio.*

F *¡Qué **partida** de sinvergüenzas!*

G *El barco anunciará la **partida** con toques de sirena.*

1 No quiero nada con esa partida de embusteros.
2 Han suprimido la partida dedicada al ocio por falta de dinero.
3 Estamos esperando una partida de sal.
4 Le quieren jugar una mala partida.
5 La partida para sanidad está toda gastada.
6 Los sábados echamos una partida de bolos.
7 ¿A qué hora es la partida del tren de Sevilla?
8 Las partidas de dominó eran muy divertidas.
9 La partida de bañadores está ya toda vendida.
10 No me esperaba tan mala partida de mi colega.
11 La policía ha detenido a una partida de timadores.
12 El punto de partida será la Plaza Mayor.

A ....

B ....

C ....

D ....

E ....

F ....

G ....

10

Diga frases parecidas con el verbo TENDER incluyendo las palabras subrayadas cuando las haya.

1 ... Me **tendió** <u>la mano</u> en una bienvenida cordial... (85) ....

2 Le **tendí** el salero ....

3 El tiempo **tiende** a estabilizarse ....

4 **Tendió** la hamaca entre dos árboles ....

5 Han **tendido** otro <u>puente</u> sobre el río ....

6 ¿**Tendemos** una manta sobre la hierba? ....

7 Voy a **tender** la <u>ropa</u> ....

8 Los **precios** tienden a subir ....

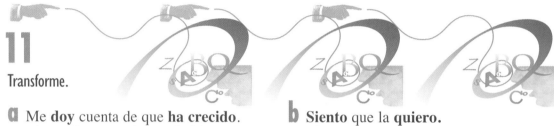

11

Transforme.

a Me **doy** cuenta de que **ha crecido**.
▶ *Me **di** cuenta de que **había crecido**.*(10)

1 Vemos que ha quedado todo en orden.

2 Nos advierten que el buque ha salido hace unos minutos.

3 Dice que ha querido ver a la abuela al pasar por el pueblo.

4 Estamos donde nos han dicho ellos.

5 Quieren hacerlo como lo han prometido.

6 Vd. sabe enseguida lo que ha pasado.

7 No lo hacéis como os lo han mandado.

8 ¿Pueden Vds. pagar los gastos que les han ocasionado las averías?

9 En el baúl cabe toda la ropa que habéis traído.

10 Andáis menos de lo que habéis pensado.

b **Siento** que la **quiero**.
▶ *Sentí que la **quería**.*(27)

1 Tenemos que coger una desviación porque hay mucho tráfico.

2 Los padres se enteran de que en aquel pueblo la hija se siente sola.

3 Tomo el medicamento que me receta el médico.

4 Dicen que mejora la situación económica del país.

5 Conducen el coche que quieren vender.

6 Tenéis que decir lo que veis.

7 Hacéis lo que el jefe os pide.

8 Leen en el periódico lo que les interesa.

9 ¿Traéis el libro que pide el profesor?

10 Estáis en el lugar que indica la guía.

C Era una carta **muy larga** ▐▶ *Era una carta **larguísima**.* (51)

1 El tráfico es muy intenso.

2 La oferta parecía muy barata.

3 El tiempo se puso muy malo.

4 Los empleados son muy amables.

5 La tela salió de una calidad muy buena.

6 ¿Le ha resultado este ejercicio muy difícil?

d -in -ito -ita -ón -ona

*Gloria puso su **pequeña mano*** ▐▶ *Gloria puso su **manita**.*
*Eres una **gran pícara*** ▐▶ *Eres una **picarona**.*

1 Él es chico pequeño y ella, delgada.

2 Era una mujer grande, de modales rudos.

3 Vivían en una casa grande y fea.

4 Las chicas llevan un pequeño espejo en el bolso de mano.

5 A sus catorce años era ya un hombre muy grande.

6 Tiene una cabeza grande y muy peluda.

7 Le regaló un pequeño cuadro muy bonito.

8 A los niños les encantan los coches pequeños.

9 Desayuna una pequeña taza de leche.

10 Sólo hemos pescado un pez pequeño.

e -ento -áceo -uzco -izo -usco

*En tristes riadas **de color amarillo*** ▐▶ *En tristes riadas **amarillentas**.*
*Bajo la luz **parecida al gris*** ▐▶ *Bajo la luz **grisácea**.*

1 Las monedas de cobre, con el tiempo, se ponen tirando al rojo.

2 Cuando se mancha, la nieve toma un color blanco sucio.

3 La tormenta pinta el cielo de color gris ambiguo.

4 El paisaje, a la puesta del sol, se pone rojo amarillo.

5 El tiempo da a las teclas de un piano un color blanco viejo.

6 Los mineros del carbón tienen la cara y las manos de color negro sucio.

12

Recomponga.

Preposiciones (29 a 41)

Juan estaba .... medio ....
el recibidor, mirando, ... decir
una palabra, mis manipulaciones ....
la maleta ....dejarla colocada cerca
.... la puerta .... el piso. Quería
hacer el menor ruido y molestar lo menos
posible .... marcharme. Mi tío me
puso la mano .... el hombro ....
una torpe amabilidad y me contempló así,
separada .... la distancia .... su
brazo.
–Bueno, ¡que te vaya bien, sobrina! Ya
verás como, ... todas maneras,
vivir .... una casa extraña no es lo
mismo que estar .... tu familia, pero
conviene que te vayas espabilando. Que
aprendas .... conocer lo que es
la vida...
Entré .... el cuarto de Angustias
.... última vez. Hacía calor y la ventana estaba abierta; el conocido reflejo
.... el farol .... la calle se
extendía .... los baldosines
.... tristes riadas amarillentas.

13

Elija.

a ≠ de ≠ en

1 Cuando llegamos, todo se puso
   .... claro.
2 Has hecho bien........ visitar .... tus
   parientes.
3 Si usted no lo enchufa, no se pondrá
   .... marcha.
4 Vivían .... un barrio elegante.
5 ¿No os disteis cuenta .... su
   nerviosismo?
6 Se puso .... pie respetuosamente.
7 ¿Habéis terminado ya .... preparar
   el equipaje?
8 No deben Vds. separarse .... el
   grupo.
9 Algunos llegaron .... bicicleta.
10 El marinero dio cuenta ...... las averías
    .... el capitán.
11 ...me había invitado .... cenar...(3)
12 ...no se trata .... secuestrarte... (48)

14

Conversación:

1 ¿Vive usted con su familia o ya se ha
  independizado?
2 Hable de cómo le fue la primera vez
  que se separó de su hogar durante un
  tiempo.
3 *Familia y trastos viejos, mejor cuanto
  más lejos.*

15

Redacción:

1 Escriba sobre las reacciones de Andrea en
  aquellas últimas horas con sus parientes.
2 Resuma el texto en un tercio de su
  extensión.
3 ¿Qué tiene de positivo/negativo la nos-
  talgia?
4 *Cualquier tiempo pasado fue mejor.*

Dieta de transición

☞ Entrando en situación.

¿Qué horas de comidas tienen en su país?, ¿le gustan?, ¿preferiría otras?

¿Qué suele tomar de desayuno?

☞ Vocabulario especial.

CASEÍNA: Principal proteína de la leche y base del queso.

CEBADA: Cereal parecido al trigo, empleado como pienso y en la fabricación de la cerveza.

CUSCÚS: Francés, "couscous", sémola que se sirve con la carne, las legumbres y la salsa picante.

FIBRA: Filamento de los que constituyen los tejidos orgánicos.

INTEGRAL: Entero, completo.

METABOLISMO: Conjunto de cambios químicos que realizan la función nutritiva.

MIJO: Cereal usado como alimento (en países de bajo nivel de renta) y pienso para el ganado.

MINERAL: Sustancia homogénea inorgánica.

PROTEÍNA: Grupo de compuestos nitrogenados, constituyentes de tejidos y líquidos orgánicos.

SÉMOLA: Trigo u otro cereal, por ejemplo, arroz, reducido a granos menudos.

SISTEMA ENDOCRINO: Conjunto de glándulas de secreción interna.

VITAMINA: Sustancia orgánica indispensable para el desarrollo y funciones del organismo.

Durante el verano, nuestros hábitos alimenticios están orienta-dos hacia platos ligeros que permiten sobrellevar mejor los rigo-res del calor. Septiembre es el último mes estival, pero también es el del comienzo del otoño y en lo que se refiere a la gastronomía es un período de transición. Esto supone cambios en la dieta, deter-minada a adaptarse, poco a poco, a comidas más "fuertes", pero no por eso menos equilibradas.

Las funciones corporales deben ser reajustadas ahora que muchos regresan de las vacaciones. El ritmo de comidas ha podido ser alterado por los largos días de playa o de montaña y el apetito perdido se tiene que recuperar. Sobre todo en estos momentos en que el sol declina con mayor rapidez y comien-zan a perderse sus beneficios enriquecedores para el metabolis-mo, circulación y sistema endocrino. Pero hasta que llegue el otoño podemos todavía disfrutar de la riqueza mineral y vita-mínica aportada por los rayos solares.

La comida natural es la que mejor se adapta a las épocas del año, por eso es la ideal para los meses la transición de una estación a otra. Debe estar siempre presente en nuestros regí-menes como alternativa adecuada para la salud, para estar en forma y para el propio equilibrio mental y personal. En la ali-mentación natural predominan las verduras, ricas en vitaminas, minerales y fibra alimentaria, en detrimento del consumo de pastas, cereales y dulces así como de las grasas, que se utiliza-rán en cantidades restringidas. Esto quiere decir que las ensala-das pueden seguir reinando en la mesa durante el mes de sep-tiembre, con la combinación de otros alimentos fundamentales para una dieta equilibrada que el cuerpo pueda digerir rápida y eficientemente sin provocar pesadez después de la comida. Dentro de esta combinación y para crear la dieta de transición perfecta, los granos integrales (arroz integral, mijo, cebada, cuscús) contienen muchos de los elementos nutritivos necesa-rios para gozar de una buena salud.

También los productos lácteos –la caseína de la leche es la pro-teína de mayor valor biológico– y los huevos, como sustitutos de carnes y pescados, en conjunción con los vegetales, reúnen todos los principios que exige la completa alimentación. Y no se puede olvidar la fruta por lo que supone ser el alimento de mayores propiedades limpiadoras gracias a la proporción y cali-dad de las aguas que contiene y a sus azúcares naturales, que actúan como un detergente en el aparato digestivo, arrastrando consigo las sobras y los desperdicios acumulados.

En definitiva esto nos llevará a un régimen mixto que facilitará el proceso de adaptación en la ingestión de la cantidad de ali-mentos, reuniendo las cualidades necesarias para satisfacer los requerimientos de nuestro cuerpo y procurarnos salud y bienestar.

José María Fillol

1

Localice en el texto los sinónimos de las palabras siguientes.

(01) costumbres   (28) básicos

(03) veraniego   (30) causar

(06) soportar   (38) requiere

(10) vuelven   (40) virtudes

(11) readaptado   (44) conducirá

(12) recobrar   (47) necesidades

(21) apropiada

2

Localice los antónimos de:

(02) pesados   (20) ausente

(13) lentitud   (21) enfermedad

(14) perjuicios   (30) ligereza

(18) artificial   (47) malestar

3

Anote los sinónimos de las palabras siguientes:

Período   (05) ....

Disfrutar   (16) ....

Regímenes   (20) ....

Alternativa (21) ....

Predominar   (23) ....

Dieta   (31) ....

Elementos   (33) ....

4

Anote las palabras de la misma familia.

Alimenticios (01) ....ón

Corporales   (09) ....po

Sol   (13) ....res

Enriquecedores (14) ....za

Vitamínica   (16) ....nas

Digerir   (29) ....ón

Lácteos   (35) ....e

5

Complete:

1 Arte de comer bien

= gas ....   (04)

2 Comidas donde ningún elemento destaca

= e .... das   (07)

3 Acción propia de un órgano

= fun ....   (09)

4 Recorrido de la sangre en el cuerpo

= .... la ....   (15)

5 De uno mismo

= pro ....   (22)

6 De la mente

= men ....   (22)

7 Lo son las alcachofas y las lechugas

= .... ras   (23)

8 Lo es el aceite

= gra ....   (25)

9 Plato de verduras crudas

= en ....   (26)

10 Eficazmente

= e .... mente   (29)

11 Dos o más elementos juntos

= com ....   (31)

12 Referente a la vida

= .... ló ....   (36)

13 Adecuada cantidad de cada elemento

= .... ción   (40)

14 La función del estómago

= .... rir   (42)

15 Producto para lavar

= .... te   (42)

6

Dígalo como lo dice el texto.

1 El excesivo calor
= los ri.................... del calor (02)

2 Referente a
= en lo que .... a (04)

3 Una época de cambio
= un período de........................... (05)

4 Lentamente
= .... a .... (06)

5 Las horas de las comidas pueden haber cambiado
= el rit............... de las comidas (10)

6 El sol se debilita
= el sol de........................ (13)

7 Sentirse bien
= estar .... (21)

8 Consumiendo menos pastas
= en .... del con....... de pastas (24)

9 Esto significa
= esto .... (26)

10 Juntamente con
= .... con .... con (37)

11 Debido a
= .... a (40)

12 En resumen
= en de.............................. (44)

7

Ponga la forma adecuada.

orientar (01), *permitir* (02), *suponer* (05), *determinar* (05), *aportar* (17), *adaptarse* (06), *predominar* (23), *utilizar* (25), *reunir* (37), *contener* (41), *actuar* (42), *arrastrar* (42), *acumular* (43), *facilitar* (44), *satisfacer* (46), *procurar* (47).

1 Estos arroyos ....an mucha agua al embalse.

2 Nuestra producción de queso ....rá las necesidades de la zona.

3 ....é un martillo para romper el hielo.

4 Los del Norte ....mos muy mal el calor.

5 Desde niño se ....ó hacia las matemáticas.

6 Este pueblo ....e muchos atractivos para las vacaciones.

7 Estas heladas .... en grandes pérdidas para la agricultura.

8 Los embutidos ....en mucha grasa, pero me encantan.

9 Aquel aislamiento me ....ó un gran descanso.

10 Yo de ti, ...ía con más calma.

11 ¿Me ayudas a ....r este sofá?

12 Se le han ....do demasiados problemas.

13 No sabemos ....r quién de ellos lo ha dicho.

14 Con la apertura del túnel se va a ....r mucho la comunicación.

15 ....on tantas deudas que los bancos les negaron los créditos.

16 Lo escaso del tráfico les.....................ó llegar antes de la hora.

8

Use correctamente las palabras en negrita.

a apetito ≠ hambre

*…el **apetito** perdido se tiene que recuperar.* (12)
*Mucha gente pasa **hambre** en el Tercer Mundo.*

1 Se pasa mucha .... en esta pensión.

2 Con esta dieta de adelgazamiento, ¡me da un/a........................!

3 Comer entre horas me quita el ....

4 ¿Tienes...................................ya?

5 Está buscando un jarabe que estimule el ....

b rayo ≠ radio

*…los **rayos** solares* (17)
*Los **radios** de la rueda.*

1 ¡Que lo parta un ....!

2 La provincia tiene un .... de unos 100 km.

3 Una circunferencia de 2 m. de ....

4 Lo ha visto por .... X.

5 Tormenta con .... y truenos.

9

Inserte la letra que corresponda y dé una frase por cada letra.

a **A** *Los meses de transición de una **estación** a otra.*
   B *¿Dónde está la **estación** de autobuses?*

   1 ¿Cuándo es la estación de las lluvias?
   2 Una estación de servicio.
   3 Los precios suben en verano, pero también bajan en las otras estaciones.

A...

....

B...

....

b A *En detrimento del consumo de...*
dulces ...
  B *¿Es verdad que todo lo **dulce** engorda?*

  1 Compré medio kilo de dulces.
  2 A nadie le amarga un dulce.
  3 No me gustan las natillas tan dulces.

A ....

B ....

c A *...**Proceso** de adaptación...* (45)
  B *Un **proceso** judicial.*

  1 Sus competidores usan un proceso de fabricación más eficaz.
  2 El proceso terminó con la absolución del condenado.
  3 La muralla fue sometida a un proceso de restauración.

A ....

B ....

10

Transforme.

a **mayor-menor // mejor-peor // máximo/a-mínimo/-a.**

El pan integral es el **más bueno** para el intestino.
➠ *El pan integral es **el mejor** para el intestino.*

  1 Su casa era la más grande de todas.
  2 El coche de Pedro es el más malo de todos los de este garaje.
  3 Ayer conocí al hermano más pequeño de tu amigo.
  4 Este tipo de letra es el de menos tamaño que existe.
  5 El libro tiene la encuadernación más buena que existe.

b *...Las ensaladas [...] **con la combinación de** otros alimentos...* (26)
➠ *Las ensaladas [...], **combinándolas con** otros alimentos...*

  1 Este vestido, con la combinación de varios sombreros, causa sensación.
  2 Las rosas, con la combinación de cintas de colores, adornarán la mesa.
  3 Las cortinas, con la combinación de alfombras adecuadas, dan estilo al salón.
  4 La paella, combinándola con ensalada, gusta siempre mucho.
  5 La papelería, con la combinación de la venta de periódicos, es un buen negocio.

C … las grasas, **que se utilizarán** en cantidades restringidas… (25)

➠ *las grasas, que **deben ser utilizadas (se deben utilizar)** en cantidades restringidas.*

1 El impreso se rellenará con letras mayúsculas.

2 Los viajeros sin reserva solicitarán habitación en la recepción del hotel.

3 El equipaje debe ser controlado antes del embarque.

4 El dinero se contará cuidadosamente.

5 Las puertas deben ser cerradas con llave al salir.

d … el apetito perdido **se tiene que** recuperar… (12)

➠ *El apetito perdido **se ha de (se debe)** recuperar.*

1 El cuadro estropeado se tiene que restaurar.

2 Los trajes alquilados se tienen que devolver a la tienda.

3 La fruta recogida se ha de seleccionar.

4 Las tejas rotas se tienen que reemplazar.

5 Los enfermos se tienen que recuperar antes del salir del hospital.

11

Elija.

**Preposiciones
(18 a 26)**

La comida natural es la que mejor se adapta *a/en* las épocas *de/en* el año, *para/por* eso es la ideal *para/en* los meses *a/de* transición *en/de* una estación *para/a* otra. Debe estar siempre presente *con/en* nuestros regímenes como alternativa adecuada *hacia/para* la salud, *por/para* estar *con/en* forma y *hasta/para* el propio equilibrio mental y personal.

Con/En la alimentación natural predominan las verduras, ricas *con/en* vitaminas, minerales y fibra alimentaria, en detrimento del consumo *con/de* pastas, cereales y dulces así como *de/con* las grasas, que se utilizarán *sobre/en* cantidades restringidas.

12

Recomponga.

a **Palabras omitidas (44 a 48)**

En definitiva esto nos llevará a .... régimen mixto que facilitará el proceso .... adaptación en la ingestión de la .... de alimentos, reuniendo las cualidades necesarias .... satisfacer los requerimientos de nuestro cuerpo .... procurarnos salud y bienestar.

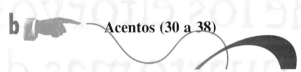

b **Acentos (30 a 38)**

Dentro de esta combinacion y para crear la dieta de transicion perfecta, los granos integrales (arroz integral, mijo, cebada, cuscus), contienen muchos de los elementos nutritivos necesarios para gozar de una buena salud. Tambien los productos lacteos –la caseina de la leche es la proteina de mayor valor biologico– y los huevos, como sustitutos de carnes y pescados, en conjuncion con los vegetales, reunen todos los principios que exige la completa alimentacion.

13
Conversación:

1 ¿Cree que las comidas de este país son las más apropiadas para la salud por su contenido en azúcar, grasas, mantequilla, carne, pescado, frutas, etc.?

2 Hable sobre alguna comida especial: vegetariana, kosher, dietética…

3 ¿Es verdad que todas las buenas comidas son malas para la salud? Opine.

4 *Cena poco, come más, duerme en alto y vivirás.*

14
Redacción:

1 Escriba una breve redacción integrando las palabras siguientes: *ingestión, predominan, dentro de, azúcares, se refiere, hasta que, restringida, mixto.*

2 Resuma el texto desde la línea 9 hasta la 26 en un tercio de su extensión.

3 Escriba sobre los hábitos alimentarios de su país.

4 ¿Cuál es su plato o platos favoritos? Descríbalo(s).

MARTÍN GAITE

Resumen biográfico.

Carmen MARTÍN GAITE (1925-)

Es ganadora del Premio Nadal (1958) con su novela *Entre visillos* expresión de la estrechez y mediocridad que a los jóvenes ofrecía la vida en las pequeñas capitales de provincia. Autora también de *El balneario, El cuarto de atrás* y de interesantes ensayos como *Macanaz, otro paciente de la Inquisición, Usos amorosos del siglo XVIII en España* y *Usos amorosos de la posguerra española*. Obtuvo el Premio Príncipe de Asturias de las Letras Españolas.

Entrando en situación.

¿Qué tipo de vacaciones prefiere usted,
en la montaña o junto al mar?
¿Por qué?

Lea las preguntas siguientes y localice las respuestas en el texto.

1 ¿Iba Goyita al Cristina?

2 ¿Dónde se hospedaba Goyita en San Sebastián?

3 ¿Qué recuerdos de la playa disgustaban a Goyita?

4 ¿Quién era Félix?

5 ¿Por qué llama "rollo" la chica de Madrid a los hispanoamericanos?

6 ¿De qué quería hablar Goyita a su amiga Toñuca?

7 ¿Dónde tiene lugar el diálogo entre las dos muchachas?

L a chica de Madrid que venía a pasar las fiestas a casa de un cuñado, hablaba de su veraneo en San Sebastián con descuido y confianza. Decía San Sebas.

–Mira que no haberte visto, mujer, en San Sebas; si allí nos conocemos todos. ¿Qué plan hacías tú? ¿Ibas al Cristina? 5
Goyita le envidiaba aquella desenvoltura. Ella otros veranos había ido a un pueblo de Ávila, donde tenían familia, y este año, de San Sebastián se traía una impresión pálida y sosa que ahora, al hablar con su amiga del tren, la desazonaba. Le parecía que no había estado allí, que se venía sin conocer la ciudad excitante y 10 luminosa que le descubrían las palabras de la otra.
–¿Al Cristina, cómo, al hotel Cristina?
–Sí, a las fiestas de tarde y de noche. Es lo único que se pone un poco medio bien. 15
–No, yo no he ido. Habría que vivir allí, me figuro; no sabía que daban fiestas. ¿Estabas tú en el hotel Cristina?
–Sí, claro. Creí que te lo había dicho. ¿Tú?
–No. Nosotros no. Nosotros en la pensión Manolita, una que hay en la calle de Garibay, que tiene dos tiestos en la puerta. 20

La chica de Madrid era rubia y llevaba el pelo muy corto peinado con flequillo a lo Marina Vlady. Decía que era más cómodo así para nadar. Hablaba de yates y de pesca submarina, de skis acuáticos. Goyita no sabía nadar; se sentía a disgusto recordando 25 el trocito de playa donde tenían ellos un toldo, un triángulo de arena limitado por piernas desnudas, por bolsas con nivea y bañadores; sus baños ridículos en las primeras olas junto a los niños de cinco años que echan barquitos, los gritos de júbilo cuando el agua le salpicaba más arriba de la cintura. Quería cam- 30 biar de conversación, salvar algo de su veraneo, que no se le viniera todo abajo.

–Al "tennis" fui dos tardes y lo pasé muy bien. El último día estuve todo el rato con un chico mejicano que era majísimo. La 35 rabia que lo conocí al final, ya cuando faltaban dos días para venirnos. Estaba bastante en plan.
–Qué rollo los hispanoamericanos, chica, qué peste. Parece que los regalan. Y luego se te ponen de un tierno… ¿A que se llamaba Raúl o Roberto o algún nombre por el estilo? 40
–No. Se llamaba Félix.

Esto del mejicano había sido lo único un poco parecido a una aventura y Goyita se complacía en aumentarlo. Le esperó en la estación asomada hasta el último momento, y todavía cuando el 45 tren arrancó, pensaba que le iba a ver entrar con un ramo de flores y echar a correr a paso gimnástico tendiéndole la mano hacia la ventanilla. Hasta se le vinieron las lágrimas a los ojos de tanto escudriñar la puerta con este deseo, y las luces del andén se le alejaron temblando de llanto y sirimiri. Sabía muy bien que no la 50 iba a escribir mandándole una foto que se hicieron juntos, ni se iban a volver a ver ni nada; y además tampoco le importaba demasiado que fuera así, pero se esforzaba por convencerse de lo contrario. Más que nada para justificar de alguna manera aquellos dos meses, y la ilusión que había puesto en ellos antes de ir; y sobre todo por poderle contar algo romántico a su amiga Toñuca. Había preguntado por ella en cuanto bajó del tren.

55

1

Localice en el texto los sinónimos de las palabras siguientes.

(11) estimulante (29) alegría

(12) brillante (35) atractivo

(16) imaginarse (38) pesadez

(20) macetas (51) enviar

(26) pedacito

2

Ponga la forma adecuada:

envidiar (07), *descubrir* (12), *faltar* (36), *complacerse* (44), *justificar* (53).

1 No necesito.......................r mis gastos!

2 Se ....e en atender a todo el mundo.

3 Les ....o su buen humor.

4 Te voy a ....r un secreto.

5 Se ....e en ayudar a los demás.

6 ¿Cuánto ....a para las vacaciones?

3

Ponga cada letra con su número:

1	Pálida	(09)	A *Tocar con.*
2	Acuáticos	(25)	B *Sacar la cabeza*
3	Limitar	(27)	*por un hueco.*
4	Pasarlo bien	(34)	C *Llorar.*
5	Todo el rato	(35)	D *Descolorida.*
6	Por el estilo	(40)	E *Semejante.*
7	Asomarse	(45)	F *De agua.*
8	Temblar de		G *Divertirse.*
	llanto	(50)	H *Todo el tiempo.*

1	2	3	4	5	6	7	8

4

Coloque cada palabra donde corresponda:

cuñado (02), *veraneo* (02), *descuido* (02), *confianza* (03), *desenvoltura* (07), *sosa* (09), *desazonar* (10), *flequillo* (23), *toldo* (26), *salpicar* (30), *arrancar* (46), *escudriñar* (49), *andén* (49), *sirimiri* (50).

1 Pelo que adorna la frente =......................

2 Por él se llega al tren =..........................

3 Despreocupación =................................

4 Lona para protegerse del sol =................

5 Mirar con mucha atención =...................

6 Hermano de mi mujer =........................

7 Sin sal =...

8 Acción de confiar =...............................

9 Vacaciones de verano =.........................

10 Seguridad en sí mismo =......................

11 Perturbar =...

12 Empezar a moverse =..........................

13 Lluvia muy fina =................................

14 Las olas lo hacen =.............................

5

Dígalo como lo dice el texto:

1 **Cuánto siento no** haberte visto. (05)
= .... que no haberte visto.

2 **¿Qué vida llevabas?** (06)
= ¿qué .... hacías tú?

3 **Regular** (14)
= un .... medio ....

4 Se sentía **descontenta**. (25)
= se sentía a ....

5 **Qué lástima** que lo conocí al final. (35)
= la .... que lo conocí al final.

6

Use correctamente las palabras en negrita.

a cómodo ≠ confortable ≠ conveniente

*...decía que era más **cómodo** así para nadar...*(23)
*Una casa **confortable**.*
*Una medida **conveniente**.*

1 Una cama ....
2 Es .... que avises con tiempo.
3 Un sillón ....
4 Un ambiente ....
5 Un cambio muy ....
6 No es un coche ....

b pesca ≠ pescado ≠ pez ≠ pescador-ero

*...**pesca** submarina... (24)*
***pescado** congelado / **pez** de río*
***pescador** de caña / el **pescadero** del mercado*

1 El.................. cierra a las 8.
2 La.................. del atún.
3 El.................. espada.
4 Un.................. de colores.
5 Soy más cazador que......................
6 Por la boca muere el......................

c final ≠ fin

*...lo conocí al **final**... (36)*
*El **fin** de semana.*

1 Punto ....
2 Un .... feliz.
3 El principio y el ....
4 ¿Qué .... persigue esta medida?
5 Al .... del pasillo.
6 El .... de la excursión.

7

Inserte la letra que corresponda y dé una frase por cada letra.

a
A ...daban **fiestas**... (17)
B Hacían **fiesta**.

1 No tienen dinero para dar fiestas.
2 Van a dar una fiesta de cumpleaños.
3 Las panaderías harán fiesta el sábado.

A ....
B ....

b
A ...el tren **arrancó**... (45)
B **Arrancó** las flores.

1 El huracán arrancó muchos árboles.
2 Hoy no he podido arrancar el coche.
3 El autobús arrancó suavemente.
4 Quieren arrancar los naranjos para plantar limones.

A ....
B ....

c
A ...**hasta** se le vinieron las lágrimas a los ojos... (48)
B Caminamos **hasta** el final de la calle.
C Durmió **hasta** las 12.

1 Te esperé hasta el martes.
2 Hasta un niño lo entiende.
3 ¿Me acompañas hasta el metro?

A ....
B ....
C ....

8
Transforme.

Quiere... que no se le venga todo abajo ➠ *...**quería** ...que no se le **viniera** todo abajo...* (31)
Tampoco le importa demasiado que sea así ➠ *...tampoco le **importaba** demasiado que **fuera** así...* (52)

1 Le aconsejan que no se deje ver por el pueblo.

2 Quiere que el perro lobo vigile la finca por la noche.

3 Nos dicen que nos divirtamos.

4 Tenemos miedo de que no salga bien de la operación.

5 Le aconsejo que aprenda a hablar bien español.

6 Es imprescindible que el país supere la crisis económica.

7 Les prohíben que aparquen el coche tan cerca del monumento.

8 No quiere que su hija salga sola de noche.

9 ¡Le deseo que tenga usted suerte!

10 Dice al niño que tome pronto la sopa.

11 Esperamos que descubran pronto un remedio para su enfermedad.

12 ¿No os preocupa que pueda fracasar la Unión Europea?

13 El capataz le dice secamente que sea más cuidadoso con las herramientas.

14 ¡A ver quién no desea que haya paz en el mundo!

15 Prefiero que trabaje en una empresa multinacional.

9

Elija.

a Por ≠ para

1 Hemos conseguido este reloj antiguo **por/para** muy poco dinero.
2 Hizo lo posible **por/para** ir a Bilbao sin pasar **por/para** Irún.
3 Ajustó la compra **por/para** muy poco dinero.
4 Las ferias del libro se organizan **por/para** dar a conocer las últimas publicaciones.
5 La expedición se organizó **por/para** cuenta de la Sociedad.
6 Ahorraba tanto **por/para** garantizarse el futuro.
7 Las condiciones necesarias **por/para** la visita del Papa no se pudieron cumplir.
8 No se puede subir a la torre **por/para** menos de 1.000 pesetas.
9 Los vinos nos han salido **por/para** menos de lo que pensábamos.
10 Lo hemos comprado **por/par**a un precio ridículo.

b Ser ≠ estar

1 No puedo esperar más, ya **es/está** demasiado tarde.
2 –¿De qué país viene ese señor de acento tan raro?
   –Creo que **es/está** siberiano.
3 Los juegos olímpicos del año 2000 **serán/estarán** quizá en Berlín.
4 Ayer **fui/estuve** en el Barrio Latino, ¡qué ambiente hay allí!
5 Estos caminos montañosos no **son/están** para gente de piernas delicadas.
6 ¿Tu primo **es/está** aquel señor tan amable que encontramos ayer?
7 El marco de este cuadro **es/está** de plata maciza.
8 Tan cansadas **eran/estaban** que no se tenían de pie.
9 ¡Ya basta, chico, ya **es/está** bien!
10 Habla tan bien el español porque **es/está** de origen sefardita.

10

Recomponga.

a Preposiciones (43 a 55)

Esto .... el mejicano había sido lo único un poco parecido .... una aventura y Goyita se complacía .... aumentarlo. Le esperó .... la estación asomada .... el último momento, y todavía cuando el tren arrancó, pensaba que le iba .... ver entrar .... un ramo .... flores y echar .... correr............. paso gimnástico tendiéndole la mano .... la ventanilla .... se le vinieron las lágrimas .... los ojos .... tanto escudriñar la puerta .... este deseo, y las luces .... el andén se le alejaron temblando .... llanto y sirimiri. Sabía muy bien que no la iba .... escribir mandándole una foto que se hicieron juntos, ni se iban .... volver .... ver ni nada; y además tampoco le importaba demasiado que fuera así, pero se esforzaba .... convencerse de lo contrario. Más que nada .... justificar .... alguna manera aquellos dos meses, y la ilusión que había puesto .... ellos antes .... ir; y .... todo .... poderle contar algo romántico .... su amiga Toñuca. Había preguntado .... ella .... cuanto bajó .... el tren.

b Acentos (22 a 32)

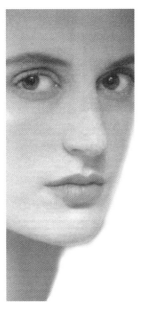

La chica de Madrid era rubia y llevaba el pelo muy corto peinado con flequillo a lo Marina Vlady. Decia que era mas comodo asi para nadar.

Hablaba de yates y de pesca submarina, de skis acuaticos. Goyita no sabia nadar, se sentia a disgusto recordando el trocito de playa donde tenian ellos un toldo, un triangulo de arena limitado por piernas desnudas, por bolsas con nivea y bañadores; sus baños ridiculos en las primeras olas junto a los niños de cinco años que echan barquitos, los gritos de jubilo cuando el agua le salpicaba mas arriba de la cintura.

Queria cambiar de conversacion, salvar algo de su veraneo, que no se le viniera todo abajo.

11

Dé el significado.

1 ¡Cuidado con este tipo!, es de abrigo.

2 Mi padre, escalando montañas, estaba a sus anchas.

3 Ahora no podría contártelo todo, es el cuento de nunca acabar.

4 No sabe lo que ha pasado, estaba en Babia.

5 Se nos ha estropeado el coche, ¡estamos apañados!

6 No te hagas ilusiones, realizar ese proyecto no es grano de anís.

7 No sabían si perderían el empleo y estaban todos sobre ascuas.

8 ¡Cómo va a prosperar, si lo único que le gusta es estar con los brazos cruzados!

9 Cuando tuvo que actuar no estuvo a la altura esperada.

10 ¡Están verdes!, decía para consolarse de su fracaso.

12

Conversación:

1 Hable de algún episodio interesante que le haya sucedido durante unas vacaciones.
2 ¿Qué atractivos e inconvenientes tiene alojarse en un hotel durante las vacaciones?
3 ¿Qué proyectos de vacaciones tiene?

13

Redacción:

1 Ponga en forma narrativa el diálogo que va de la línea 13 a la línea 20.
2 Resuma la historia en un tercio de su extensión.
3 Compare a "la chica de Madrid" con Goyita.
4 ¿Qué importancia le da Goyita a Félix?
5 *La buena vida es cara; la hay más barata, pero no es vida.*

ANA MARÍA MATUTE

☞ **Resumen biográfico.**

Ana María MATUTE (1926-)

Es autora de novelas: *Los Abel*, *Fiesta al noroeste*, *En esta tierra...* y de cuentos: *Sólo un pie descalzo*. Es constante la alusión a las huellas que en la autora y en los niños de su generación dejó la Guerra Civil española, que ella rememora en un ambiente de crueldad y ternura, con un estilo rico e imaginativo. Así es, por ejemplo, en *Los soldados lloran de noche*.

☞ **Entrando en situación.**

¿Se debe decir siempre la verdad?

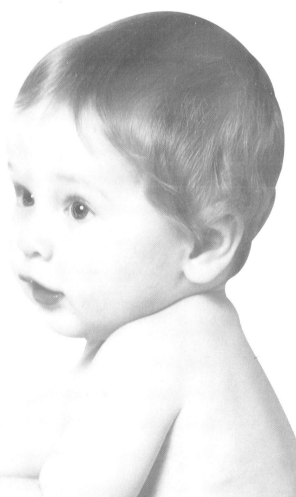

Lea las preguntas siguientes y localice las respuestas en el texto.

1 ¿Por qué no quería Marcela que su amiga abriera la ventana?

2 ¿Qué apreciaba en Marcela su compañera? ¿Y qué significa para ella?

3 Describa a las dos mujeres y al niño.

4 ¿Por qué va la mujer al cuarto de al lado?

5 ¿Quién de las dos coge en brazos al niño?

6 ¿Se sentía la madre, al mecer a su hijo, tan maternal como Marcela?

M arcela decía:

–No abras la ventana.

Pero ella la abría, porque si no, le parecía que se ahogaba. Marcela acababa de encender los leños, en la pequeña chimenea del rincón.

–Te digo, ¿para qué encender, si te plantas tú ahí, delante de la ventana? Nunca te curarás así.

Lo que más le gustaba a ella de Marcela era eso, precisamente, que no andaba nunca con paños calientes, que decía siempre la verdad, o lo que ella creía la verdad. La piedad era otra cosa. En un principio (hacía ya meses largos, parecía mentira), le dijo: "Muchacha, qué mala cara te veo. Qué mala cara". Lo dijo así, de pie, delante de ella, con las macizas piernas bien asentadas contra la tierra que pisaban. Y no sintió miedo, al oírla. Más bien, una rara sensación de seguridad. Ahí había, por lo menos, alguien que no adulaba, que no mentía. Sí, la piedad era otra cosa, y Marcela estaba en su verdadero sentido.

–Estas casitas de m... –decía ahora Marcela, con cierto jadeo en la voz, a causa de su postura inclinada–, es lo único bueno que tienen: que se calientan en un momento. Están todavía húmedas las paredes, pero así y todo, no es como la otra, que ya en los últimos tiempos entraba el viento por todas las rendijas. No era casa, era un colador...

Se oyó llorar al niño.

–Ahí está –dijo Marcela. Y se le llenó la cara de resplandor. No era únicamente el reflejo de las llamas, era su resplandor, el que le subía a veces a los ojos (llenos, parece, de todos los recelos y el dolor del mundo), y, sin embargo, como bañados de pronto por una luz, igual que una ola (insospechadamente, nunca se sabe por qué, ni cuándo). La miró, con la admiración sin límites que sentía por Marcela en esos instantes. Una admiración y un candor que cortaban todas las palabras, incluso los pensamientos. Marcela podía ser, de improviso, la Tierra entera, con sus árboles, ríos, costas, montañas y caminos. Huían, entonces, todas las cosas leídas o aprendidas, las letras, como vanos pájaros del pensamiento de los hombres.

–Pero, bueno, ¿no oyes a tu hijo? –chilló Marcela.

Fruncía las cejas, y ella corrió al cuarto de al lado, como sonámbula, abrió los postigos y lo vio, al niño, sentado entre las mantas arrugadas, congestionado de tanto gritar y los ojos achinados por el llanto. Lo cogió en brazos. El cuerpo era tibio, apoyó la cabeza cubierta de brillante pelo rubio contra su hombro, y empezó a hipar suavemente.

Ella le puso una mano en la nuca, quieta, que deseaba aplacar, amansar, como la mano de Marcela. Pero su mano era demasiado rápida, demasiado dura. No sabía. Sólo Marcela podía hacer estas cosas.

El niño cambió el hipo por un ronroneo especial, casi era una cancioncilla.

Apartó la cabeza y le miró. (Casi dos años. Dos años de alentar, de mirar con ese par de ciruelas húmedas, de color avellana. De oler la tierra, los leños, el humo, los árboles, las hortigas enardecidas por el sol. Casi dos años de llorar y pedir alimento, de buscar ciegamente, ignorantemente, la razón de ser.
Las paredes blancas bajo el sol. La razón de todas las cosas...)
–No llores –dijo.

2

Dígalo como lo dice el texto.

en su verdadero sentido (19), *no andaba nunca con paños calientes* (11), *de al lado* (40), *si te plantas* (08), *lo cogió en brazos* (43), *hacía ya meses largos* (13), *casitas de m ...* (20), *de improviso* (35).

1 Si te colocas tú ahí.
2 Siempre hablaba francamente.
3 Hacía ya varios meses.
4 Marcela estaba en lo cierto.
5 Casitas de poca calidad.
6 De pronto.
7 Cuarto contiguo.
8 Lo sostuvo en sus brazos.

3

Complete:

1 El gato lo hace cuando está contento.
   = ron ....   (52)
2 Sin verlo = cie.... ....   (64)
3 Sin saberlo = ig .... (65)
4 Calmar = a .... (47)   a .... (48)
5 Motivo = ra ....   (68)
6 Hueso detrás del cuello = nu ....   (47)
7 Plantas que pican = hor ....   (61)
8 Fruto = a ....   (59)

1

Localice en el texto los sinónimos de las palabras siguientes.

(12) compasión   (39) grító
(20) algún   (40) arrugaba
(22) mojadas   (41) contraventanas
(24) se metía   (42) hinchado
(24) grietas   (44) cabello
(27) luz   (45) calladamente
(28) solamente   (57) respirar
(29) temores   (62) calentadas
(34) hasta   (64) comida
(37) inútiles

4

Lea y escriba.

1 Marcela acababa de encender unos **trozos de árbol/**.................... (06)
2 Marcela le habló con las **recias /**.......... (15) piernas bien asentadas sobre la tierra.
3 Como estaba inclinada, Marcela habló con **dificultad de respiración/**.................. (20) en la voz.
4 Tantas rendijas tenía aquella casa que Marcela la compara a un **utensilio para filtrar/**.......(25)
5 Por Marcela ella sentía admiración e **inocencia/** .... (34)
6 La mamá corrió al cuarto del niño **como si anduviera en sueños/**........................ (40)

5

Use correctamente las palabras en negrita.

a leño ≠ leña ≠ madera ≠ madero

…Marcela acababa de encender
los *leños*…(06)
Esta *leña* no arde bien.
Una casa de *madera*.
Este *madero* es demasiado largo.

1 Hay que clavar bien ese ....

2 Antaño se guisaba con ....

3 Pon otro .... en el fuego.

4 Una barca de ....

5 –¿Nos subirán el alquiler?

–Toca ....

6 Echar .... al fuego.

b adular ≠ elogiar elogiar ≠ elogio

…alguien que no *adulaba*… (18)
lo han *elogiado* por su fuerza de voluntad

1 .... a su jefe para conseguir favores.

2 No merezco esos ...., por favor.

3 Es demasiado sincero para .... a nadie.

4 Su discurso fue muy.........................

c postura ≠ posición

…a causa de su *postura* inclinada… (21)
El ejército entró en *posición* de combate.

1 Me duele la espalda de sentarme en esa ....

2 ¿En qué .... te retrato?, ¿de pie?

3 El castillo está en una .... muy estratégica.

4 Ocupa una elevada .... social.

d tibio ≠ templado ≠ cálido cálido ≠ caliente ≠ caluroso

…el cuerpo era *tibio*…(43)
¿Quiere la leche *caliente* o *templada*?
Es una planta de clima *cálido*.
Una zona muy *calurosa*.

1 ¿Te duchas con agua....................... ?

2 No, con agua................ o ....

3 En países .... se necesita el aire acondicionado.

4 El lado oeste de la casa es muy..........

5 ¿Qué recibimiento te hicieron? ....

6 ¿Y a ti?

7 Ande yo .... y ríase la gente.

6

Inserte la letra que corresponda y dé una frase por cada letra.

a

A ...la **tierra** que pisaban... (16)
B ...la **Tierra** entera... (35)
C ...de oler la **tierra** ... (59)
D ...Yo soy de **tierra** adentro.

A ....
B ....
C ....
D ....

1 La tierra no es totalmente redonda.
2 El avión tomó tierra a las 8.
3 Quedan pocos rinocerontes en la Tierra.
4 Una buena tierra de cultivo.

5 Esa maceta necesita más tierra.
6 Pasó más tiempo navegando que en tierra.
7 ¿De qué tierra es usted, amigo?
8 En toda tierra cuecen habas.

b

A ...corrió al **cuarto** de al lado... (40)
B ...Un **cuarto** de kilo.
C ...Paga tú que tienes **cuartos**.
D ...Vive en el **cuarto** piso.

A ....
B ....
C ....
D ....

1 Ganó muchos cuartos con la exportación de calzado.
2 ¿Dónde está el cuarto de baño?
3 Mi coche es el cuarto por la izquierda.
4 Éste es un cuarto muy oscuro.

5 ¿Me pone tres cuartos de manzanas?
6 Se gastó hasta el último cuarto.
7 Le corresponde la cuarta parte de la herencia.
8 La calle Mayor es la cuarta a la derecha.

7

Transforme.

a No se disculparon, **más bien** protestaron
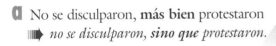 *no se disculparon, **sino que** protestaron*.

1 No pagó la deuda, más bien la negó.

2 No les perdonaron el error, sino que se vengaron cruelmente.

3 No deben ustedes callarse, sino que deben decir toda la verdad.

4 No sólo le gusta la música, sino que además es un excelente pianista.

5 No sólo habla mal, sino que tampoco dice cosas interesantes.

6 Viajar a las Américas ya no es una aventura, más bien supone unas interesantes vacaciones.

b   Diga en presente el párrafo siguiente: (10 a 19)

"Lo que más le gustaba a ella de Marcela era eso, precisamente, que no andaba nunca con paños calientes, que decía siempre la verdad, o lo que ella creía la verdad. La piedad era otra cosa. En un principio (hacía ya meses largos, parecía mentira), le dijo: "Muchacha, qué mala cara te veo. Qué mala cara". Lo dijo así, delante de ella, con las macizas piernas bien asentadas contra la tierra que pisaban. Y no sintió miedo, al oírla. Más bien, una rara sensación de seguridad. Ahí había, por lo menos, alguien que no adulaba, que no mentía. Sí, la piedad era otra cosa, y Marcela estaba en su verdadero sentido".

c   Llora ▐▐▐▶ *no llores* (70)

1 Coma.	**4** Anda.
2 Conduce.	**5** Juega.
3 Ríe.	**6** Vuelve.

8

Elija.   **Por ≠ para**

1 Se sentó cómodamente **por/para** escribir.

2 No salió de paseo **por/para** todo el trabajo que tenía.

3 Se le escapó el perro **por/para** la ventana de la cocina.

4 Buscaban a sus amigos **por/para** salir de paseo con ellos.

5 Alquilaron la casa **por/para** residir en ella más de un año.

6 ... las hortigas enardecidas **por/para** el sol... (61)

7 Compraron una casita **por/para** pasar los veranos.

8 Dejaron de hablarse **por/para** las discusiones de la vecindad.

9 La visitaba **por/para** aliviar su soledad.

10 No comió mucho **por/para** aliviar el estómago de los ardores.

9

Recomponga.

a Formas verbales (26 a 36)

Se oyó llorar al niño.

–Ahí (**estar**) .... (**decir**) .... Marcela. Y (**llenársele**) .... la cara de resplandor. No (**ser**) .... únicamente el reflejo de las llamas, (**ser**) .... su resplandor, el que le (**subir**) .... a veces a los ojos llenos, (**parecer**) .... de todos los recelos y el dolor del mundo y, sin embargo, como bañados de pronto por una luz, igual que una ola (insospechadamente, nunca (**saberse**) ....

por qué, ni cuándo). La (**mirar**)...............con la admiración sin límites que (**sentir**)...............por Marcela en esos instantes. Una admiración y un candor que (**cortar**) .... todas las palabras, incluso los pensamientos. Marcela (**poder**) .... ser, de improviso, la Tierra entera, con sus árboles, ríos, costas, montañas y caminos.

b Preposiciones (20 a 24)

Estas casitas ....m..., –decía ahora Marcela, ...cierto jadeo........... la voz........... causa .... su postura inclinada–, es lo único bueno que tienen: que se calientan.......... un momento. Están todavía húmedas las paredes, pero así y todo, no es como la otra, que ya........ los últimos tiempos entraba el viento............... todas las rendijas.

c Acentos (40 a 53)

Fruncia las cejas, y ella corrio al cuarto de al lado, como sonambula, abrio los postigos y lo vio, al niño, sentado entre las mantas arrugadas, congestionado de tanto gritar y los ojos achinados por el llanto. Lo cogio en brazos. El cuerpo era tibio, apoyo la cabeza cubierta de brillante pelo rubio contra su hombro, y empezo a hipar suavemente. Ella le puso una mano en la nuca, quieta, que deseaba aplacar, amansar, como la mano de Marcela. Pero su mano era demasiado rapida, demasiado dura. No sabia. Solo Marcela podia hacer estas cosas.

El niño cambio el hipo por un ronroneo especial, casi era una cancioncilla.

10
Conversación:

1 En el texto se habla de una persona que no miente.
¿Ha conocido a alguien así?
2 ¿Qué canciones de cuna conoce usted?
3 *A mal tiempo, buena cara.*

11
Redacción:

1 Describa una casa de campo típica de su país.
2 Amor a los padres y amor fraterno: compare.
3 ¿Hasta dónde se puede confiar en un amigo?

SÁNCHEZ FERLOSIO

Industrias y andanzas de Alfanhui

U7 **RELACIONES FAMILIARES**

➤ **Resumen biográfico.**

Rafael SÁNCHEZ FERLOSIO (1927-)

Obtuvo en 1955 el premio Nadal con su novela *El Jarama*, una de las más significativas de la posguerra española, y en 1983 el Primer Premio de Periodismo Francisco Cerecedo. *Homilía del ratón* recoge artículos de varios años de colaboración periodística, y últimamente ha publicado el ensayo. *Campo de Marte* y la novela *El testimonio de Yarfoz*. *Industrias y andanzas de Alfanhui* nos acerca a la novela picaresca española con sus lances de tono lírico y aguda fantasía.

➤ **Entrando en situación.**

¿Qué piensa del papel de los abuelos
en la educación de los nietos?

Lea las preguntas siguientes y localice las respuestas en el texto.

1 ¿Dónde vivía Alfanhui?

2 ¿Qué hizo la abuela cuando supo que su nieto subía a su casa?

3 ¿Qué le guardaba la abuela a su nieto cada año?

4 ¿A qué hora del día, aproximadamente, transcurre la escena?

5 ¿Qué referencia hace la abuela al sol y al frío?

6 ¿Hay muchos niños en el pueblo de la abuela?

Alfanhui se volvió desde el puente y buscó la casa de la abuela. Alfanhui y su abuela no se conocían. Preguntó en el piso de abajo. Una chica subió gritando a avisar:

–¡Ha venido su nieto, tía Ramona! ¡El de Alcalá de Henares, el que vive con su madre junto al molino, el hijo de Gabriel, que en paz esté!   5

–¿Para qué me lo explicas tanto, si no tengo otro? Anda, no alborotes y que se espere.

La abuela se cerró con llave. Sacó una blusa y una saya, una mantilla y un pañuelo. Era todo de tela negra y tenía el olor húmedo, limpio y antiguo de las arcas. La blusa tenía, de arriba abajo,   10 una fila de muchos botones muy juntos y pequeños. Las mangas eran anchas y se apretaban en las muñecas. Sobre sus muñecas huesudas y delgadísimas, la abuela abrochó los puños. Enganchó los negros ganchitos de alambre de la saya sobre su cintura de   15 almendro. Arregló el vuelo de la saya, que le caía en pliegues verticales desde los huesos de las caderas. Sobre su pelo blanco y despeinado se echó el negro pañuelo y sobre los hombros la mantilla. Así salió al descansillo, con las manos una sobre otra, y miró a Alfanhui mientras éste subía la escalera. Cuando él llegó   20 arriba, la abuela se apartó y le dijo:

– Pasa.

Luego entró ella y cerró tras de sí la puerta. Se sentó en la mecedora y comenzó a hablar. Alfanhui, de pie junto a ella, la miraba.

– ¿Querías que me muriera sin verte? Ingrato, que no venías   25 nunca. Ponte a la luz que te vea... Eres pálido y sano como tu abuelo.

Por la noche yo me decía siempre: "Mi nieto, ¿cómo será? Ese pájaro que no se alarga nunca por aquí; me voy a morir como si no fuera abuela". Y en agosto y en septiembre, cuando había   30 almendras y avellanas, y en octubre, cuando había castañas y nueces y yo no las podía comer, me acordaba de ti y pensaba: "Mi nieto, ése las podría roer". Todos los años te las guardaba hasta que mermaban tanto y se quedaban tan enjutas que había que tirarlas. Unos buenos puñados se echaban a perder sin que nadie   35 se las comiera.

– Abuela, ahora me quedaré contigo si quieres, mucho tiempo. Puedo dormir abajo.   ·

– ¡Claro que te quedarás! ¡Estaría bueno que ahora te volvieras! Y dormirás aquí conmigo, en mi cama; yo abulto menos que una   40 escoba.

Oscurecía. La abuela dijo a Alfanhui que cerrara la ventana y encendiera un candil que colgaba del techo, sobre la camilla. Luego, sin levantarse, volvió su mecedora y la arrimó al brasero.

– Coge aquella banqueta y arrímate.   45

– Abuela, tendré que trabajar si me quedo más de un año y emplearme aquí.

– ¿Qué es lo que sabes hacer?

– Soy oficial disecador.

– No. Aquí no hay de esas zarandajas. Eso no sirve. Aquí los que   50

trabajan se cogen mucho sol y mucho frío y mucho remojón y mucha inclemencia. Eso otro son enredos de gente caprichosa que quiere tener bichos muertos por la casa. Aquí, no. Pero ya te buscaré yo un empleo. No te preocupes. ¿Tienes frío?
– No, abuela.
La abuela siguió relatando:
– Y yo siempre hablaba con los vecinos: "Mi nieto, esto; mi nieto, lo otro". Y a veces me preguntaban que cómo eras, y me ponía muy triste y me avergonzaba tenerles que decir que no te conocía. Y ya parecía que todos dudaban de que existieras. Y tenía yo muchas ganas de poderles decir: "Aquí está". Porque en este pueblo todas las abuelas tienen lo menos diez o doce. Ven aquí, ponte más cerca que te toque... Buenas pantorrillas tienes, ¡y duras!, andarín, que ya podías haber venido antes.

1

Ponga cada letra con su número.

1 acción de mojarse	A *inclemencia*. (51)	→ 1 ....
2 mentira	B *remojón*. (51)	→ 2 ....
3 tiempo hostil	C *bicho*. (52)	→ 3 ....
4 animal, bestia y desagradable	D *enredo*. (52)	→ 4 ....

2

Coloque cada palabra donde corresponda.

saya (09), *mantilla* (09), *pañuelo* (10), *arca* (11), *gancho* (15), *pliegues* (16), *mecedora* (23), *candil* (43), *banqueta* (45), *disecador* (49), *zarandajas* (50), *pantorrillas* (60).

1 Banco pequeño sin respaldo = ...

2 Parte musculosa de la pierna = ...

3 Tipo de lámpara de aceite = ...

4 Tipo de falda antigua = ...

5 Sillón de pies curvos, basculantes = ...

6 Prenda femenina de encaje = ...

7 Doblez = ...

8 Cosas sin valor = ...

9 Prenda femenina para cubrir la cabeza =........

....

10 Instrumento curvo para sujetar=....................

11 Caja de madera para guardar ropa = ...

12 Especialista en conservar animales muertos.

=....................

3

Dígalo como lo dice el texto.

1 Una chica subió **corriendo a llamar** /................................. (03)

2 **Al lado del** /.................... (05) molino.

3 Que en paz **descanse**/.................. (06)

4 Anda, no **hagas ruido** /................ (07)

5 Las mangas se **estrechaban**/.................. (12) en las muñecas.

6 La abuela **abotonó**/................................ (14) los puños.

7 El **ancho** de la saya/ .... (16)

8 La abuela se **puso a un lado**/........ (21)

9 Ese **tipo**/................ (28) que no **viene** /.................... (29) nunca por aquí.

10 Hasta que **disminuían**/............ (34) y se quedaban tan **secas**/................ (34)

11 **Se pudrían**/............................ (35) sin que nadie se las comiera.

12 Yo **soy más delgada**/.................... (40) que una escoba.

13 La **acercó**/.................... (44) al brasero.

4

Complete:

1 Es un tratamiento afectuoso.
= t .... a (04)

2 De huesos prominentes.
= hue .... (14)

3 Los huesos de la cintura.
= ca .... (17)

4 Sirve de rellano en la escalera.
= des .... (19)

5 No es agradecido.
= in .... to (25)

6 Comer como los ratones.
= ro .... (33)

7 Cantidad que cabe en una mano.
= pu .... (35)

8 Mesa bajo la cual se pone el brasero.
= ca .... (43)

5

Use correctamente las palabras en negrita.

El olor ... *antiguo* de las arcas. (10)

Una *antigua/vieja* tradición.

Un mueble *viejo* no es igual que un mueble *antiguo*.

Una persona *vieja* no es igual que una persona *anticuada*.

a antiguo ≠ viejo ≠ anticuado

1 Visitaron un .... / .... monasterio.

2 El padre era ya muy ....

3 Sólo hablaba de .... /............. recuerdos.

4 Conocía muy bien la historia............. de Europa.

5 El uso del sombrero está ....

6 Piensa que bañarse en vez de ducharse es algo ....

7 La casa está ...., pero no es................

8 Los .... son desconfiados.

... me *acordaba de* ti ... (32)
¿*recuerdas* la letra de la canción?

b acordarse ≠ recordar

1 ¿Te .... de Felipe?

2 .... lo que yo te dije.

3 No .... qué sucedió.

4 Se .... de todo.

... *preguntó* en el piso de abajo... (02)
Pidió un paquete de azúcar.

c preguntar ≠ pedir

1 Un turista me .... dónde estaba el museo.

2 Me .... permiso para usar el teléfono.

3 Le .... la hora.

4 No le .... demasiado: es muy tacaño.

5 No sirvas a quien sirvió, ni .... a quien ....

6 .... se va a Roma.

... una *fila* de muchos botones... (12)
Una *línea* recta.

d fila ≠ línea

1 Una .... de butacas.

2 Una .... de puntos.

3 Una .... de árboles.

4 Una ....de soldados.

5 Trazar una ....curva.

... la abuela dijo a Alfanhui... que *encendiera* un candil... (42)

Los soldados *incendiaron* la ciudad.

e encender ≠ incendiar

1 Las luces de la casa estaban.......................

2 Un rayo .... el tejado.

3 Esta noche no hemos .... la chimenea.

4 Ayer los manifestantes .... un autobús.

... la abuela siguió *relatando*... (55)

Este tema no se *relaciona* con ése.

f relatar ≠ relacionar

1 Me .... los sucesos.

2 Los dos países estuvieron más .... en el siglo XIX.

3 La historia se .... mucho con la geografía.

4 Su aventura la .... en una serie de artículos.

5 Sabe .... muy bien con la gente.

6

Inserte la letra que corresponda y dé una frase por cada letra.

A ...soy **oficial** disecador...(49)
B Un documento **oficial**...
C Un **oficial** del ejército ...
D Fiesta **oficial**.

    1 Es oficial ebanista.

    2 Hoy es luto oficial.

    3 El oficial llamó al sargento.

    4 Mañana será fiesta oficial.

    5 Es oficial de aviación.

A ....

....

B ....

....

C ....

....

D ....

....

7
Transforme.

a Ponga en imperativo afirmativo y negativo los siguientes verbos:

1 alborotar (vosotros)

2 quedarse (Vd.)

3 cerrar (tú)

4 no alborotar (tú) (07)

5 pasar (tú) (22)

6 sentarse (vosotros)

7 apartarse (Vds.)

8 comenzar (nosotros)

9 esperar (él) (08)

10 dormir (ella)

11 arrimarse (tú) (45)

b Si ⮕ ya que

¿Para qué me lo explicas tanto, si no tengo otro? ⮕ ...*ya que no tengo otro?* (07)

1 ¿Por qué abres tanto la ventana, ya que no tienes calor?

2 No prometas nada si no lo piensas cumplir.

3 No sé por qué le hablas tan alto, ya que no es sordo.

4 Deja de meter ropa en la maleta, ya que no te cabe.

5 No lo lleves a los toros, si no te gustan.

6 Cómprate otros zapatos, ya que tienes ésos rotos.

7 ¿Por qué te extraña que no venga, si no lo han invitado?

8 No han visto la película, puesto que no la han estrenado.

c Si + indicativo → en caso de que + subjuntivo

Me quedaré contigo, **si quieres** ... (37) ⮕ *me quedaré contigo **en caso de que quieras***

1 Iremos a ver esa comedia, en caso de que te interese.

2 Chicos, os llevaremos al circo, en caso de que hoy os portéis bien.

3 Se quedará a vivir en esa ciudad, si encuentra trabajo allí.

4 En caso de que la familia esté de acuerdo, se casará esta primavera.

d Mientras + subjuntivo ⫸ si + indicativo

Todo irá bien, **mientras** no llueva ⫸ *todo irá bien si no llueve*

1 No dejará de trabajar, mientras tenga salud suficiente.

2 Tienes posibilidades de aprobar, mientras estudies.

3 Mientras se lo digáis con buenas formas, lo aceptará.

4 Si restauras bien el jarrón, no se notará que se ha roto.

e Cuando ⫸ mientras

… miró a Alfanhui **mientras** éste subía la escalera (20) ⫸ *Miró a Alfanhui cuando éste subía la escalera*

1 Cantaba alegremente cuando preparaba la comida.

2 Estuve viendo la televisión mientras tú venías de la oficina.

3 Siguió agitando el pañuelo mientras el tren se alejaba.

4 Tenía constantemente la radio puesta, cuando conducía.

f Cuanto más … más … ⫸ mientras más … más …

Mientras más insistes, más furioso se pone ⫸ ***Cuanto más** insistes, **más** furioso se pone*

1 Cuanto más calor hace, más nos fatigan los viajes.

2 Mientras más comas, más engordarás.

3 Cuanto más se venda el producto, más barato podrá fabricarse.

4 Mientras más atención pongas, más pronto lograrás aprenderlo.

g En cambio ⫸ mientras que

Yo soy puntual, **mientras que** tú siempre llegas tarde
⫸ *Yo soy puntual, **en cambio** tú siempre llegas tarde*

1 Ella dice la verdad, en cambio su marido miente como un bellaco.

2 Vosotros os divertís jugando, mientras que las chicas se aburren como ostras.

3 La secretaria es muy simpática, en cambio el jefe parece un oso pardo.

4 El primer acto fue muy chistoso, en cambio el segundo resultó aburrido.

8

Complete correctamente.   **Indicativo ≠ subjuntivo.**

...La abuela **dijo** (=**mandó, pidió**) a Alfanhui que **cerrara** la ventana. (42)
decir (= mandar/pedir) + que + subjuntivo

...La chica **dijo** (=**anunció, contó**) que su nieto **había venido-venía-vendría**
decir (= anunciar/contar) + que + indicativo

1 La abuela le dijo que (*quedarse*).............. a vivir con ella.

2 Ella le anunció que le (*buscar*)................ un empleo.

3 Les contasteis que su padre (*hablar*)..................con frecuencia de ese negocio.

4 Ellos nos dijeron que (*quedarse*)...................... a cenar.

5 El capitán mandó que (*formar*).............. la compañía.

6 El alumno dijo que (*solicitar*)......................... una beca.

7 El médico nos dijo que el enfermo (*curarse*)........................ muy pronto.

8 El jefe pidió que (*escribir*).................................... el informe inmediatamente.

9

Elija.

a Ser ≠ estar

1 Tus amigos **eran/estaban** aburridos de esperar....................................

2 Esta chica **es/está** una buena cocinera.
....

3 ¿Desde cuándo **es/está** usted casado, Sr. López? ....

4 El avión **era/estaba** a punto de aterrizar.
....

5 ¿De dónde **es/está** usted, Sr. Jiménez?
....

6 Con la nueva medicación el enfermo **fue/estuvo** más tranquilo.
....

7 ¡Qué película!, **es/está** la más aburrida que he visto nunca.
....

8 Este joven **es/está** muy listo para los negocios.
....

9 ¡No **somos/estamos** nadie!
....

10 ¿**Son/están** ustedes listos para salir?
....

11 Todavía no **eran/estaban** todos en sus puestos.
....

12 Tú te lo tomas todo con filosofía porque **eres/estás** muy tranquilo.
....

13 ¡Niños, tenéis que **ser/estar** más atentos durante la clase!
....

b Dice + que + subjuntivo (verbo de mandato o sugerencia) ≠ Dice + ...

1 Han dicho en la radio que **subirán/suban** las temperaturas.

....

2 Usted le dice que **dejará/deje** el piso vacío a primeros de mes.

....

3 Pero me dice que tu madre **está/esté** enferma.

....

4 Vosotros diréis que no **tenéis/tengáis** nada que ver con el asunto.

....

5 Os hemos dicho que no **hacéis/hagáis** tanto ruido por la noche.

....

6 Le dirás a tu novia que **llega/llegue** a la hora convenida.

....

10 Recomponga.

a Preposiciones (09 a 20)

La abuela se cerró .... llave. Sacó una blusa y una saya, una mantilla y un pañuelo. Era todo................... tela negra y tenía el olor húmedo, limpio y antiguo................... las arcas. La blusa tenía, ... arriba abajo, una fila .... muchos botones muy juntos y pequeños. Las mangas eran anchas y se apretaban .... las muñecas. .... sus muñecas huesudas y delgadísimas, la abuela abrochó los puños. Enganchó los negros ganchitos .... alambre .... la saya .... su cintura .... almendro. Arregló el vuelo .... la saya, que le caía .... pliegues verticales .... los huesos .... las caderas. .... su pelo blanco y despeinado se echó el negro pañuelo y .... los hombros la mantilla. Así salió .... el descansillo, ... las manos una .... otra, y miró .... Alfanhui mientras éste subía la escalera.

11
Conversación:

1 ¿Es duro el trabajo del campo en su país? Dé razones.

2 En su país ¿está bajando la natalidad? Hable de ello.

3 *El oficio quita el vicio.*

12
Redacción:

1 Escriba sobre Alfanhui según la historia.

2 Escriba sobre la abuela según la historia.

3 Escriba en forma narrativa el diálogo que va desde la línea 45 hasta la línea 61.

La tumba de Alejandro Magno

VESTIGIOS DEL PASADO

Entrando en situación.

¿Quién es el héroe o personaje antiguo más famoso de su país? Hable de él.

Vocabulario especial.

VEDISMO:
Religión india basada en los libros sagrados del hinduísmo.
"Vedas"

MITRA:
En el vedismo indio, dios soberano protector de la justicia y de la amistad.

SATRAPÍA:
Territorio regido por un sátrapa, gobernador en el imperio persa.

Numere las ideas siguientes por orden de aparición en el texto.

1 Según fuentes históricas, Alejandro visitó el oráculo de Siwa en el año 332 a. C.

2 Hay relatos de testigos que dicen haber visitado la tumba del rey de Alejandría.

3 En la zona de Siwa hay también una fortaleza medieval.

4 La supuesta tumba de Alejandro Magno se halla a 25 km al sur de Siwa.

5 Ptolomeo fue general de Alejandro.

El gobierno egipcio cree que la tumba hallada en el oasis de Siwa es la de Alejandro Magno.

La respuesta a uno de los grandes enigmas de la arqueología, el emplazamiento de la tumba de Alejandro Magno, puede haber quedado resuelta. El gobierno egipcio, al menos, parece convencido de ello. [...] 5

Una misión arqueológica griega que trabaja desde hace cuatro años en Siwa, bajo la dirección de Iliana Sufaletzi, es la responsable del hallazgo, a 25 kilómetros al sur de la localidad. La tumba, según el equipo, tiene 51 metros de largo y un corredor 10 de 35 metros de largo y 7 de ancho que conduce a tres cámaras funerarias. En la entrada hay dos estatuas de leones, "inequívocamente" del período macedónico. La tumba es semejante, señalan, a las de la necrópolis de Vergina, al norte de Grecia, entre las que se encuentra la de Filipo II, el padre de Alejandro. 15

Las inscripciones en la tumba de Siwa, "encargada por Ptolomeo" general de Alejandro, rezan, según los arqueólogos griegos: "Para Alejandro presento las ofrendas." "He traído aquí el cadáver, liviano como si fuera un escudo pequeño. Cuando fui comandante de Egipto, yo fui siempre su confidente y ejecutor 20 de su testamento."

Oráculo de Amón.

La zona de Siwa es un gran yacimiento arqueológico con diferentes restos que van desde el paleolítico hasta la época islámica, 25 incluida una fortaleza medieval. Los más interesantes desde el punto de vista histórico son los que corresponden al Egipto faraónico y la época dorada del famoso oráculo del dios Amón. Existen dos templos del dios, ambos en Aghurmi, a cuatro kilómetros del centro del pueblo de Siwa; el del oráculo está construido sobre roca y se encuentra bastante deteriorado por su uso 30 como vivienda desde hace siglos.

Las fuentes históricas atestiguan la visita de Alejandro al oráculo de Siwa y su fuerte relación con el lugar, pero también la inhumación del rey en Alejandría. 35

"Los persas se peleaban con los macedonios porque querían llevarse consigo a Alejandro y rendirle culto como Mitra. Los macedonios se oponían porque querían trasladarlo a Macedonia. [...]

Alejandro III de Macedonia, Alejandro Magno (Pella, 356 - 40 Babilonia, 323 a. C.), falleció a los 33 años después de un banquete y a causa del paludismo, según unos especialistas, aunque otros citan una neumonía derivada de una herida de flecha. Ni los persas ni los macedonios consiguieron hacerse con el cuerpo de su monarca. El que se llevó el gato al agua fue Ptolomeo, uno 45 de los generales de Alejandro, que gobernaba la satrapía de Egipto.

Instalado en un gran carro mortuorio, el cadáver fue llevado en procesión desde Babilonia hasta Alejandría, la ciudad fundada por el héroe griego en el 332. El propio Ptolomeo fue a recibir 50 el cortejo a Palestina para acompañarlo a su destino final. Según algunas fuentes clásicas, Alejandro, poco antes de morir, había ordenado a su amigo íntimo Aridaeus que se le enterrara en el pequeño y remoto oasis de Siwa. En Siwa se encontraba uno de los oráculos más célebres del mundo antiguo, el de Amón, un dios identificado por los griegos con su Zeus. Alejandro lo visitó en el 332 y fue saludado a su llegada por el sacerdote del culto como faraón e hijo de Amón, lo que le impresionó mucho y quizá le decidiera a hacerse enterrar allí, en Siwa.

En todo caso, la antigüedad ofrece el relato de testigos que dicen haber visitado la tumba del rey de Alejandría e incluso haber contemplado su momia. Entre estos testigos está nada menos que Octavio (luego Augusto César).

[J. Antón, Agencias, El Cairo/Barcelona]

1

Localice en el texto los sinónimos de las palabras siguientes.

(01) sepulcro

(03) misterios

(10) pasillo

(11) habitaciones

(24) región

(28) célebre

(30) edificado

(31) estropeado

(41) murió

(43) se refieren a

(43) ocasionada por

(45) rey

(48) colocado

(66) y hasta

(66) visto

2

Localice en el texto los antónimos de las palabras siguientes.

(12) salida

(13) diferente

(19) pesado

(26) excluida

(52) inicial

(55) cercano

3

Anote los sinónimos de las palabras siguientes.

emplazamiento (04)..............................

misión (07)..............................

localidad (09)..............................

funerario (12)..............................

período (13)..............................

procesión (49)..............................

4

Anote las palabras de la misma familia.

egipcio (01)..............................

hallada (01)..............................

Alejandro (02)..............................

arqueología (03)..............................

griega (07)..............................

macedónico (13)..............................

ofrendas (18)..............................

faraónico (27)..............................

atestiguan (33)..............................

5

Ponga la forma adecuada.

quedar (05), *parecer* (05), *convencer* (05), *señalar* (13), *encargar* (16), *corresponder* (27), *existir* (29), *oponerse* (38), *conseguir* (44), *hacerse* (44), *gobernar* (46), *impresionar* (61).

1 Le ....ó un tercio de la finca de su abuela.
2 Me ha ....ado su sabiduría.
3 Todos le ....an con el dedo.
4 No ....ía muy contento.
5 ....ó el país durante tres años.
6 En esta zona ....en varias cuevas prehistóricas.
7 ¿Te ....en sus argumentos?
8 Se ....ó con la mitad del capital de la compañía.
9 Son muy testarudos; no hemos............ ....ido ....los.
10 ¿A qué arquitecto le han .... la construcción de la estación de autobuses?
11 Nos hemos .... de un coche todo terreno.
12 Los vecinos se ....en a la construcción de un paso elevado.

6

Use las expresiones del texto.

1 Un vecino, **por lo menos**/................. .... (05), fue testigo del hecho.
2 Murió **como consecuencia del**/......... .... (42) cólera.
3 El jugador más paciente **ganó la partida** / se llevó el .... al ....(45).
4 **En cualquier caso** /en .... (64) yo te enviaré un fax.
5 Entre los asistentes a la conferencia estaba **el mismísimo** /........... .... que (67) el Primer Ministro.

7

Dígalo como lo dice el texto.

1 La caravana llegó de noche al o.......... .... (01).
2 La es.......................... (12) del rey era de bronce.
3 En el anillo hay una ins................ (16) con sus iniciales.
4 Todos los cadá........................... (19) del accidente fueron identificados.
5 En su tes............... (21) deja la mitad de su fortuna a una institución benéfica.
6 Aquí se agotó el ya...................... (24) de oro.
7 Le entusiasma el arte is...............(25).
8 En Burgos visitamos la catedral y otros tem.......................... (29).
9 El subsuelo aquí es todo ....ca (31).
10 Hubo un enorme gentío en la in.................. (34) del célebre torero.
11 Lo han tras............ (38) a otra sucursal del banco.
12 Los novios dieron un gran ban........... (41) de bodas.
13 ¿Quién fun............... (49) esta escuela?
14 Sólo le gusta la música clá........... (52).
15 El tesoro estaba ente.................. (54) bajo ese árbol.
16 El sa................... (60) iba a la cabeza de la procesión.

8

Complete con las palabras del texto.

1	Sin posible equivocación.	= ine	(12)
2	Consta de monumentos funerarios.	= ne .... lis	(14)
3	Se ofrecía a los dioses.	= o	(18)
4	Protegía el cuerpo en la batalla.	= es	(19)
5	Persona de la máxima confianza.	= con	(20)
6	El que hace cumplir un testamento.	= .... je .... tor	(20)
7	Hablaban en nombre de los dioses.	= o .... los	(23)
8	Período histórico de la piedra tallada.	= pa .... lí	(25)
9	Espacio fortificado.	= for .... za	(26)
10	Del color de oro.	=	(28)
11	Naturales de Persia.	=	(36)
12	Se tributa a alguien divino o santo.	= cul	(37)
13	Enfermedad febril.	= pa .... mo	(42)
14	Experto en algo.	= .... ta	(42)
15	Pulmonía.	= neu	(43)
16	Cadáver embalsamado.	=	(67)

9

Use correctamente las palabras en negrita.

a ofrenda ≠ oferta ≠ ofrecimiento

…Para Alejandro presentó las *ofrendas*… (18)

La ley de la *oferta* y la demanda.

¡Gracias, tu *ofrecimiento* es muy generoso!

1 *El Heraldo* trae muchas .... de empleo.

2 ¿Qué .... te han hecho por tu colección de sellos?

3 Los fieles depositaron sus .... ante el altar de su patrón.

4 Mi .... es que pase usted una temporada en nuestra finca.

5 ¿Qué te parece su .... de colaboración?

b restos ≠ residuos ≠ vestigios

…Un gran yacimiento arqueológico con diferentes *restos*… (24)

Con los *residuos* de la comida alimentan las gallinas.

En esta zona se encuentran algunos *restos* de la dominación árabe, pero ni *vestigios* de la romana.

1 Está prohibido verter los .... industriales al río.

2 Ahora estamos vendiendo los .... de la temporada anterior.

3 No saben qué hacer con los .... nucleares.

4 Aún se veían algunos .... de la acampada.

5 ¿Dónde está el .... de la gente?

c vivienda ≠ casa

...su uso como *vivienda*... (31)
Tiene una *casa* de campo.

1 Trabaja en el Instituto de la.................................
2 La .... está muy cara en esta zona.
3 Aquí las .... antiguas son de adobe.
4 Vamos a poner calefacción en la ....
5 ¿De quién es esa ....?

d antigüedad ≠ vejez

...la *antigüedad* ofrece el relato
de testigos... (64)
Su abuelo lleva muy mal la *vejez*.
Hubo grandes filósofos en la
antigüedad.
Hay dudas sobre la *antigüedad* de
esta estatua.

1 Van a subir las pensiones de ....
2 La .... de estos árboles oscila entre
los 150 y los 200 años.
3 Ha publicado varios libros sobre la ....
4 "La .... es un naufragio", dice
un pensador moderno.
5 En la .... se conocía ya la navegación
moderna.
6 No hace mucho por llegar a la ....

10

Inserte la letra que corresponda y dé una frase por cada letra.

a
A ...un corredor que *conduce*
a tres cámaras funerarias... (10)
B Es peligroso *conducir* por esta carretera.
C Se *condujo* con corrección.

        1 Tu postura no conduce a nada.
        2 Esta escalera conduce al sótano.
        3 Ha aprobado el examen de conducir.
        4 Aprendió a conducirse en público.
        5 Conduzco desde los 18 años.

A ....
  ....
B ....
  ....
C ....
  ....

b
A ...*rendirle* culto... (37)
B El enemigo se *rindió* sin condiciones.
C Vive de lo que le *rinde* el capital.

        1 Estas acciones rinden ahora bastante.
        2 ¡Valor, no te rindas tan pronto!
        3 Le van a rendir un homenaje en su pueblo.
        4 Prefirieron morir a rendirse.
        5 Lo que más rinde es el negocio de flores.

A ....
  ....
B ....
  ....
C ....
  ....

A ...El *propio* Ptolomeo fue a recibir
el cortejo... (50)

B Tiene piso *propio*.

C Este calor no es *propio* de la estación.

A ....

1 Un jugador marcó un gol en su
propia meta.

....

2 Se pone corbata en su propia casa.

B ....

3 El propio director salió a despedirme.

....

4 Esa reacción no es propia de su
talante.

C ....

5 Lo hizo en beneficio propio.

....

11

Transforme.

a

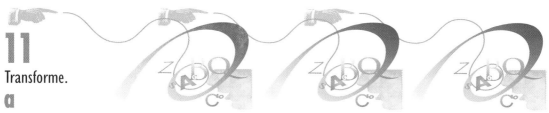

...El enigma [...] **puede haber** quedado resuelto... (03) ▐▐▶ *el enigma **probablemente ha** quedado resuelto.*

1 La expedición puede haber descubierto la verdadera tumba de Alejandro.

2 Con esta vacuna la enfermedad probablemente ha quedado controlada.

3 Los alpinistas pueden haber llegado a la cima.

4 La cosecha de cereales probablemente ha terminado ya.

5 Los premios pueden haber sido otorgados ya.

6 Ese científico probablemente ha resuelto el problema.

b

...Testigos que dicen **haber visitado** la tumba... (65) ▐▐▶ *Testigos que dicen **que visitaron** la tumba.*

1 Los astrónomos aseguran haber descubierto un nuevo satélite hace tres años.

2 Los bomberos afirman haber apagado totalmente el fuego.

3 Los armadores declaran que repararon convenientemente las velas del buque.

4 El apicultor está convencido de haber catado todas las colmenas.

5 Los testigos juran que contaron todo lo que habían visto.

6 Tu amigo insiste en haber cumplido perfectamente el encargo.

C ...La tumba *hallada* [...] es la de Alejandro Magno... (01) ⇒ *La tumba que hallaron [...] es la de Alejandro Magno.*

1 Las inscripciones en la tumba descubierta dicen eso. (16)

2 La zona es un yacimiento arqueológico encontrado hace pocos años.

3 Alejandro falleció a causa de una neumonía derivada de una herida de flecha. (44)

4 El cadáver, instalado en un gran carro mortuorio, fue llevado a Alejandría. (48)

5 Alejandría es la ciudad fundada en honor de Alejandro.

6 Amón es un dios identificado con su Zeus.

d **Diga en presente el párrafo siguiente.**

Alejandro Magno falleció a los 33 años después de un banquete y a causa del paludismo, según unos especialistas, aunque otros citan una neumonía derivada de una herida de flecha.

Ni los persas ni los macedonios consiguieron hacerse con el cuerpo de su monarca.

El que se llevó el gato al agua fue Ptolomeo, uno de los generales de Alejandro, que gobernaba la satrapía de Egipto. Instalado en un gran carro mortuorio, el cadáver fue llevado en procesión desde Babilonia hasta Alejandría, la ciudad fundada por el héroe griego en el 332.

El propio Ptolomeo fue a recibir el cortejo a Palestina para acompañarlo hasta su destino final.

12

Recomponga.

a Preposiciones y adverbios (24 a 32)

La zona................... Siwa es un gran yacimiento arqueológico......... diferentes restos que van........... el paleolítico............ la época islámica, incluida una fortaleza medieval. Los................. interesantes.................... el punto.............. vista histórico son los que corresponden........... el Egipto faraónico y la época dorada......... el famoso oráculo................ el dios Amón. Existen dos templos............ el dios, ambos .... Aghurmi,.................... cuatro kilómetros............. el centro.............. el pueblo........... Siwa; el del oráculo está construido............ roca y se encuentra................ deteriorado................... su uso como vivienda................ hace siglos.

b Tiempos verbales (52 a 68)

Según algunas fuentes clásicas, Alejandro, poco antes de morir, habia ordenado a su amigo íntimo Aridaeus que (*enterrarle*) .... en el pequeño y remoto oasis de Siwa. En Siwa (*encontrarse*) .... uno de los oráculos más célebres del mundo antiguo, el de Amón, un dios (*identificar*) .... por los griegos con su Zeus. Alejandro (*visitarlo*) .... en el 332 y (*ser*) .... saludado a su llegada por el sacerdote del culto como faraón e hijo de Amón, lo que (*impresionarle*) .... mucho y quizá (*decidirle*) .... a hacerse enterrar allí, en Siwa. En todo caso, la antigüedad (*ofrecer*) .... el relato de testigos que (*decir*)...................... haber visitado la tumba del rey de Alejandría e incluso haber contemplado su momia. Entre estos testigos (*estar*) .... nada menos que Octavio (luego Augusto César).

c Palabras omitidas (01 a 13)

El gobierno egipcio cree que la .... hallada en el oasis de Siwa ....
la de Alejandro Magno.
La respuesta a .... de los grandes enigmas de la .... el emplazamiento de la tumba de .... Magno, puede haber quedado resuelta. El...................... egipcio, al menos, parece convencido de .... (...)
Una misión arqueológica griega que trabaja .... hace cuatro años en Siwa, bajo .... dirección de Iliana Sufaletzi, es la .... del hallazgo, a 25 kilómetros al .... de la localidad. La tumba, según .... equipo, tiene 51 metros de largo................. un corredor de 35 metros de .... y 7 de ancho que conduce..........................tres cámaras funerarias. En la entrada .... dos estatuas de leones, "inequívocamente" del .... macedónico.

d Preposiciones.

1 Iliana Sulfaletzi es la responsable .... el hallazgo. (08)

2 La tumba es semejante .... las de la necrópolis de Vergina. (13)

3 Los yacimientos corresponden .... el Egipto faraónico. (27)

4 El templo se encuentra bastante deteriorado .... su uso. (31)

5 Los persas se peleaban .... los macedonios. (36)

6 Una neumonía derivada .... una herida de flecha. (43)

7 Los macedonios consiguieron hacerse .... el cuerpo del monarca. (44)

8 Había ordenado .... su amigo que se le enterrara en el oasis de Siwa. (53)

9 Aquello quizá le decidiera .... hacerse enterrar allí. (61)

13
Conversación:

1 ¿Cuál es el monumento más famoso de su país? Hable de su origen, estado de conservación, lugar donde se encuentra, etc.

2 ¿Qué idea tiene de algún monumento histórico famoso en el que no haya estado: las Pirámides de Egipto, el Foro Romano, el Partenón, el Mount Rushmore National Memorial, el Machu Pichu, la muralla China…

3 *Hoy figura, mañana sepultura.*

14
Redacción:

1 Escriba una breve redacción integrando las palabras siguientes: *falleció, remoto, enigma, oponían, confidente, medieval.*

2 Resuma el fragmento desde la línea 01 hasta la 21 en un tercio de su extensión.

3 La historia es la maestra de la vida.

FLU R IS MO

Resumen biográfico.

José SILES ARTÉS (1930-)

Profesor y autor de libros didácticos, ha publicado tambien poesía: *Poemas de Madrid*, *Coplas del Río de Aguas*, y narrativa: *La urna lacrada* y *Spain is different*.

Esta última obra se inspira en sus experiencias personales como guía de turismo, que el autor sabe aderezar con ironía y humor.

Entrando en situación.

Hable de alguna ciudad antigua
que le guste especialmente.

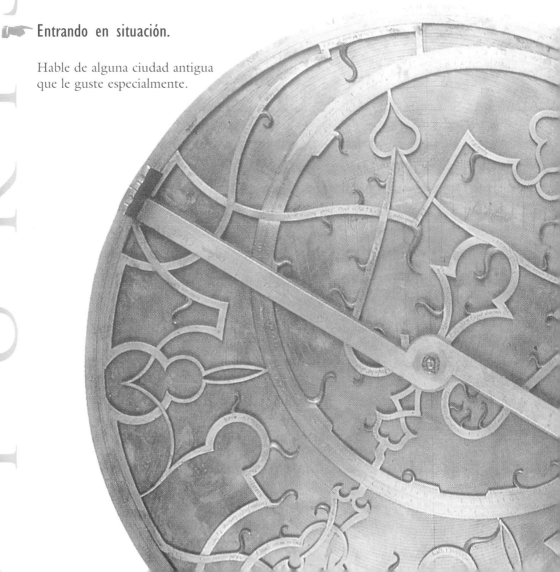

Lea las preguntas siguientes y localice las respuestas en el texto.

1 ¿Qué produce respeto en Toledo?

2 ¿Qué tres elementos confirman el "cuadro" de Toledo?

3 ¿Qué "desajuste" sufre el turista?

4 ¿Qué es lo que buscó con la vista aquella señora en la catedral de Toledo?

5 ¿Por qué la visita de Toledo era la prueba del guía competente?

Ya en Toledo, con mucho acierto, llevábamos primero de todo a nuestros grupos a contemplar la vista panorámica, situándonos en las alturas que la circundan por el sur. (...)

El espectáculo de Toledo en su conjunto es el de una gran ciudad, pero no el de una ciudad grandiosa. Su ausencia de fasto y grandilocuencia hasta imponen respeto. Sus monumentos árabes, judíos y cristianos constituyen un prodigioso muestrario histórico-artístico, que da fe simultáneamente de tres de las grandes culturas que han florecido sobre la tierra.

La historia que muestran las piedras, los muros de Toledo, por otro lado, se percibe de manera diferente a la que leemos en los libros. En éstos el pasado queda siempre filtrado a través de un tamiz de oro. La página impresa da inevitablemente un matiz más o menos romántico, o una mayor o menor dosis de esplendor poético al pasado, en contraste con el prosaico presente. Pero en Toledo no se ve más que la realidad escueta, la verdad desnuda. Toledo "es verdad" con un empuje irresistible.

El cuadro de la panorámica es muy singular en otro aspecto. Contiene no sólo forma y color, sino también sonido: un rumor sordo, continuo, incesante e inmemorial. El mismo que escucharon las generaciones pasadas y que ya existía seguramente antes de que el hombre plantase vivienda en aquel risco. Es el fresco estruendo del Tajo. El Tajo es testigo oral y vivo de las vicisitudes experimentadas a lo largo de los siglos por la ciudad que ciñe [...]

En la catedral que visitábamos por la tarde, despertaban mucha curiosidad los capelos cardenalicios que penden del techo, por encima de las sepulturas de sus respectivos ocupantes. Con motivo de estos capelos aprendí yo que un turista es un ser fuera de lo común, en tanto en cuanto se siente predispuesto y aun ansioso de creer las cosas más disparatadas. En su ambiente cotidiano una persona puede ser prosaica y escéptica, pero metida en la zarabanda de los viajes, puede desarrollársele una fantasía descomunal en un tiempo increíblemente corto. [...]

Yo reconozco que mi pronunciación inglesa no resultaba todo lo precisa que era necesario en algunas ocasiones. Un español tiene que luchar mucho para no confundir sus consonantes y vocales con las inglesas.

La palabra "hats" (sombreros) puede no quedar bien diferenciada de "heads" (cabezas) ante un oído inglés. Y así me debió de ocurrir a mí al referirme cierta vez a aquellos colgantes capelos, "hats", por lo que una señora no dudó en imaginar que las cabezas de los correspondientes dignatarios eclesiásticos pendían de la bóveda sobre las tumbas, en puntos que ella, ávidamente, no alcanzaba a localizar.

– ¿Dónde ha dicho usted que se encuentran las cabezas?

En el futuro ya no me fié más de la claridad de mi inglés en este punto, ni del desajustado sentido común de mis acompañantes.

5

10

15

20

25

30

35

40

45

50

Y así, para evitar el macabro malentendido, procedía de una manera eminentemente mímica. Señalaba antes de nada con la mano.

55
– Miren, por favor.
– ¿Qué ven ahí colgado del techo?
– Parecen sombreros.
– Y lo son en efecto. Son los capelos de los cardenales aquí enterrados...
60
Etc.

La visita de Toledo era agotadora. Abrumaba la cantidad de arte que se veía. Confundía la amplitud de historia que se
65
explicaba. Fatigaba el esfuerzo físico necesario, ya que el periplo se hacía casi todo a pie por empinadas callejuelas de duro adoquín. Las personas de edad se iban quedando atrás, perdían atención y a
70
veces se extraviaban.
El guía tenía que hacer uso de toda su habilidad y paciencia para mantener a su grupo unido, interesado y siempre en marcha. Toledo era la prueba del buen
75
profesional.

1

Localice en el texto los sinónimos de las palabras siguientes.

(02)	ver	(28)	cuelgan
(05)	falta	(29)	sepulcros
(05)	pompa	(32)	absurdas
(07)	maravilloso	(32)	ámbito
(08)	civilizaciones	(34)	enorme
(14)	brillo	(41)	distinguida
(18)	especial	(50)	trastornado
(22)	roca	(52)	principalmente
(23)	sucesos	(59)	sepultados

2

Anote los significados afines.

1 Primero de todo.
= an .... de .... (53)

2 Circundan.
= ci .... (24)

3 Sonido.
= ru .... (19) es .... do (23)

4 Penden.
= cuel.. (43)

5 Techo.
= bó.. (46)

6 Sepulturas.
= tum.. (46)

7 Ansiosamente.
= á.. (46)

8 Agotadora.
= a .... (63) fa .... (65)

3

Ponga la forma adecuada.

imponer (06), *constituir* (07), *percibir* (11), *reconocer* (36), *fiarse* (49), *proceder* (52), *señalar* (53), *confundir* (64), *mantener* (72).

1 En la casa no se ....ía ninguna señal de robo.

2 Han ....sto el toque de queda.

3 Esta vez van a .... con más discreción.

4 ¿Y tú te ....ías de ese tipo?

5 Palabras tan elogiosas .... y en un voto de confianza.

6 ....í a Pedro con Juan.

7 Ha .... su error.

8 Me cuesta .... ese ritmo de trabajo.

9 Un policía nos ....ó que paráramos.

4

Ponga cada letra con su número:

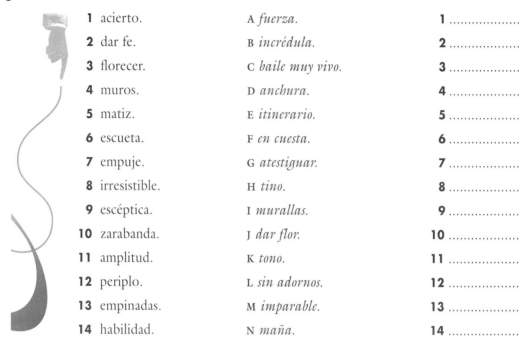

1	acierto.	A	*fuerza.*	**1**	....
2	dar fe.	B	*incrédula.*	**2**	....
3	florecer.	C	*baile muy vivo.*	**3**	....
4	muros.	D	*anchura.*	**4**	....
5	matiz.	E	*itinerario.*	**5**	....
6	escueta.	F	*en cuesta.*	**6**	....
7	empuje.	G	*atestiguar.*	**7**	....
8	irresistible.	H	*tino.*	**8**	....
9	escéptica.	I	*murallas.*	**9**	....
10	zarabanda.	J	*dar flor.*	**10**	....
11	amplitud.	K	*tono.*	**11**	....
12	periplo.	L	*sin adornos.*	**12**	....
13	empinadas.	M	*imparable.*	**13**	....
14	habilidad.	N	*maña.*	**14**	....

5

Dígalo como lo dice el texto.

1	Muy acertadamente	=	con mucho a......................	(01)
2	Probablemente	=	se..........................	(21)
3	Construyese	=	plan	(22)
4	Los sucesos vividos	=	las vi .... ex...............	(23)
5	Sombreros de cardenal	=	ca................. car...................	(28)
6	Extraordinario	=	fuera de lo co......................	(30)
7	Porque	=	en tan .... en cuan............	(31)
8	Dispuesto de antemano	=	pre	(31)
9	Formársele	=	de .... sele	(34)
10	Autoridades de la iglesia	=	dig.................... e...............	(45)
11	No conseguía encontrar	=	no al .... a lo	(46)
12	Se perdían	=	se ex............................	(70)
13	En movimiento	=	en .... cha	(73)

6

Complete:

1	Que tiene grandeza.	= gran	(05)
2	Afectación.	= gran .... cia	(05)
3	Conjunto de muestras.	= mues	(07)
4	Al mismo tiempo.	= si .... mente	(08)
5	Colado.	= fil	(12)
6	Filtro.	= ta	(13)
7	Ineludiblemente.	= ine .... mente	(13)
8	Porción.	= do	(14)
9	Que no para.	= in .... te	(20)
10	Muy antiguo.	= in .... rial	(20)
11	La forman los de una misma edad.	= ge .... ción	(21)
12	Menos que frío.	= fres	(22)
13	Que presencia algo.	= tes	(23)
14	Sin imaginación.	= pro	(33)
15	Feo y repulsivo.	= ma	(51)

7

Use correctamente las palabras en negrita.

a mostrar ≠ señalar

...la historia que *muestran* las piedras... (10)
... *señalaba* antes con la mano... (53)

1 Nos .... ó todos los códices de la biblioteca.
2 No es correcto ....r con el dedo a las personas.
3 Le gustaba ....r sus habilidades en público.
4 ¿Me quieres...r en el mapa dónde está tu pueblo?
5 El trayecto está muy bien...o.

b florecer ≠ aflorar

...las grandes culturas que *han florecido* sobre la tierra... (08)
... el agua *afloraba* a la superficie...

1 ¿En qué época ....e este árbol?
2 Ese mineral .... a aquí en abundancia.
3 Los frutales no han ....o debido a la helada.
4 En su discurso ....ó un gran conocimiento de los hechos.
5 Es un terreno donde .... a petróleo por todas partes.

c contemplar ≠ mirar ≠ ver

...contemplar la vista panorámica... (02)
...miren, por favor... (55)
...¿Qué *ver* ahí colgado del techo?... (56)

1   Le encantaba ....r la puesta del sol.

2   Se .... ía el río desde la ventana.

3   Me ....ó fijamente.

4   Se quedaron ....ndo el arco iris.

5   No os ....os en el baile.

6   ¿Has ....o en todos los rincones?

d empuje ≠ empujón

...Toledo "es verdad" con un *empuje* irresistible... (17)
... Me dio un *empujón* y caí al agua.

1   No voy al fútbol porque no me gustan los ....

2   Es persona de mucho..

3   Le falta .... para ascender en la empresa.

4   La devaluación de la moneda ha dado un buen .... a las exportaciones.

8

Inserte la letra que corresponda y dé una frase por cada letra.

a
A El *pasado* (12)
B Nos ha *pasado* un camión.
C Esta leche está *pasada*.
D Un vestido *pasado* de moda.

    1 Tiene un pasado lleno de éxitos.
    2 Ya ha pasado el autobus de línea.
    3 El pasado lo escriben los vencedores.
    4 La mayonesa está pasada de fecha.
    5 He pasado por casa de Luis.
    6 Esa manzana está pasada.

A ....

B ....

C ....

D ....

b
A El prosaico *presente* (15)
B No había nadie de la familia *presente*.
C Ten *presente* que ya es sábado.
D Le ruego acepte este *presente*.

    1 En el presente se gana bien la vida.
    2 Recibió un reloj como presente.
    3 Había un médico entre los presentes.
    4 Sólo le preocupa el presente.
    5 Ten presentes todos los problemas.
    6 No estuvo presente en la ceremonia.

A ....

B ....

C ....

D ....

A *Procedía* de una manera
eminentemente mímica. (52)

B ¿De dónde *procede* este señor? De París.

C Ahora *procede* hablar con el director.

1 Siempre procede según su capricho.

2 Creo que ya procede solicitar la entrevista.

3 El barco procedía de Las Antillas.

4 No procede enviar el escrito todavía.

5 Vamos a proceder con precaución.

6 Estos trenes proceden del norte.

A ....

....

B ....

....

C ....

....

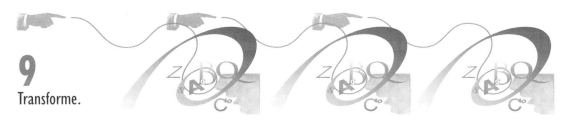

9
Transforme.

a …No se ve **más que** la realidad escueta… (16)
➡ *sólo se ve la realidad escueta.*

1 En verano sólo se oye francés en este pueblo.

2 Sólo sirven comidas rápidas.

3 No le gusta más que la música pop.

4 El niño sólo come cuando está la mamá presente.

b …Contiene **no sólo** forma y color, **sino también** sonido… (19)
➡ *contiene forma y color, **además** de sonido.*

1 Este empleado es amable, además de eficiente.

2 Habla no sólo francés, sino también alemán y holandés.

3 Venden al por menor, además de al por mayor.

4 No sólo estoy de acuerdo, sino que también voy a defenderos.

c …No me recibió el ministro, **sino** el secretario…
➡ ***no** me recibió el ministro, me recibió el secretario*

1 No tuvimos frío, tuvimos bastante calor.

2 No te traemos malas noticias, sino un regalo.

3 No tenían miedo, tenían valor.

4 No hablaban en voz baja, sino a gritos.

d ...Da un matiz romántico **en contraste con** el presente... (13)

➠ *da un matiz romántico,* ***contrastado con*** *el presente.*

1 Su sistema de trabajo, en contraste con el nuestro, es más lento.

2 Los cuadros de Moreno, contrastados con los de Rubio, son alegres.

3 Este curso, en contraste con el curso pasado, ha sido más llevadero.

4 Esta región, contrastada con la del sur, es muy húmeda.

e ...La palabra **puede no quedar** bien diferenciada... (41)

➠ *la palabra* ***puede que*** *no quede bien diferenciada.*

1 El producto puede que resulte de primera calidad.

2 La nueva casa puede quedar terminada para el verano próximo.

3 El gobierno puede no cambiar hasta pasadas las Navidades.

4 La gasolina puede que suba otra vez.

f ...Me **debió** ocurrir a mí... (42)

➠ *me ocurrió* ***probablemente*** *a mí.*

1 Se creyó probablemente que era el más fuerte.

2 Le ha debido de fallar el coche.

3 Probablemente tienen escasez de agua.

4 Debéis de tomar pocas vitaminas.

g ...**Al** referirme cierta vez a aquellos capelos... (43)

➠ ***cuando*** *cierta vez me referí a aquellos capelos.*

1 Cuando le dije lo que pensaba se enfadó.

2 Al terminar el concierto fueron a tomar un café.

3 Cuando entraste en el jardín te vieron desde la ventana.

4 Al oír a los invitados el perro empezó a ladrar.

10

Elija.

**Preposiciones
(23 a 32)**

El Tajo es testigo oral y vivo **en/de** las vicisitudes experimentadas **a/por** lo largo **de/en** los siglos **en/por** la ciudad que ciñe. [...]

En/ante la catedral, que visitábamos **por/en** la tarde, despertaban mucha curiosidad los capelos cardenalicios que penden **en/de** el techo, **para/por** encima **en/de** las sepulturas **con/de** sus respectivos ocupantes.

Por/con motivo **en/de** estos capelos aprendí yo que un turista es un ser fuera **por/de** lo común, **con/en** tanto **con/en** cuanto se siente predispuesto y aun ansioso **a/de** creer las cosas más disparatadas.

11

Recomponga.

Verbos (48 a 68)

– ¿Dónde (*decir*)................. usted que (*encontrarse*)............ las cabezas?

En el futuro ya no (*fiarme*)............... más de la claridad de mi inglés en este punto, ni del desajustado sentido común de mis acompañantes.

Y así, para evitar el macabro malentendido, (*proceder, yo*).................. de una manera eminentemente mímica. (*Señalar, yo*)....................... antes de nada con la mano.

– (*Mirar, Vds.*) .... por favor.

¿Qué (*ver, Vds.*)................ahí colgado del techo?

– (*Parecer*)....................... sombreros.

– Y lo (*ser*)..................., en efecto.

(*Ser*) .... los capelos, de los cardenales aquí enterrados... Etc.

La visita de Toledo (*ser*).............. agotadora.

(*Abrumar*).................... la cantidad de arte que (*verse*)...................

(*Confundir*).................... la amplitud de historia que (*explicarse*).....

.... (*Fatigar*)..................... el esfuerzo físico necesario, ya que el periplo (*hacerse*).................... casi todo a pie por empinadas callejuelas de duro adoquín.

12
Conversación:

1 Cuente la anécdota de los capelos.
2 Hable de alguna visita turística que recuerde con desagrado.
3 Cuente alguna visita turística especialmente interesante: ¿el sitio?, ¿el guía?
4 *Preguntando, preguntando, sabe el necio más que el sabio.*
5 El caminar apetece poco cuando se camina solo.

13
Redacción:

1 Escriba sobre la visita de Toledo según la describe el texto.
2 Ventajas e inconvenientes del turismo organizado (de 200 a 250 palabras).
3 Describa uno o más turistas que fueran sus acompañantes en alguna visita organizada:
¿Hacían demasiadas fotos?
¿Hacían preguntas extravagantes?

Los gozos y las sombras: "Donde da la vuelta el aire" U10 VIDA MATRIMONIAL

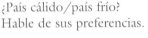 **Resumen biográfico.**

Gonzalo TORRENTE BALLESTER (1910-)

Es crítico literario, ensayista: *El Quijote como juego*, y novelista: *La saga/fuga de J.B.*, *Crónica del rey pasmado*, *La isla de los jacintos cortados* o *Filomeno, a mi pesar* destacan entre sus numerosas novelas. Su trilogía *Los gozos y las sombras (I. "El señor llega", II. "Donde da la vuelta el aire", III. "La pascua triste")* es una descripción realista del ambiente y los personajes de un pequeño pueblo de la Galicia natal del autor, y de la oposición de la gente que quiere conservar los privilegios del régimen señorial contra la nueva sociedad industrial que llega a la región en los años de la II República española (1931-1939). Es miembro de la Real Academia Española de la Lengua.

Entrando en situación.

¿País cálido/país frío?
Hable de sus preferencias.

Lea las preguntas siguientes y localice las respuestas en el texto.

1 ¿Cómo se divertían los jóvenes esperando la llegada del autobús?

2 ¿Cómo se guarece de la lluvia la gente en la plaza del pueblo?

3 ¿Qué encargó doña Lucía a uno de los muchachos ?

4 ¿Por qué hizo el encargo?

5 ¿En qué estado salió la señora del autobús?

6 ¿Cómo trataba la criada de ayudar a la señora?

7 ¿Cuáles son los sentimientos de doña Lucía hacia su marido?

8 ¿Y qué pensaba de ella misma?

9 ¿Qué hace finalmente la señora?

El autobús de Santiago llegó a las siete y media. Había cerrado la noche y llovía menudo, sin fuerza. Las luces de la calle se velaban suavemente con la lluvia. A la puerta de la central de autobuses esperaban hasta seis mujeres, de las que llevan maletas, y otros tantos muchachos desharrapados. Los muchachos fumaban en corro un pitillo que se pasaban de boca en boca. De vez en cuando, uno de ellos se asomaba a la plaza, fuera de los soportales; decía: "Aún no viene", y volvía al turno de chupadas. Una de las mujeres les llamó "cochinos" y empezaron los insultos; pero antes de que se enzarzasen, llegó el autobús. Corrieron a las portezuelas, se ofrecieron para llevar lo que fuese. Doña Lucía se asomó a una ventanilla y llamó a uno de ellos:

–¡Toma!– le dio una moneda–. Vete a mi casa y di que venga alguien.

–Si hay que llevar alguna maleta...

–No, no. Que venga mi marido, si está; si no, la criada.

Por encima del rostro de doña Lucía asomó una cabeza aldeana.

–¡De prisa! Que la señora viene mala.

–¿Adónde he de ir? –preguntó el rapaz–

–¡A la botica! ¿Es que no la conoces?

El rapaz salió pitando bajo la lluvia azul. La gente había descendido del autobús. Doña Lucía, renqueante, quejumbrosa, bajó la última, ayudada de su compañera. Se había quitado la pintura y venía demacrada. Le temblaba la mano al agarrarse; se crispaba, convulsa, en el brazo de la aldeana.

–Espere aquí. Arrímese. Le traeré una silla.

Se dejó conducir, esperó arrimada a una columna, se dejó sentar. Suspiraba; gemía de vez en cuando.

–¿Viene enferma?

–Viene muy mala, la pobre. No dejó de llorar todo el camino.

–Nunca tuvo buena cara. ¿Y de qué es?

–Será de tisis. No hay más que verla.

–De lo que mueren todos. Mi pobre hijo Romualdo, que en gloria esté...

La criada apareció corriendo, al cabo de los soportales, con un paraguas. Doña Lucía había cerrado los ojos. La criada preguntó qué pasaba. Se lo explicaron.

–¿Y el marido? ¿No estaba en casa el marido?

La criada no respondió. Se acercó a doña Lucía.

–Ande, levántese. Yo la ayudaré.

–¡No puedo más!

–¡Si no hiciera locuras...!

La levantó sin esfuerzo.

–¿Quiere que la lleve en brazos?

–¡Mujer...!

Se fueron caminando bajo el paraguas. Doña Lucía escuchó los comentarios de las que quedaban, las condolencias. Al salir de la plaza apuró el paso.

–¿Qué prisa tiene?

–Quiero llegar a casa. Voy a morirme.

–Ande, que no será aún.

Al llegar a su dormitorio se dejó caer en un sillón.

–Vete al Casino y que venga mi marido. Es decir, si el juego o las mujeres no le retienen.

–¡Ande, calle y no se meta con él! Ahora se lo traeré.

Se oyó un portazo al cabo de la escalera. Doña Lucía se levantó, encendió todas las luces y abrió la puerta del armario. Se miró en el espejo.

–Soy una mujer bella –dijo en voz alta–.

–Soy la mujer más bella de Pueblanueva, aunque esté tísica.

Cerró el armario y se quedó un rato arrimada a él, llorando.

–No merezco ese desprecio.

Volvió a abrir el armario, buscó un camisón rosa y empezó a desnudarse. Antes de ponerse el camisón se contempló de nuevo.

–Mi cuerpo es casi espíritu, pero los hombres sólo quieren la carne. Son unos cerdos. Jean Harlow: eso es lo que les gusta.

Apagó todas las luces, menos la lámpara nocturna, y se metió en la cama.

1

Localice en el texto los sinónimos de las palabras siguientes.

(06) en forma circular

(16) sirvienta

(17) cara

(18) enferma

(19) muchacho

(22) echó a correr

(25) de aspecto enfermizo

(29) se quejaba

(36) al final de

(50) aceleró el paso

(72) empezó a desvestirse

(73) se miró de nuevo

2

Ponga la forma adecuada.

se quejaba (23), *convulsiones* (26), *enzarzasen* (10), *renqueante* (23), *despreciaba* (70), *crispaba* (25)

1 Se pusieron a discutir

= se .... en una discusión.

2 La mujer cojeaba

= la mujer tenía un paso.........................

3 Gemía de dolor

=............................. de dolor.

4 Tenía la cara contraída de dolor

= tenía la cara.........................de dolor.

5 La fiebre le producía temblores

= la fiebre le producía...........................

6 Menospreciaba a sus enemigos

= .... a sus enemigos.

3

Explique el significado de las palabras en negrita.

1 Llovía **menudo.** (02)

2 Las luces de la calle **se velaban.** (02)

3 Muchachos **desharrapados.** (05)

4 **Se asomaba** a la plaza. (07)

5 **Soportales.** (07)

6 ¡A la **botica**! (20)

7 Será de **tisis.** (33)

8 Doña Lucía escuchó.... las **condolencias.** (49)

9 **Camisón.** (73)

10 **Jean Harlow**. (77)

4

Complete con las palabras del texto.

1 Había ce........ .... la noche (01)

2 A la puerta de la cen .... de autobuses (03)

3 Esperaban has............ seis mujeres (04)

4 Volvía al turno de chu...... .... (08)

5 Una de las mujeres les llamó "co...... .... " (09)

6 Corrieron a las por..... .... (10)

7 Por en .... del rostro de doña Lucía asomó una cabeza al .... (17)

8 Se había quitado la pin........ .... (24)

9 Se dejó con...... ..... (28)

10 Esperó arri .... a una columna (28)

11 Mi pobre hijo Romualdo, que en glo...... esté (34)

12 Al ca....... de los soportales (36)

13 ¿Qué pri......... tiene? (51)

14 Si el juego o las mujeres no le re.... ...... (57)

15 ¡Ande, calle y no se me....... con él! (59)

5

Complete con las palabras del texto.

a Subjuntivo con *aunque*.

*...Soy la mujer más bella de Pueblanueva, **aunque** esté tísica...* (66)

1 A lo mejor llueve. Aunque (*llover*)....................saldré de paseo.

2 Creo que no quiere venir al cine. Aunque él no (*venir*)............con nosotros, iremos.

3 No sé si está permitido. Pero aunque (*estar*)..........prohibido, mucha gente lo hace.

4 ¿Conoce el pueblo? Aunque lo (*conocer*)..................enséñaselo.

5 Puedes llegar tarde, porque aunque (*llegar*)................tarde, te recibirá.

6 Aunque (*ser*)....................una fiesta tan interesante, ¿irá mucha gente?

7 No os creerán, aunque (*jurarlo, vosotros*).........................

8 Aunque ellos (*salir*).........................pronto, y no es seguro, llegarán de madrugada.

b Pluscuamperfecto + indefinido/imperfecto = indefinido/imperfecto + pluscuamperfecto.

*...**Había cerrado** la noche y **llovía** menudo...* (01)
*...**Habían llegado** tarde y **tuvieron** dificultades para encontrar asiento.*

1 Como no (*aprender, ellos*) .... bien el idioma, no se entendían bien.

2 Ellos no (*prever*) .... tantos gastos y se les acabó pronto el dinero.

3 Tú tenías que preguntar mucho porque (*perder*) .... mi dirección.

4 El autobús (*encontrar*) .... mucha niebla y llegaba con retraso.

5 No (*enterarse, ellos*) ...., por eso no pudieron contarnos nada.

6 Sus amigos se marcharon porque (*esperar*)....................................demasiado.

C **Pronombres en "ele": le(s)/lo(s), la(s), les/los/las.**

*Cuando **le**(s) vimos, estaba(n) muy cansado(s)*
*Cuando **la**(s) vimos, estaba(n) muy cansada(s)*

*Perdieron **la**(s) llave(s) y pronto **la**(s) encontraron*
***El/los** bolso(s) **lo**(s) olvidó en la estación.*

1 No nos han devuelto aún los equipajes, tenemos que reclamar .... a la compañía.

2 ¿Diste la cena a los niños? –Sí, se .... di muy temprano.

3 ¿Quería Juan ver a su hermano? –Sí, y andaba buscando .... entre los asistentes a la fiesta.

4 Aunque esta copa es de vidrio, si .... manejas con cuidado no se romperá.

5 Busca otra vez tu lápiz, quizá .... hayas dejado en el salón.

6 ¿Es que no .... conoces (a la señora)? (20)

7 Estos dibujos, míra .... bien y dinos qué te parecen.

8 A sus primos .... conocí en Mónaco.   `

9 A sus sobrinas .... quiere como a las niñas de sus ojos.

10 Las subvenciones que le habían prometido, ¿............................. va a reclamar?

6

Use correctamente las palabras en negrita.

a **media ≠ medio ≠ en medio ≠ mitad**

...a las siete y *media*... (01)	*En medio* del desierto.
Ha recorrido *medio* mundo.	La *mitad* de la población.

1 Dos docenas y .... de huevos.

2 ¿Quieres la .... de este pastel?

3 Con.................... vaso tengo bastante.

4 Se metió por .... del tráfico.

5 ¿Mucha leche con el café?.........y ....

6 ¿Cómo se llama tu .... naranja?

7 Dos años y ....

8 ¡Niño, no te pongas...................!

b **turno ≠ vez**

...y volvía al *turno* de chupadas... (08)
Había cola para el pan y pregunté: ¿quién da la *vez*?

1 Trabaja en .... de noche.

2 ¿Has pedido...................................... ?

3 Yo le pedí .... a esta señora.

4 Pasa, te llegó......................................

5 Hay tres...................... de trabajo en la fábrica.

c bajo ≠ debajo de ≠ abajo

...el rapaz saltó pitando *bajo* la lluvia... (22)
...Se fueron caminando *bajo* el paraguas... (48)
Me refugié *debajo de* un balcón.
¿Dónde está el baño? – *Abajo*.

1 El portero vive ....

2 .... techo se está hoy más fresco.

3 ¿Qué hay.............../ .... la silla?

4 Guardaba dinero ..../ .... el colchón.

5 Me miró de arriba ....

6 No hay nada nuevo.....................el sol.

d traer ≠ llevar

...Le *traeré* una silla... (27)
...¿Quiere que la *lleve* en brazos?... (45)
Nos *llevó* al Barrio Chino.

1 Te voy a .... un regalo.

2 Ese barco........ frutos secos para Suecia.

3 ¿Qué .... del mercado?

4 Su padre lo .... al cine los domingos.

5 Se apaga la chimenea .... más leña.

6 ....este bolso, por favor.

e encima ≠ arriba

...Por *encima* del rostro de Doña Lucía asomó una cabeza aldeana... (17)
El reloj está *encima* de la cómoda.
Los dormitorios están *arriba*.
¿Lo pongo *debajo* o *encima*?

1 Desde............... se tenía una bella vista.

2 Tus guantes están............... de la cama.

3 ¡Voy para .... !

4 Si no le ves .... es que está............

5 Lleva la chaqueta..........de los hombros.

6 ¡Ya no puede llevar más joyas...............!

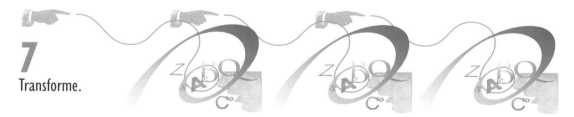

7

Transforme.

a Futuro de probabilidad.

Será/quizá sea de tisis (33)
¿Qué hora es?
Serán/deben de ser las ocho.

1 Quizá esté cansado.

2 No debe de haber entradas.

3 Debe de estar en casa.

4 Quizá esté muy bueno este pastel.

5 Debemos de caerles bien.

b Le temblaba la mano *al agarrarse* (25) ➠ Le temblaba la mano *cuando se agarraba*.

1 Cuando la vieron se dieron cuenta de que estaba enferma.

2 Saludó cortésmente cuando se despidió de sus amigos.

3 Trabaja mucho y por eso al llegar a casa se acuesta en seguida.

4 Pedía siempre un café cuando se sentaba en la terraza.

5 Como llovía mucho, cogió el paraguas al salir.

6 Se quitaba automáticamente el sombrero cuando se dirigía a alguien.

7 Se le nota al hablar que es un hombre de carácter.

8 Cuando entraba cerraba siempre la puerta con llave.

C **Imperativos.**   **1** Subraye los imperativos.
2 Transforme los imperativos afirmativos en negativos y viceversa.
3 Subraye las formas imperativas que no usen verbo.

d **Usos del gerundio.**

La criada apareció *a toda velocidad*. ➠ la criada apareció *corriendo* (36).

1 Terminó por insultar a todos.
2 Habla como tartamudo.
3 Nos contó el chiste mientras reía a carcajadas.
4 Estuvieron sin dejar de comer toda la tarde.

Les atiende solícito *deseando* venderles algo ➠ porque *deseaba venderles* algo.

1 Le permitieron entrar en la sala de baile, porque es ya un hombrecito.

2 Porque conoce muy bien el tema, puede hablar de él con gran brillantez.

3 Como andaban tan rápidos, les sobraba tiempo para todo.

4 Por ser tan chistoso nadie le toma en serio.

Abriendo la puerta, se dio cuenta de que habían llegado.
➠ *Al abrir* la puerta, se dio cuenta de que habían llegado.

1 Casi al llegar al final del trayecto, se inundó la carretera y no pudimos pasar.

2 Le dieron la noticia al llegar a la terraza de la cafetería.

3 Al ir hacia el teatro, se encontraron con sus amigos.

4 Al bajar del autobús se trocó el tobillo.

e Cuente en estilo indirecto los diálogos de las líneas (11 a 26)

Puede empezar así:
"Doña Lucía se asomó a una ventanilla, llamó a uno de ellos, le dio una moneda, le pidió que fuera a su casa y dijera que viniera alguien…"

Doña Lucía se asomó a una ventanilla y llamó a uno de ellos:

– ¡Toma! –le dio una moneda–. Vete a mi casa y di que venga alguien.

– Si hay que llevar alguna maleta….

– No, no. Que venga mi marido, si está; si no, la criada.

Por encima del rostro de doña Lucía asomó una cabeza aldeana.

– ¡De prisa! Que la señora viene mala.

– ¿Adónde he de ir? –preguntó el rapaz.

– ¡A la botica! ¿Es que no la conoces?

El rapaz salió pitando bajo la lluvia azul. La gente había descendido del autobús. Doña Lucía, renqueante, quejumbrosa, bajó la última, ayudada de su compañera. Se había quitado la pintura y venía demacrada. Le temblaba la mano al agarrarse; se crispaba, convulsa, en el brazo de la aldeana.

8
Recomponga.

a Acentos (54 a 80)

Al llegar a su dormitorio se dejo caer en un sillon.

– Vete al Casino y que venga mi marido. Es decir, si el juego o las mujeres no le retienen.

– ¡Ande, calle y no se meta con el! Ahora se lo traere.

Se oyo un portazo al cabo de la escalera. Doña Lucia se levanto, encendio todas las luces y abrio la puerta del armario. Se miro en el espejo.

– Soy una mujer bella –dijo en voz alta–. Soy la mujer mas bella de Pueblanueva, aunque este tisica.

Cerro el armario y se quedo un rato arrimada a el, llorando.

– No merezco ese desprecio.

Volvio a abrir el armario, busco un camison rosa y empezo a desnudarse.

Antes de ponerse el camison se contemplo de nuevo.

– Mi cuerpo es casi espiritu, pero los hombres solo quieren la carne. Son unos cerdos. Jean Harlow: eso es lo que les gusta.

Apago todas las luces, menos la lampara nocturna, y se metio en la cama.

b Preposiciones (01 a 12)

El autobús .... Santiago llegó .... a las siete y media. Había cerrado la noche y llovía menudo, ... fuerza. Las luces .... la calle se velaban suavemente .... la lluvia ....la puerta .... la central .... autobuses esperaban .... seis mujeres, ... las que llevan maletas, y otros tantos muchachos desharrapados. Los muchachos fumaban .... corro un pitillo que se pasaban .... boca .... boca .... vez .... cuando, uno .... ellos se asomaba .... la plaza, fuera .... los soportales; decía: "Aún no viene", y volvía .... el turno.......... chupadas. Una .... las mujeres les llamó "cochinos" y empezaron los insultos; pero antes .... que se enzarzasen, llegó el autobús.

Corrieron .... las portezuelas, se ofrecieron .... llevar lo que fuese. Doña Lucía se asomó .... una ventanilla y llamó .... uno .... ellos.

9
Conversación:

1 ¿Qué medio público de locomoción prefiere para un trayecto de unos 100-200 kms? Diga por qué.

2 ¿Cómo se protegen en su tierra de las inclemencias del verano o del invierno?

3 *Cuando el enfermo clama, el médico gana.*

10
Redacción:

1 Reduzca la historia a un tercio de su extensión.

2 Escriba en forma narrativa el diálogo desde la línea 30 hasta la línea 46.

3 ¿Cómo ve la vida del pueblo la mujer del boticario?

4 Describa en 150-200 palabras, qué medios de locomoción hay entre su pueblo/ciudad y la ciudad principal más próxima.

El gallego y su cuadrilla
"Celedonio Montesmalva,
joven indeciso"

U11 LA VOCACIÓN

Resumen biográfico.

Camilo José CELA (1916-)

Desde su primer libro, *La familia de Pascual Duarte*, la novela española más traducida después del *Quijote*, es reconocido como uno de los grandes prosistas actuales, por su fuerza expresiva, por su dominio y riqueza del lenguaje y por sus extraordinarias dotes de observación. Autor popular y universal, están, entre sus obras, *Viaje a la Alcarria*, *La colmena*, *Del Miño al Bidasoa*, *Mazurca para dos muertos*, *Diccionario secreto*, que le han valido el premio Príncipe de Asturias de las Letras y el Premio Nobel de Literatura en 1989. También ha recibido este año el Premio Cervantes. Pertenece a la Real Academia Española de la Lengua.

Entrando en situación.

¿Cómo han influido sus padres
en la elección de sus estudios
o carrera?

Lea las preguntas siguientes y localice las respuestas en el texto.

1 ¿Qué opina el padre sobre el futuro de "Celedonio Montesmalva" como poeta?

2 ¿Cuál era el verdadero apellido de Celedonio Montesmalva?

3 ¿Qué explicaciones da el hijo a su padre para querer cambiarlo?

4 A don Obdón le enfurece que su hijo "no dé ni golpe". ¿Qué quiere decir con eso?

5 ¿Qué edad declara tener el joven poeta?

6 ¿Es fácil la situación de la madre entre su marido y su hijo?

Celedonio Montesmalva, joven vallisoletano, era un mozo indeciso y algo poeta que, al decir de su padre, iba a acabar muy mal. El padre de Celedonio se llamaba don Obdón de la Sangre; pero el hijo, pensando que eso era muy poco poético, se inventó el timito de Montesmalva, falso apellido que sacaba de quicio al progenitor.

–Pero oye, tú, pedazo de mastuerzo ruin, ¿es que el apellido de tu padre te avergüenza, lila indeseable?

Don Obdón de la Sangre era muy retórico.

–No, papá, no me avergüenza: pero es que para los versos, ¿sabes?, parece que pega más eso de Montesmalva. ¿No crees? Es un nombre lleno de bellas sugerencias, de fragancias sin límite...

Don Obdón miró al niño por encima de los lentes.

–¿Lleno de qué?

–Lleno de bellas sugerencias, papá, y de fragancias sin límite.

Celedonio tomó un vago aire soñador.

–Un soneto de Montesmalva... ¿Tú te percatas?

–Sí, sí; ¡ya lo creo que me percato! En fin, ¡qué le vamos a hacer! Lo que yo te digo, ya lo sabes bien claro: que hagas versos me tiene sin cuidado, ¡allá tú con la gente!, y que te pongas ese nombre ridículo de transformista, también. Ya te espabilarás si te trinca la Guardia Civil. Pero eso de que no des ni golpe, no; vamos, que eso, no. ¿Te das cuenta? No. Ya eres muy talludito para estar viviendo de la sopa boba.

–¡Ay, papá; si no tengo más que veintiocho primaveras!

Don Obdón lo miró con la cara que suelen poner los asesinos cuando, por esas cosas que pasan, perdonan a la víctima, a veces bien a su pesar.

–¿Y te parecen pocos? Yo, a tu edad, estaba ya harto de poner irrigaciones a las mulas, y llevaba ya cerca de diez años de veterinario en una cabeza de partido judicial.

–¡Ay, papá; pero reconoce que puede haber vocaciones para todo!

–Sí, para todo; ya lo sé. Y para pegar la gorra y estar a la que caiga, también, ¿verdad?

–¡Ay, papá, qué cruel eres!

–Vamos, hijo, vamos...

La mamá del poeta, doña Visitación Manzana, solía estar callada, casi siempre, cuando salían esas conversaciones escabrosas. Algunos días, cuando ya veía al niño muy perdido, echaba tímidamente su cuarto a espadas.

–¡Pero, hombre, Obdón! ¿Por qué no dejas al niño seguir su vocación?

Don Obdón puso un gesto de un desprecio inaudito.

–¿No te lo imaginas?

–No.

–Cuando yo digo que eres más inútil que un pavo!

Doña Visitación en cuanto que le decían lo del pavo, se echaba a llorar desconsoladamente.

–No llores, mamita; yo te comprendo muy bien. Todas tus preocupaciones encuentran un seguro eco en mi pecho.

55 Celedonio miró al padre con un gesto retador, con el gesto de un joven héroe de tragedia antigua.

–Sábelo bien, padre mío; yo soy respetuoso y buen hijo, pero
60 no consiento que a mi mamita le llamen pavo delante de mí. Don Obdón comenzó a liar un pitillo con parsimonia y no respondió. Cuando llegó al casino,
65 le dijo a un amigo:

–Chico, no sé; pero esto me parece que va a acabar pero que muy mal; el día menos pensado lo deslomo. ¡Mira tú que
70 yo con un hijo poeta! ¡Yo, de quien nadie puede decir, e n los cincuenta y cinco años que tengo, nada malo!

Al mismo tiempo, Celedonio le
75 explicaba a su madre:

–¿Lo ves, mamita? A estos tíos fla- mencos, como papá, lo mejor es levantarles el gallo. Se quedan vien- do visiones y más suaves que un
80 guante.

1

Explique el significado de las palabras siguientes.

(01) vallisoletano

(05) timo

(06) progenitor

(17) percatarse

(23) espabilar

(31) mula

(56) retar

(62) liar

(63) pitillo

(60) parsimonia

2

Dígalo como lo dice el texto.

1 Enfurecía/sacaba de .... a su padre (06)

2 Parece que es más apropiado/.............. más (11)

3 No me importa/.......... tiene .... cuidado (21)

4 Viviendo a costa de otros/viviendo de la .... boba (25)

5 Aprovecharse de los demás/pegar la .... (35)

6 Esperar pasivamente/estar a la que .... (36)

7 Intervenía/echaba su .... (42)

8 Hacerles frente/levantarles el .... (78)

9 Confundidos/.............................. visiones (78)

10 Calmados/más .... que un guante (79)

3

Complete con las palabras del texto.

1 Torpe y tonto   = mas .... zo   (07)

2 Tonto   = ... la   (08)

3 Tipo de actor   = trans .... mis .... (22)

4 Atrapar   = trin ....   (23)

5 Grande y crecido = ta .... dito   (25)

6 Desagradables   = esca .... (40)

7 Apalear   = deslo ....   (69)

8 Le gusta desafiar = fla .... (76)

POESÍA...

4

Use correctamente las palabras en negrita.

a

... iba *a acabar mal* ... (67)
... falso apellido que *sacaba de quicio*
al progenitor... (05)
... eso de que *no des ni golpe* ... (23)
... se quedan...*más suaves que un guante*... (78)

1 Con tanto beber.............................
2 Hace una semana que ....
3 Sus modales me ....
4 Desde que le riñeron ....

b

¿Es que el apellido de tu padre *te avergüenza?* (07)
¿Tú te *percatas?* (18)
Ya te *espabilarás* (22)
No *consiento* que a mi mamita le llamen
pavo delante de mí (60)

1 Aquella ducha fría me ....
2 No se ha .... bien del problema.
3 Le .... decir que es de pueblo.
4 ¿Cómo ..... Vd. estos ruidos tan fuertes?

c

¿Te *das cuenta?* (24)
Estaba ya *harto* de poner irrigaciones... (30)
Perdonan a la víctima...*bien a su pesar*... (28)
Se *echaba a llorar* desconsoladamente... (49)

1 Lo llevé en mi coche ....
2 En cuanto ve a su mamá ....
3 No me .... de la hora.
4 Estamos .... de tanta lluvia.

d

... era un mozo *indeciso* (01)
... lila *indeseable* (08)
... un desprecio *inaudito* (45)

1 Esta medida es ....
2 Lo han expulsado del trabajo por ....
3 No vale para jefe, es muy ....

e

... yo soy *respetuoso* y buen hijo (58)
Es muy *respetado* por sus empleados.
Tu opinión es *respetable*,
pero no la comparto.

1 Sus opiniones son muy .... en
el pueblo.
2 Un caballero de aspecto ....
3 No es siempre tan .... con
sus padres.
4 ¿Es .... por sus colegas?
5 Una .... suma de dinero.
6 Sólo es .... por su jefe.

5

Inserte la letra que corresponda y dé una frase por cada letra.

a

A ¿*No crees?* (11)
A *Creo que no viene.*

B *No me cree.*
B *Cree en Dios.*

1 ¡Ya lo creo!
2 ¿Tú lo crees?
3 ¿Crees que tiene razón?
4 No creen en los ángeles.
5 Yo a ti sí te creo.
6 ¿Qué crees tú?
7 Creen en una filosofía panteísta.
8 Creo que sí.

A ....
....
....

B ....
....
....

b

A ...*Reconoce que puede haber vocaciones para todo...* (33)
A *Lleva razón, lo reconozco.*

B *Reconocería al ladrón entre mil.*
C *Se niega a reconocer a su hijo.*

1 Nos hemos cruzado en el parque, pero ella no me ha reconocido.
2 Él reconoce que se portó mal.
3 Ha reconocido al niño, pero no a la niña.
4 No quieres reconocer lo mucho que ha trabajado.
5 Después de veinte años, me ha reconocido enseguida.

A ....
....

B ....
....

C ....
....

6
Transforme.

a **Al + infinitivo + de** ➠ **según + tiempo correspondiente.**

*Al decir de (= **según decía**) su padre, iba a acabar muy mal* (02)

1 Según decía la gente, no se iba a arreglar el problema.
2 Según decían sus compañeros, tiene muy buen carácter.
3 Al decir de sus maestros, no hacía grandes progresos.
4 Según dijeron los testigos, el ladrón escapó en moto.
5 Al decir de los espectadores, la interpretación fue excelente.
6 Al decir de los especialistas, se está superando la crisis.

b **Al + infinitivo** ➠ **cuando + tiempo correspondiente.**

*Al decir (= **cuando decía**) aquello, se ponía colorado*

1 Cuando sonó la campana, se interrumpió el trabajo.
2 Al salir de las clases, se tomaba una cerveza.
3 Cuando contaba el dinero, se equivocaba frecuentemente.
4 Al anunciar el jurado los premios, se oyeron gritos de alegría.
5 Al terminar la guerra, se instaló en la ciudad con su familia.
6 Cuando compró el coche, pasó algunos apuros económicos.

c **Ir a + infinitivo** ➠ **futuro/condicional.**

*Me parece **que va a acabar** mal* ➠ *Me parece **que acabará** mal.*
*Aseguraba **que iba a acabar** mal* ➠ *Aseguraba **que acabaría** mal.*

1 Promete que va a venir pronto.
2 Prometían que lo iban a contar todo.
3 No creíamos que él se iba a poner tan enfermo.
4 Piensan que ellos conseguirán el préstamo.
5 No sabían que duraría tanto la conferencia.
6 Tú estabas convencido de que ganaría la carrera

d *Ya te **espabilarás** si te **trinca** la Guardia Civil* (22)
➠ *Ya te **espabilarías** si te **trincara** la Guardia Civil.*

1 Si sigues así, acabarás muy mal.
2 Ella se callará si hablan de esas cosas.
3 Se echará a llorar si le dicen lo del pavo.
4 Si le recuerdan que tiene un hijo poeta, se pone de mal humor.
5 Si hace lo que su padre quiere, todo irá bien en su casa.
6 La familia se avergonzará si cambia el apellido.

e **-ito, -ita, -illo, -illa.**

timidito, talludito, mamita, florecilla, librillo.

1 En sentido familiar, **joven.**

2 Casi un **hombre**.

3 Pequeño **pedazo**.

4 **Sopa** muy buena.

5 **Lentes** de pequeño tamaño.

6 Cariñosamente, **abuela**.

7 **Gesto** de desagrado.

8 **Chico** mentalmente muy niño.

9 Climatológicamente, muy mal **tiempo**.

10 Anda **mal** de salud.

11 **Vacaciones** muy deseadas.

12 **Gente** que calificamos de indeseable.

7

Complete correctamente.

a **Tiempos verbales.**

1 Tú crees que te percatas, pero (*equivocarte*)...

2 Ayer (*tener, yo*) .... que calmar al niño porque le daba miedo la oscuridad.

3 Si tú quieres hacer versos, hazlos. (*Ser*) .... cosa tuya.

4 Entonces comenzó a liar un pitillo y (*encontrarse*)..................... el paquete vacío.

5 No consintieron en la reunión que (*hablar, ellos*) .... mal de sus amigos.

6 ¿(*Querer, tú*) .... decir ahora que el apellido de tu padre te da vergüenza?

7 Lo mejor (*ser*) .... que cumpliera la palabra dada.

8 En aquella época no podíamos nosotros esperar que el tren (*llegar*) .... a tiempo.

9 Ahora (*soler, tú*) .... decir que no te gusta la música rock.

10 Pero hace unos años (*ir, tú*) .... de buena gana a las discotecas a bailar.

11 Tienes que admitir que hay gente que no (*comprender*) .... bien eso.

12 El año pasado (*soler, yo*) .... ir al cine aunque la película empezara muy tarde.

13 Que hagas versos me (*tener*) .... sin cuidado (20).

14 Solía estar callada cuando (*salir*) .... estas conversaciones (39).

15 Tuvo miedo y no (*salir, él*) .... de casa.

b **Pronombres: le, la.**

*... no consiento que a mi mamita **le** llamen pavo ...* (60)
*... a mi madre **la** llaman mucho por teléfono.*

1 A nuestra amiga .... insultaron sin ninguna educación.

2 Y ...... dijeron cosas muy desagradables.

3 Mañana voy a escribir .... una carta a mi cuñada.

4 A aquella señorita ...... decíamos todos los mismos piropos.

5 ¿........... prestaste a la secretaria tu pluma estilográfica?

6 Sí, se .... presté un momento.

7 .... envió a su madre una fotografía

c **1** En cuanto (*decirle*) ....lo del pavo, se echaba a llorar (49)

2 En cuanto (*tener, yo*) .... dinero, cambiaré de piso.

3 En cuanto (*saber, ellos*) ....que les había tocado la lotería, salieron de viaje.

4 En cuanto (*ponerse, ella*) .... a estudiar, apagaremos la televisión.

5 En cuanto (*decírselo, nosotros*) .... tomará una decisión.

6 En cuanto (*comer, nosotros*) .... echábamos la siesta.

7 En cuanto (*entrar, él*) .... en la oficina, lo llamó el jefe.

8 Elija.   **Ser ≠ estar**

1 Para su edad, **es/está** muy viejo.

2 Celedonio **es/está** muy mal poeta.

3 Ése **es/está** el chisme más útil que has comprado.

4 Desde hace unos meses, Paco **es/está** más gordo que nunca.

5 En presencia de su padre le **es/está** prohibido emplear un lenguaje grosero.

6 Él **es/está** callado durante toda la reunión porque **es/está** muy tímido.

7 *Celedonio Montesvalma **era/estaba** un mozo vallisoletano.*

8 Le pregunté dónde **era/estaba** su casa, mientras dábamos un paseo.

9 Me respondió: "Aquí mismo **es/está**".

10 Sube conmigo, hoy **soy/estoy** solo en casa.

11 El autobús **era/estaba** lleno de gente al llegar yo.

12 Su casa **era/estaba** rodeada por grandes y centenarios árboles.

13 El himno **es/está** cantado por la coral municipal.

14 *Ya eres muy talludito para **ser/estar** viviendo de la sopa boba* (24).

9 Recomponga.

a Preposiciones (55 a 78)

Celedonio miró ...... el padre ...... un gesto retador, ... el gesto .... un joven héroe ...... tragedia antigua.

–Sábelo bien, padre mío; yo soy respetuoso y buen hijo, pero no consiento que .... mi mamita le llamen pavo delante ...... mí.

Don Obdón comenzó .... liar un pitillo .... parsimonia y no respondió. Cuando llegó .... el casino, le dijo .... un amigo:

–Chico, no sé; pero esto me parece que va .... acabar pero que muy mal; el día menos pensado lo deslomo. ¡Mira tú que yo .... un hijo poeta! ¡Yo, ... quien nadie puede decir, ... los cincuenta y cinco años que tengo, nada malo!

.... el mismo tiempo, Celedonio le explicaba .... su madre:

–¿Lo ves, mamita? .... estos tíos flamencos, como papá, lo mejor es levantarles el gallo.

b Palabras omitidas (27 a 54)

Don Obdón lo miró con la cara que suelen poner los asesinos cuando, por esas cosas que pasan, perdonan a la víctima, a veces bien a su pesar.

–¿Y te parecen pocos? Yo, a .... edad, estaba ya harto de poner .... a las mulas, y llevaba ya .... de diez años de veterinario en .... cabeza de partido judicial.

–¡Ay, papá; .... reconoce que puede haber vocaciones para .... !

–Sí, para todo; ya lo sé. .... para pegar la gorra y estar .... la que caiga, también, ¿verdad?

–¡Ay, ..., qué cruel eres!

–Vamos, hijo, vamos...

.... mamá del poeta, doña Visitación Manzana, ... estar callada, casi siempre, cuando salían .... conversaciones escabrosas.

Algunos días, cuando ya .... al niño muy perdido, echaba tímidamente .... cuarto a espadas.

–¡Pero, hombre, Obdón! ¿ .... qué no dejas al niño seguir .... vocación?

Don Obdón puso un gesto .... un desprecio inaudito.

–¿No te lo ....?

–No.

–¡Cuando yo digo que eres .... inútil que un pavo!

Doña Visitación, en cuanto que le decían lo del pavo, se echaba a llorar desconsoladamente.

–No llores, mamita; yo te comprendo muy bien. Todas tus preocupaciones encuentran un seguro eco en mi pecho.

10
Redacción:

1 Resuma el texto en un tercio de su extensión.
2 Imagine la historia del joven poeta como si su padre le hubiera animado a hacer versos.
3 Escriba sobre la oposición padre-hijo, a la que suele llamarse "complejo de Edipo".

....
....
....
....
....
....
....
....
....
....
....
....
....
....
....

Real Madrid 0
Albacete 0

Entrando en situación.

Hable del deporte más típico de su país:
descripción, número de jugadores,
época y lugar en que se juega, etcétera.

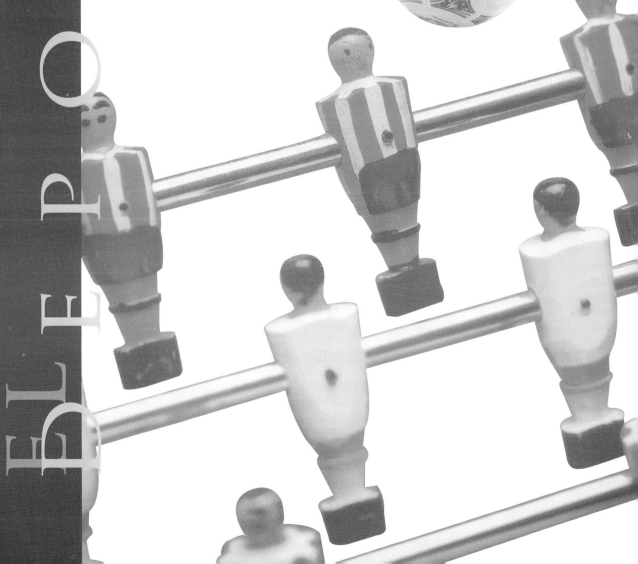

Numere las ideas siguientes por orden de aparición.

1 Zamorano pudo haber marcado el gol del año.

2 El Madrid hizo un juego superior al del Albacete.

3 Una jugada de Bjelica fue la única alegría que se permitió el Albacete.

4 El Albacete colocó cinco jugadores en segunda línea.

5 Laudrup y Amavisca fueron los más inventivos por parte del Madrid.

6 El Madrid fue más peligroso por la izquierda.

EL MADRID SE PIERDE ANTE LA RACANERÍA.
EL ALBACETE SACÓ UN EMPATE DEL BERNABEU EN LA JORNADA ELECTORAL.

El horizonte del Madrid está marcado. Le espera una multitud de partidos áridos, minados por equipos sin más pretensiones que taponar al líder de la forma que sea. Unos lo harán con cierto estilo y otros con un descaro absoluto. El Albacete perteneció a estos últimos. Tuvo orden y muchas defensas. En Madrid tiró dos líneas paralelas delante de su área. La primera tenía cuatro jugadores. La segunda, cinco. Todos eran defensas. Ningún equipo ha sido más rácano en Chamartín que el Albacete.
La propuesta estrictamente defensiva del Albacete sirvió para medir la habilidad del Madrid para desatascar el tapón. Esta vez tuvo pocos recursos. Naturalmente tuvo sus oportunidades y una supremacía indiscutible, pero desde el principio envió un mensaje fatigoso. El Madrid necesitaba algo más que la paciencia y el toque. Eso servía para gobernar sobre el encuentro, pero no le daba las llaves del área.
Uno de los problemas estuvo en la banda derecha, donde Luis Enrique se ofuscó. En los últimos partidos da síntomas de cansancio, un problema que le afecta a la hora de desbordar y elegir la jugada correcta. Se equivocó demasiado y el público la tomó con él. En la izquierda, Amavisca también sufre los efectos del desgaste, pero todavía le queda chispa para encarar y regatear. Lo mejor del Madrid vino por la izquierda, pero fue insuficiente para derribar el muro.

El Madrid volvió a encontrarse con dificultades muy parecidas a las que padeció en Valencia. La capacidad para inventar quedó reservada a Laudrup y a las cosas de Amavisca, uno de esos jugadores que se crecen al castigo de la fatiga. El resto se entregó con la decisión de siempre. Zamorano corrió hasta reventar y lo mismo hizo Raúl, pero en este partido se necesitaba gente un poco más sutil, jugadores capaces de sorprender con el gesto habilidoso, gente que deja a dos por el camino y abre una brecha. El partido cobró muy pronto un aspecto perro para el Madrid. En aquellas condiciones, con el Albacete en el búnker y los problemas para encontrar vías de ataque, el Madrid dio algunos síntomas de desesperación. Sus oportunidades fueron escasas y en algún caso estrafalarias; la mejor se produjo en un saque apresurado y largo de Buyo que controló Zamorano con el pecho y, sobre su giro, alcanzó un pelotazo tremendo desde la media cancha del Albacete. La pelota sobrepasó a Molina y durante un instante se abrió la duda. Si entraba, era el gol del año. Pero el balón salió fuera por una cuarta.
La única alegría que se dio el Albacete fue una jugada de Bjelica, que tuvo el honor de regatear a Quique (asunto francamente difícil) y tirar el pase atrás a Zalazar, que enganchó mal el remate. Lo demás fue una vida en la trinchera, muy ordenados y todo eso, pero bastante miserable.

El Madrid no encontró soluciones a la farragosa evaluación que le propuso el Albacete. Al final sacó toda su artillería. Entraron Redondo y Alfonso, y había
55 buenas razones para su ingreso. En última instancia fue Alfonso el protagonista de la mejor ocasión madridista, un cabezazo que salió picado junto al palo izquierdo. Luego llegó la carga final madridista, un
60 poco precipitada, con bastante desesperación y mucha energía. Emotiva, pero insuficiente. El muro resistió y el Madrid se vio obligado a aprender una lección. Desde ahora tendrá que soportar muchos
65 partidos como éste.

Santiago Segurola, Madrid.

1

Localice en el texto los sinónimos de las palabras siguientes.

(02) día	(20) señales
(05) ambiciones	(22) adecuada
(07) elegancia	(22) espectadores
(07) total	(24) inspiración
(09) campo	(29) similares
(13) destreza	(35) corte
(15) dominio	(38) caminos
(15) innegable	(40) excéntricos
(19) lado	

2

Anote los sinónimos de las palabras siguientes:

multitud de	(04)	....	(64)
partidos	(05)	en......................	(17)
oportunidades	(14)	o.......................	(57)
área	(09)	can..................	(42)
problemas	(19)	di......................	(28)
cansancio	(20)	des...................	(24)
desbordar	(21)	sobre................	(43)
sutil	(34)	habi..................	(35)
ataque	(38)	car....................	(59)
apresurado	(40)	preci.................	(60)

3

Anote las palabras de la misma familia.

Madrid	(01)	....
Racanería	(01)	....
Sacó	(02)	....
Descaro	(07)	....
Defensa	(08)	....
Jugadores	(10)	....
Habilidad	(13)	....
Propuesta	(12)	....
Tapón	(13)	....
Fatigoso	(16)	....
Capacidad	(29)	....
Desesperación	(39)	....
Pelotazo	(42)	....

4

Ponga la forma adecuada.

(03) marcar	(21) elegir
(12) servir	(29) inventar
(13) medir	(41) controlar
(13) desatascar	(62) resistir
(17) gobernar	(64) soportar
(21) afectar	

1 Quiero .... mis fuerzas en el próximo partido.

2 Este partido ....ó el país durante siete años.

3 ....a el pastel que le gusta más.

4 El giro a la derecha está .... con una flecha.

5 .... ó un aparato de calefacción por gasoil.

6 Yo......................o muy bien el calor.

7 Este reloj no ....e para despertador.

8 Hay que .... el fregadero.

9 No puedo .... sus estupideces.

10 La sequía no .... a a las ciudades del norte.

11 El peso lo tiene muy bien................ ....

5

Dígalo como lo dice el texto.

1 El Madrid se descontrola
= .... (01)

2 Tuvo pocas soluciones
= pocos .... (14)

3 Luis Enrique no vio claro
= se o .... (20)

4 El público le reprendió
= la .... ó con él (22)

5 Se crecen cuando están cansados
= .... castigo de la .... (31)

6 Los demás se esforzaron como siempre
= el resto se en........................... con la decisión de siempre (31)

7 Hasta no poder más
= hasta re................................... (32)

8 Dejar a alguien atrás
= por el ca................................. (35)

9 Una apariencia desagradable
= un as.................. pe................ (36)

10 Ocurrió
= se pro........................... (40)

11 Aprovechando su giro
= so................................. su giro (42)

12 Lanzó el balón
= alcan..................... un pelotazo (42)

13 Echar el balón a Zalazar
= ti .... el pa.......... a Salazar (48)

14 Toco mal el pase final
= engan............. mal el re............ (48)

15 Estar a la defensiva
= una vi .... en la trin .... (49)

16 Complicada situación
= .... (52)

17 Que salió alto
= que salió pi .... (58)

6

Complete.

1 Excesiva cautela
= raca ....   (01)

2 Ninguno de los dos ganó
= em   ....   (02)

3 Un día de elecciones se llama
= e ....   (02)

4 Allí se junta el cielo con la tierra
= .... te   (04)

5 Estériles
= á ..... dos   (02)

6 El primero en algo
= lí .....   (03)

7 Líneas que no se encuentran
= .... las   (09)

8 Recado
= .... je   (15)

9 La tuvo Job
= .... cia   (16)

10 Acción de tocar
= ....   (17)

11 Burlar al contrario en fútbol
= .... tear   (24)

12 Echar a tierra
= de ....   (26)

13 Hábil
= ...... til   (34)

14 Acción
= ges .....   (34)

15 Refugio contra las bombas
= ..... ker   (37)

16 Medida de la mano abierta
= cuar .....   (45)

17 Mérito
= ho .....   (47)

18 La figura principal
= .... nista   (56)

19 Conjunto de armas de guerra pesadas
= ar .... ría   (53)

20 La portería en el fútbol consta de tres
= ..... los   (58)

7

Use correctamente las palabras en negrita.

≠

MURO

MURALLA

PARED

TABIQUE

MAMPARA

... el **muro** resistió... (62)

Las **murallas** de la ciudad son del siglo XIV.

Las **paredes** de la casa son de ladrillo.

Se puede correr este **tabique** para agrandar la habitación.

El comedor y el salón están separados por una **mampara** de cristal.

1 Tienen todas las........... cubiertas de estanterías.

2 Estos............................ tan gruesos eran para protegerse del calor.

3 Se oyen las conversaciones a través del ....

4 Han colocado una .... de madera para sacar un despacho.

5 La ciudad nueva está fuera de las ....

6 Los .... son de piedra y los .... de ladrillo.

7 Van a empapelar todas las .... de la casa.

8 Construyeron un gran .... para impedir los deslizamientos de tierra.

8

Inserte la letra que corresponda y dé una frase por cada letra.

a

A El Albacete [...] tuvo **orden**... (08)

B No le gusta obedecer **órdenes**.

1 ¿Cuál es .... del día?

2 ¿Es una invitación o .... ?

3 Las frases están por .... numérico.

4 El alcalde dio .... de vacunar a los perros.

A ....

B ....

b

A El Albacete [...] **tiró** dos líneas paralelas... (09)

B En la puerta dice **tirar**.

C Hemos **tirado** todos los trastos viejos.

D El pastor **tiró** una piedra al rebaño.

1 Tira fuerte del cajón.

2 El jugador tiró el balón con poca fuerza.

3 Las calles están tiradas en línea recta.

4 Tírame esa toalla, por favor.

5 No tires la colilla al suelo.

6 No me gusta tirar comida.

A ....

B ....

C ....

D ....

9

Transforme.

a Zamorano **corrió hasta agotarse** ⮕ *Zamorano corrió hasta que se agotó.*

1 No dejaste de hablar hasta cansarte

2 Se entrenaron hasta estar en forma

3 El árbitro pitó hasta quedarse sin aire

4 Discutisteis sobre la película hasta enfureceros

5 Hice cola hasta conseguir las entradas

6 Gritamos hasta ponernos roncos

b Zamorano **corrió hasta agotarse** ⮕ *Zamorano correrá hasta que se agote.*

1 No dejaste de hablar hasta cansarte

2 Se entrenaron hasta estar en forma

3 El árbitro pitó hasta quedarse sin aire

4 Discutisteis sobre la película hasta enfureceros

5 Hice cola hasta conseguir las entradas

6 Gritamos hasta quedarnos roncos

c "La propuesta [...] sirvió **para medir** la habilidad del Madrid" (13)

⮕ *la propuesta [...] sirvió **para que se midiera** la habilidad del Madrid.*

1 Su locuacidad bastó para convencer a todos

2 Las ráfagas de viento fueron suficientes para romper la vela del barco

3 El dinero alcanzó para que se pagaran las deudas

4 Sus conocimientos le valieron para contratarle de inmediato

5 Su autoridad fue necesaria para imponer el sentido común

6 Las medidas de seguridad bastaron para que se evitaran accidentes.

d "En los últimos partidos **da** síntomas de cansancio" (20)

⮕ *en los últimos partidos **está dando** síntomas de cansancio.*

1 Hace algún tiempo rejuvenece a ojos vistas

2 Salís juntos desde hace varios meses

3 Siempre estáis contando con él para todos los partidos

4 Hace tiempo que hablan de la instalación de una nueva fábrica.

5 Esta semana me sale todo bien.

6 Estamos gastando mucho más de lo previsto este mes.

10

Recomponga. **a** **Preposiciones (01-11)**

El Madrid se pierde .... la racanería.
El Albacete sacó un empate .... el Bernabeu .... la jornada
electoral.

El horizonte .... el Madrid está marcado. Le espera una multitud
.... partidos áridos, minados .... equipos .... más
pretensiones que taponar .... el líder .... la forma que sea.
Unos lo harán .... cierto estilo y otros .... un descaro absoluto. El Albacete perteneció .... estos últimos. Tuvo orden y
muchas defensas. .... Madrid tiró dos líneas paralelas delante
.... su área. La primera tenía cuatro jugadores. La segunda, cinco.
Todos eran defensas. Ningún equipo ha sido más rácano ....
Chamartín que el Albacete.

b **Tiempos verbales (28-35)**

El Madrid volvió a encontrarse con dificultades muy parecidas a las que
(*padecer*) .... en Valencia. La capacidad para inventar (*quedar*)
.... reservada a Laudrup y a las cosas de Amavisca, uno de esos
jugadores que (*crecerse*) .... al castigo de la fatiga. El resto
(*entregarse*) .... con la decisión de siempre. Zamorano (*correr*)
.... hasta reventar y lo mismo (*hacer*) .... Raúl, pero
en este partido (*necesitarse*) .... gente un poco más sutil,
jugadores capaces de sorprender con el gesto habilidoso, gente que
(*dejar*) .... a dos por el camino y (*abrir*) .... una brecha.

c Adverbios y expresiones adverbiales (53-65)

.... sacó toda su artillería. Entraron Redondo y Alfonso, y había buenas razones para su ingreso .... fue Alfonso el protagonista de la mejor ocasión madridista, un cabezazo que salió picado .... al palo izquierdo .... llegó la carga final madridista, un poco precipitada, con .... desesperación y .... energía. Emotiva, pero insuficiente. El muro resistió y el Madrid se vio obligado a aprender una lección .... tendrá que soportar .... partidos como éste

d Acentos (36-45)

El partido cobro muy pronto un aspecto perro para el Madrid. En aquellas condiciones, con el Albacete en el bunker y los problemas para encontrar vias de ataque, el Madrid dio algunos sintomas de desesperacion. Sus oportunidades fueron escasas y en algun caso estrafalarias: la mejor se produjo en un saque apresurado y largo de Buyo que controlo Zamorano con el pecho y, sobre su giro, alcanzo un pelotazo tremendo desde la media cancha del Albacete. La pelota sobrepaso a Molina y durante un instante se abrio la duda. Si entraba, era el gol del año. Pero el balon salio fuera por una cuarta.

11
Conversación:

1 ¿Cuál es el deporte que le resulta más aburrido y por qué?: demasiado lento, le falta emoción, no tiene sentido, etc.
Intente describirlo.

2 ¿Qué deporte le resulta más emocionante y por qué?

3 El dinero que se mueve en el deporte. ¿Qué sabe de esto?

12
Redacción:

1 Escriba una breve redacción integrando las siguientes palabras: *jugador, desbordar, área, habilidoso, salió, tremendo, chispa, escaso.*

2 Resuma por escrito el fragmento desde la línea 19 hasta la 45 en un tercio de su extensión.

3 ¿Por qué es el fútbol el deporte que más gente arrastra en muchos países?

4 Escriba de 150 a 200 palabras sobre el deporte más popular de su país.

5 *Desgraciado en el juego, afortunado en amores.*

La voluntad

U13 UN VIAJE

☞ **Resumen biográfico.**

José Martínez Ruiz AZORÍN (1873-1967)

Periodista, crítico literario, novelista y ensayista, miembro de la "Generación del 98" y de la Real Academia Española de la Lengua. De estilo preciso, de frase breve y léxico rico, lleno de términos arcaicos y neologismos. Para Azorín, "el ideal humano no es sino una cuestión de sensibilidad". En *La voluntad*, como en otras novelas, la acción y la intriga no cuentan apenas. Los personajes principales son los tipos humanos, el ambiente y el paisaje.

☞ **Entrando en situación.**

¿Cree que terminará el avión por sustituir definitivamente al ferrocarril y otros medios de transporte?

Lea las preguntas siguientes y localice las respuestas en el texto.

1 ¿Qué ruidos llaman más la atención en esta estación?

2 En la narración se dan a entender varias clases de vagones. ¿Cuántas?

3 ¿De qué ciudad sale Azorín?

4 ¿En qué estación del año hace Azorín este viaje?

5 ¿Por qué se baja el autor en Getafe?

6 ¿Por qué cree estar el P. Lasalde envejecido?

7 ¿Qué consejos da el Padre a Azorín?

8 ¿Cómo ve Azorín el pueblo y por qué se siente triste?

9 ¿Por qué está el perro agradecido a Azorín?

A lo largo del andén van y vienen labriegos con alforjas, muje- res con cestas, mozos con blusas azules, mozos con chaque- tas de pana. Se oye un sordo fó-fó; una locomotora avanza len- tamente y retira un tren de lujo. Después sale otra máquina. Y suenan silbidos ondulantes, silbidos repentinos, bocinas, ruido de engranajes, chirridos, rumor de carretillas. [...]. Y los viajeros van y vienen, entran en los coches, dan fuertes portazos.

Azorín sube a un vagón de tercera. El tren va a partir. Dos labriegos charlan: " ... dejé yo el cuartelillo ... hace seis u ocho meses que dejé yo el cuartelillo, y cada mes una ..." En la porte-   10
zuela, una mujer acompañada de dos niños discute con otra en el andén: " ... tómalo, mujer ... que lo tomes ... tómalo ... yo llevo bastante..." Y tira un duro que rebota sobre el andén tinti- neando.

Se oye un largo campanilleo; luego, portazos. "¡Tenéis que escri-   15
bir a la tía en las cartas!", les gritan a los niños desde el andén. Y Gedeón entra en el coche. Gedeón es un ciego que va y viene en los trenes y en ellos canta y limosnea...

Suena otro largo campanillazo; la locomotora suelta un formida- ble alarido; el tren avanza. Y un gran claror ilumina el coche.   20
Atrás van quedando rojizos edificios que emergen reciamente en la tristeza del cielo. Gedeón ensaya: tiriro, tiriro, tito... Luego palmotea, incoa un plañidero áaa, y comienza: *Aunque del cielo bajaran los serafines a hablar contigóoo...*

En lo hondo del terraplén, a la derecha, aparecen los talleres de   25
la estación. A lo lejos, dentelleando el horizonte, resalta una línea de cipreses negros. [...] Madrid se pierde en lontananza, en una inmensa mancha gris. [...] Y detrás, casi imperceptible, el tenue telón, semi-azul, semi-blanco, del Guadarrama nevado.

Comienza la desolada llanura manchega. Junto a Azorín un   30
labriego corta con una desmesurada navaja un pan. Gedeón pre- gunta: "¿Quién me da un cigarrito sin pedirlo?" Luego exclama en tono de resignación jovial: "¡Ay que vida ésta!... ¡Esta vida no es para llegar a viejo!" Aparecen lomas amarillentas, cuadros de barbecho, cuadros de clara sembradura. Y el tren para en   35
Villaverde.

Pasa Villaverde. Madrid se esfuma en la remota lejanía. [...] Y el tren vuelve a parar en Getafe. Azorín baja. El P. Lasalde es rec- tor del noviciado de escolapios. Azorín, por una añoranza de los lejanos días, va a visitarle.   40
De la estación al pueblo va un camino recto; junto a él hay una alameda; [...] Y ya en el pueblo aparecen calles de casas bajas, anchos portalones con colgadizos, balcones de madera, tejados verdosos con manchas rojizas del retejo reciente... Es un destar- talado pueblo manchego, silencioso, triste. Azorín recorre las   45
calles; de cuando en cuando una cara femenina se asoma tras los cristales al ruido de los pasos. [...]
Azorín llega al colegio. Un viejo colorado, con blancas patillas marinas y una bufanda azul, recibe su tarjeta. Y poco después el   50

P. Lasalde aparece en el recibimiento. Está más delgado que antaño; su cara es más pálida y más buida; tiene más pronunciadas las arrugas que entrecomen su boca. Y la nerviosidad de sus manos se ha acentuado.

–No sé lo que tengo –dice–; estoy así no sé cómo, Azorín... Yo creo que es cansancio... He trabajado, he trabajado...

Calla; sus silencios habituales son más largos ahora que antes; a veces se queda un largo rato absorto, como si hubiese perdido la ilación de la frase. Y sus ojos miran extáticos al suelo.

–No sabes el trabajo que tengo ... y sigo, no sé cómo... por acceder a los deseos de un editor de Alemania y por empeño de la Orden... Ya ves; la Revista Calasancia ya no la publicamos; la dirigía yo, y ya no puedo.

Vuelve a callar; después prosigue:

–Todo es vanidad, Azorín ... Esto es tránsito, un momento ...Vive bien; sé bueno, humilde... desprecia las vanidades... las vanidades...

Y Azorín, cuando ha vuelto a la calle, en este día gris, en este pueblo sombrío de la estepa manchega, se ha sentido triste. Al azar ha recorrido varias calles. [...]

Luego ha entrado en un Café-restaurant del Comercio. Es un café diminuto; no hay en él nadie. [...]

Un perro joven, inexperto, se acerca a la mesa. [...] Azorín acaricia al perro y pide una copa de ginebra –dos cosas perfectamente compatibles.

Y luego, mientras bebe, piensa:

"Todo es vanidad; la imagen es la realidad única, la única fuente de vida y de sabiduría. Y así, este perro joven e ingenuo, que no ha leído a Troyano, este perro sin noción del tiempo, sin sospechas de la inmanencia o trascendencia de la causa primera, es más sabio que Aristóteles, Spinoza y Kant... los tres juntos".

El perro ha enarcado las orejas y le ha lamido las manos; parecía agradecer la alta justicia que se le hacía.

1

Localice en el texto los sinónimos de las palabras siguientes.

(01) campesinos	(38) desaparece
(02) canastas	(40) nostalgia
(04) se lleva	(51) vestíbulo
(05) pitidos	(52) en el pasado
(05) súbitos	(53) acentuadas
(06) pasajeros	(62) distraído
(08) salir	(63) coherencia
(09) hablan	(64) inmóviles
(20) resplandor	(66) consentir
(21) se elevan	(67) obstinación
(21) robustamente	(71) continúa
(22) prueba	(72) paso
(25) lo profundo	(77) oscuro
(26) destaca	(78) el páramo
(28) delgado	(79) sin un plan
(30) desierta	(81) muy pequeño
(33) alegre	(93) idea
(34) colinas	(98) arqueado

2

Anote las palabras de la misma familia.

1 Lejos   (26) ....

2 Tejado (44) ....

3

Anote los sinónimos de las palabras siguientes:

1 Locomotora (03) ....
2 Tejado (44) ....
3 Coches (07) ....
4 Campanilleo (15) ....
5 A lo lejos (26) ....
6 Inexperto (83) ....

4

Anote los significados afines.

1 Golpes de puerta ....
2 Puerta de vagón de tren ....
3 Porches ....
4 Toque de campanilla ....
5 Pide limosna ....
6 Da palmadas ....
7 Que tiende a rojo ....
8 Que tiende a amarillo ....
9 Que tiende a verde ....

5

Coloque cada palabra donde corresponda.

andén (01), *mozos* (02), *bocinas* (05), *carretillas* (06), *terraplén* (25), *patillas* (49), *bufanda* (50), *tarjeta* (50), *talleres* (25).

1 Llevaba bigote y .... en forma de hacha.
2 La vía del tren va allí sobre un ....
3 Dos .... llevaron nuestro equipaje en sus ....
4 En esos .... reparan los autobuses.
5 Esta .... me abriga mucho el cuello.
6 En esta .... viene mi número de teléfono.
7 El tren de Sevilla sale del .... número 6.
8 Los coches de la boda tocaron sus ....

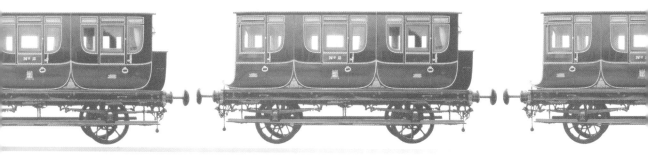

6

Busque en el texto la palabra que falta.

1 Los antiguos viajeros llevaban sus cosas en unas bolsas dobles o .... (01) que les colgaban a ambos lados de los hombros.

2 La .... (03) es una tela gruesa y fuerte, propia de la gente del campo en otros tiempos.

3 Un .... (06) es un conjunto de ruedas dentadas.

4 Un .... (06) es un sonido agudo y desagradable.

5 Cuando algo se .... (23), quiere decir que se empieza.

6 A un cuchillo de hoja plegable se le llama .... (31)

7 Se llama .... (35) al campo que se deja descansar para que se recupere.

8 La palabra .... (44) es sinónimo de tejadillo.

9 El gin and tonic se hace con ....
.... (85)

10 La inmanencia (94) se refiere a lo que permanece en la naturaleza de los seres, mientras que la .... (94) es lo que comunica a otros seres.

7

Dígalo como lo dice el texto.

1 El duro **da varios botes/re**.................
(13) sobre el andén.

2 El duro **suena como una campanilla/ tin**..................... (13) contra el suelo.

3 Los cipreses, como si fueran dientes, están **mordiendo/den**........................
(26) el horizonte.

4 Azorín **pasa por/re**..................... (46) las calles del pueblo.

5 Las arrugas **rodean/en**................ (54) la boca del P. Lasalde.

6 Azorín **toca afectuosamente/a**...........
.... (84) al perro.

8

Complete.

1 El ruido de algo blando es

sor .... (03)

2 Algo que forma ondas es

.... lan .... (05)

3 Un local de tropa o policía es

un cuar .... (09)

4 Cinco pesetas es

un du .... (13)

5 Un grito de dolor es

un a .... ri .... (20)

6 Lloroso significa

pla ...... dero (23)

7 A una clase de ángeles se les llama

sera .... (24)

8 En España el árbol del cementerio es

el .... prés (27)

9 Del verbo "percibir" se deriva el adjetivo

im .... cep .... (28)

10 Algo mal proporcionado es

des .... ta .... do (45)

11 Más allá de lo lejano está

lo .... mo .... (38)

12 Una casa de novicios o aprendices es

un no .... ciado (40)

13 A un conjunto de álamos se le llama

a .... (43)

14 Rojo es igual que

co .... do (49)

15 Una cara delgada es una cara

bui .... (53)

9

Transforme.

a **Comes** demasiados dulces
➡ *no **comas** demasiados dulces.*

1 Dais un caramelo a los niños.

2 ¡Miran ustedes tan descaradamente
a esa señora!

3 Pasa usted por mi casa el próximo
domingo.

4 Hacéis demasiado ruido al entrar
en casa.

5 Lo tomas sin dudarlo.

6 Nos dices lo que te han contado
tus amigos.

b **Tenéis que** escribir a la tía
➡ *debéis escribir a la tía.*

Tiene que estar en el parque
➡ *probablemente está en el parque.*

1 Hoy no ha venido a trabajar,
probablemente está enfermo.

2 Para comprar la casa debemos
pedir un préstamo.

3 Tienes que trabajar más, si no quieres
que te despidan.

4 Ayer no fueron al cine, probablemente
estaban muy cansados.

5 Según la matrícula del coche,
tienen que ser checos.

6 Tiene que telefonear para comunicar
la hora de llegada.

C **Escriba en 3ª persona y en presente el diálogo siguiente. (57-75)**

Empiece así:

El P. Lasalde dice a Azorín que no sabe lo que tiene, que...

–No sé lo que tengo -dice-; estoy así no sé cómo, Azorín... Yo creo que es cansancio...
He trabajado, he trabajado... (...)
–No sabes el trabajo que tengo... y sigo, no sé cómo... por acceder a los deseos de un editor de Alemania y por empeño de la Orden... Ya ves, la Revista Calasancia ya no la publicamos; la dirigía yo, y ya no puedo. (...) Todo es vanidad, Azorín... Esto es un tránsito, un momento... Vive bien, sé bueno, humilde... desprecia las vanidades... las vanidades...

d

-uzco	-oso
-izo	-ado
-ento	-áceo

... atrás van quedando **rojizos** edificios (21)

... aparecen lomas **amarillentas** (34)

... tejados **verdosos**... (44)

BLANCO...

ROJO..

AZUL..

AMARILLO...

NEGRO..

VERDE..

GRIS...

ROSA..

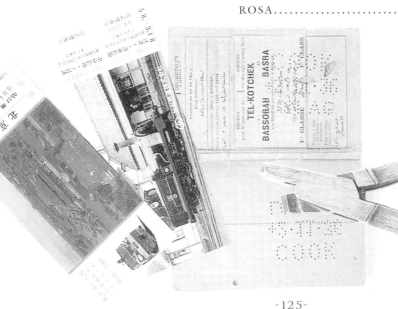

10

Complete correctamente.

a Como si + pluscuamperfecto de subjuntivo

Como si hubiese perdido la ilación de la frase (63)

1 Me miró como si (*caer, yo*) .... del cielo.

2 Se comportaban como si (*conquistar, ellos*) .... el mundo.

3 Aunque se lo advirtieron muchas veces, actuó como si no (*oír, él*) .... nada.

4 Después de un mes en la ciudad, se perdía como si (*venir, él*) .... la víspera.

5 Probó de todo como si no (*comer, él*) .... desde hacía mucho tiempo.

6 Lo contaban con todo detalle, como si (*presenciarlo, ellos*) ....

b En, de, a..

1 .... lo hondo .... el terraplén .... la derecha (25)

2 Un viejo .... blancas patillas (49)

3 El caballero .... gafas es mi amigo.

4 Exclamaron .... voz alta: ¡bravo!

5 Hay una alameda paralela .... el río.

6 Se expresaba .... tono .... convicción absoluta.

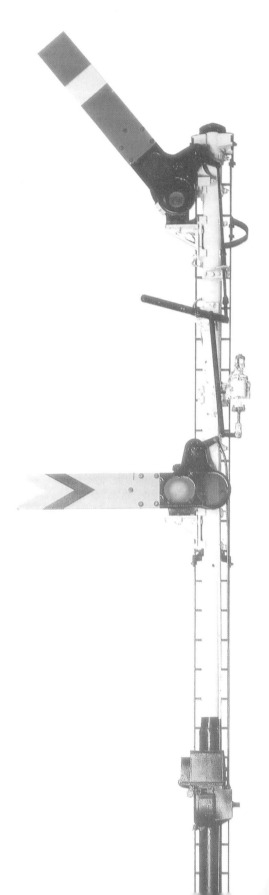

11

Elija.

a Por ≠ para

...por una añoranza de los lejanos días (40)
Hace ejercicio para estar en forma.

1 Llegó a Getafe **por/para** visitar a su antiguo profesor.

2 ¡Esta vida no es **por/para** llegar a viejo!

3 Le visitaba sólo **por/para** amistad.

4 Trabajamos **por/para** poder vivir.

5 **Por/para** dinero se hacen muchas cosas.

6 No hay mal que **por/para** bien no venga.

b Indicativo ≠ subjuntivo

1 Mientras **espera/espere**, escribe una carta.

2 Trabajaré mientras **puedo/pueda**.

3 No lo haréis mientras no os lo **mandan/manden**.

4 Mientras los niños **comen/coman**, no se quejan.

5 Mientras el tren no **llega/llegue** a la estación, no se moverán del asiento.

6 Mientras **desayunan/desayunen** los empleados, se hace la limpieza de la oficina.

c Ser ≠ estar

1 La casa de Pedro **es/está** muy grande y **es/está** rodeada de árboles.

2 El taxista me dijo:
  "Aquí **es/está**. **Son/están** 500 pts".

3 ¿**Es/está** Vd. casado, Sr. Jiménez?
  –No, **soy/estoy** soltero.

4 Juan **es/está** arquitecto, pero **es/está** jubilado y no trabaja.

5 La película **es/está** aburrida y los niños, al cabo de diez minutos, **son/están** medio dormidos.

6 Este tío **es/está** muy listo.

7 La carta **es/está** escrita a mano, con letra que **es/está** muy clara.

8 Cuando llegamos, ya (ellos) **eran/estaban** listos para salir.

9 ¡Nosotros ya **somos/estamos** todos aburridos de tanto esperar!

10 Debe de **ser/estar** algo muy grave, ha llegado una ambulancia.

11 No **es/está** bien que llegues tan tarde a casa.

12 **Es/está** bueno que andéis cada día unos kilómetros.

12
Conversación:

1 Para un trayecto de unos 50 km., ¿qué medio de locomoción prefiere y por qué?

2 ¿Qué ventajas tienen los viajes organizados? ¿Prefiere hacerlos por su cuenta? ¿Por qué?

3 *Se hace camino al andar...*

13
Redacción:

1 Escriba sobre Getafe, el pueblo en que se apea Azorín.

2 Escriba lo que la historia dice del Padre Lasalde al que va a visitar el autor.

3 Escriba (150 a 200 palabras) sobre algún viaje que haya hecho.

4 ¿Qué diferencias ve en el ambiente de una estación de ferrocarril, de un aeropuerto o de un puerto marítimo?

Ese músico
que llevo dentro...

U14 LA
ÓPERA

Resumen biográfico.

Alejo CARPENTIER (Cuba, 1904-1980)

Por su estilo podemos considerar a Alejo Carpentier dentro del llamado neobarroco hispanoamericano. En sus novelas nunca están ausentes la historia y el folclore de los países de la América hispana, que sabe describir magistralmente. Por la mezcla de lo real con lo imaginario es, sin duda, Carpentier uno de los más importantes representantes del realismo mágico. Poeta, ensayista, cuentista, novelista y musicólogo. *Ese músico que llevo dentro* es una atractiva selección de artículos de crítica y divulgación musical que fue realizando a lo largo de su vida.

Entrando en situación.

¿Música pop o música clásica?

Nos dice Nicolai Slonimsky, enumerando alguna de las muchas falsedades que suelen presentarnos las películas basadas en las vidas de compositores y músicos famosos: "En el film *El gran Caruso*, Caruso-Lanza muere sobre la escena del Metropolitan Opera House, cuando la verdad es que Caruso murió en Nápoles"...

Y la verdad, también –pero esto, probablemente, no resultaba "interesante" para los autores del argumento de la película–, es que la muerte del gran tenor, si fuese menos espectacular, resultó mucho más conmovedora, por un rasgo humano, tierno, narrado en libro reciente por su esposa Dorothy...

Operado en Nueva York de aquellos abscesos pulmonares que le habían provocado un vómito de sangre en escena, cierta noche de Navidad en que cantaba *La Hebrea* de Halevy, Caruso, profundamente abatido, se había instalado en Nápoles, en espera de una hipotética curación...

Una tarde, un adolescente misterioso –misterioso como el emisario que encargaba a Mozart la composición del *Réquiem*– se presentó en la casa del tenor, rogándole que cantara para él. Caruso accedió al ruego. Y, de pronto, los presentes escucharon la voz de timbre más hermoso que el cantante hubiera emitido jamás. Sorprendido, emocionado, jubiloso, el artista exclamó: "¡Aún puedo cantar!... ¡No he perdido la voz!"... Pero, dos días después, abandonaba el reino de este mundo.

Este y otros muchos recuerdos interesantes contiene el libro en que Dorothy Caruso nos narra su vida cotidiana con el cantante fenomenal, que fue intérprete insuperable –hay que reconocerlo– de la ópera italiana y del repertorio verista de comienzos de este siglo. Y no era tan "tenor" como han querido verlo muchos, cuando lo sabemos capaz de confidencias tan llenas de modestia como ésta: "Para ser un gran cantante –decía a veces– hace falta tener un vasto pecho, una boca grande, un noventa por ciento de memoria, un diez por ciento de inteligencia, mucha capacidad de trabajo y alguna cosa en el corazón".

(Cabe señalar aquí que el poder de dilatación torácica de Caruso era algo legendario: 23 centímetros por inspiración.) Antes de entrar en escena, cumplía siempre con un pequeño ritual técnico supersticioso: hacía una gárgara de agua salada, aspiraba un polvo anti-alérgico y bebía una copa de whisky; tocaba luego sus amuletos –un trocito de coral, unas medallas y monedas viejas– y salía a las tablas invocando el recuerdo de su madre.

Al libro de Dorothy Caruso hubiera podido añadirse una aventura pintoresca y muy criolla que le ocurrió en La Habana, muy poco tiempo antes de la Navidad que significara su ocaso artístico. Una tarde de domingo cantaba Caruso *Aida* en el Teatro Nacional, cuando una bomba –inofensiva, por demás– lanzada por manos misteriosas, estalló cerca del escenario.

Caruso, despavorido, salió del teatro por una puerta trasera, echando a correr por la calle San Rafael. En eso, un enorme policía se atraviesa en su camino:

5

10

15

20

25

30

35

40

45

50

Lea las preguntas siguientes y localice las respuestas en el texto.

1 ¿Murió Caruso sobre la escena del Metropolitan Opera House?

2 ¿De qué trata el libro de Dorothy Caruso?

3 ¿Para quién cantó Caruso por última vez?

4 ¿Cuáles eran los amuletos de Caruso?

5 ¿Por qué detuvo un policía a Caruso en La Habana?

6 ¿En qué repertorio sobresalía Caruso?

–¡Queda detenido!

–¿Detenido yo? ¿Por qué? –grita Caruso.

–Como no estamos en carnavales, están prohibidos los disfraces en la vía pública. Y
55 usted está disfrazado de mujer.

Y, cumpliendo con la ley, el agente llevó a Caruso, trajeado de Radamés, a la estación de policía más próxima donde pudo hacer
60 reconocer su condición de gran tenor vestido a la egipcia al juez de guardia.

El Nacional,
65 *Caracas, 20 de mayo de 1952.*

1

Localice en el texto los sinónimos de las palabras siguientes.

(01) contando	(32) gran
(02) mentiras	(36) mítico
(09) aparatosa	(37) rito
(10) emocionante	(42) agregarse
(10) delicado	(43) hispanoamericana
(13) causado	(43) sucedió
(22) alegre	(44) final
(26) diaria	(47) explotó
(27) formidable	(48) aterrado
(27) excepcional	(55) vestido
(30) humildad	

2

Localice los antónimos de:

(20) ausente

(28) finales

(35) contracción

(46) peligrosa

(48) delantera

3

Ponga una forma adecuada.

soler (02), *basarse* (02), *resultar* (07), *operar* (12), *instalarse* (15), *encargar* (18), *significar* (44), *lanzar* (46), *cumplir* (57).

1 Lo han .... de apendicitis.

2 El partido de baloncesto .... aburrido.

3 Te ponen una multa si no .... con la norma.

4 .... ir al cine los jueves por la tarde.

5 Me voy a .... de la compra.

6 Su éxito se .... en su fuerza de voluntad.

7 El satélite artificial fue .... de madrugada.

8 Le escribiré en cuanto me .... en el nuevo piso.

9 La sequía .... la ruina de muchos agricultores.

4

Dígalo como lo dice el texto.

hace falta (31), *en espera de* (15), *de pronto* (20), *por demás* (46), *el reino de este mundo* (24), *invocando* (41).

1 Confiando en

2 Súbitamente

3 Este mundo

4 Hay que

5 Pidiendo ayuda a

6 Por otro lado

5

Complete.

1 Tipo de voz masculina
= te ...... (09)

2 Se hace con la garganta
= gár .... (38)

3 Está entre la niñez y la edad adulta
= a .... (17)

4 Estos objetos dicen que traen suerte
= a .... (39)

5 En este caso significa "escenario"
= es .... (04)

6 Crean música
= com .... (03)

7 Se llevan en carnaval
= dis .... (54)

8 Expansión
= di .... (35)

9 Materia subacuática roja o rosada
= co ...... (40)

10 Plural que significa "escenario"
= ta ...... (41)

11 Expulsión por la boca de alimentos
ingeridos = vó .... (13)

12 Cierta doctrina estética en la ópera
= ve .... (28)

6

Lea y escriba.

El famoso tenor Caruso mostró una **peculiaridad /un** .... (10) afectivo de su carácter poco antes de morir. Después de ser operado de **una infección/un** .... (12) pulmonar, le visitó un joven y misterioso **mensajero/**........................ (17), con **la petición / el** .... (19) de que cantara para él, a lo cual Caruso **dijo que sí /**.. (20). Y su voz fue entonces de **calidad /**........................... (21) superior a la que hasta entonces había **producido /**............................... (21). Este cantante era capaz de hacer revelaciones **en privado /**............................. (30) llenas de modestia. Para ser un gran cantante, pensaba él, no basta con poseer una gran anchura de **pecho /**........................... (32), sino también mucha memoria, mucha **aptitud /**........................... (34) para el trabajo y "alguna cosa en el corazón".

7

Use correctamente las palabras en negrita.

a acceder ≠ exceder

Caruso *accedió* al ruego. (20)

Al salón se *accede* por esta puerta.

El precio del alquiler *excede* de lo que yo gano.

1 No .... a su petición.
2 La longitud de la mesa .... a la de la habitación.
3 .... a su oficina por una escalera trasera.
4 El coste no .... de cien mil pesetas.
5 ¿ .... a venir o no?
6 El peso de su equipaje .... el límite permitido.

b inspirar ≠ espirar ≠ expirar

23 centímetros por *inspiración* (36)

No *espiro* bien por la nariz.

Se agravó y aquella misma noche *expiró*.

1 No debe .... por la boca.
2 .... contra este cristal, por favor.
3 Cuando llegó al hospital, ya había .... su padre.
4 ...., haga una pausa y ....
5 El plazo para enviar reclamaciones ha ....

8

Inserte la letra que corresponda y dé una frase por cada letra.

a
A Se *presentó* en la casa del tenor.(19)
B Te *presento* a Raquel, mi jefa.

1 No se presentó al trabajo.
2 Le presento a mi hermano.
3 Tengo que presentarme en el hotel antes de las diez.
4 Me presentan a mucha gente.

b A Hay que *reconocerlo*.(27)
   B Donde pudo hacer *reconocer* su condición de gran tenor (60).
   C Tanto había adelgazado que no le *reconocí*.
   D Le han hecho un *reconocimiento* en el hospital.

   1 Reconozco que me he equivocado.
   2 No reconoce sus errores.
   3 Era él, lo reconocí al instante.
   4 ¿Reconoces esta cara?
   5 Le han hecho un reconocimiento del pecho.
   6 Me reconocieron a fondo antes de darme el carnet de conducir.

A ....

B ....

C ....

D ....

9

Seleccione el color que corresponda y explique las frases en cursiva.

ROJO

AMARILLO

NEGRO

VERDE

MORADO

BLANCO

COLORADO

1 ¡*Está* .... de tanto trabajar!

2 Le ha dado el sol mucho tiempo y *se ha puesto más* .... *que un tomate.*

3 Cuando lo oyó, *se puso* .... *de envidia.*

4 Se dio cuenta de que había metido la pata y *se puso* ....

5 Se han puesto .... de tanto comer.

6 El miedo *le puso* ....

7 Tiene la mala costumbre de *poner* .... a todo el mundo.

....

....

....

....

....

....

....

10

Complete correctamente

"...Y escucharon la voz de timbre *más* hermoso *que* [...] nunca" (21)
"Y no era *tan* "tenor *como* han querido verlo muchos" (29)
El gran cantante era *menos* orgulloso *que* muchos de sus colegas.

1   Era la voz .... hermosa .... podía oírse en su tiempo.
2   No había otra voz .... potente .... la suya.
3   Nadie tenía .... fama .... él.
4   Los cantantes ganaban .... dinero .... Caruso.
5   Ninguno recibía .... aplausos .... el tenor de Nápoles.
6   Sus discos son aún .... conocidos .... en vida suya.

11

Transforme.

a Soler ➠ acostumbrar a

Las muchas falsedades que
suelen presentarnos las
películas. (02)

➠ *Las muchas falsedades que*
acostumbran a presentarnos
las películas.

1   Acostumbramos a vernos una o dos veces por semana.
2   Solía faltar a las citas.
3   Acostumbra a llover a fines de agosto.
4   Solían pasar sus vacaciones en un pueblo de montaña.

b Hacer falta ➠ necesitarse ➠ ser necesario

Para ser un gran cantante
–decía a veces–
hace falta
tener un vasto pecho. (31)

1   Para resistir el frío se necesita tomar muchas calorías.
2   Para combatir el calor es necesario llevar prendas ligeras.
3   Para llegar arriba se necesita empezar por abajo.
4   Para este viaje no es necesario llevar alforjas.

c Caber ➠ corresponder ➠ proceder

Cabe *señalar aquí que*
el poder de dilatación torácica
de Caruso era algo legendario.
(35)

1   Corresponde anunciar ya que el problema está solucionado.
2   Procede insistir en que no estamos de acuerdo con lo pactado
3   ¿Qué corresponde tratar a continuación?
4   Ahora procede pasar al punto siguiente.

d Cumpliendo ➡ para cumplir

Y cumpliendo con la ley, el agente llevó a Caruso... (57)

Y, para cumplir con la ley, el agente llevó a Caruso...

1 Para hacer caso a su novia, dejó de fumar.

2 Para olvidarse de todo, se fue de viaje.

3 Para ser miembros de este club, tenemos que observar el reglamento.

4 Para cumplir el reglamento, depositó una fianza.

5 Cerró la ventana, evitando la corriente de aire.

6 Nos llamó por teléfono, anunciándonos que llegaría al día siguiente.

e Claro ➡ *claramente*   suave ➡ *suavemente*   útil ➡ *útilmente*
sorprendido, emocionado, jubiloso ➡ *sorprendida, emocionada y jubilosamente*

1 Falso: ....

2 Difícil: ....

3 Probable: ....

4 Repetido: ....

5 Tranquilo, concienzudo ➝ *tranqui ..... y concienzu ....*

6 Familiar, campechano ➝ *fami ..... y campecha ....*

7 Peligroso, imprudente ➝ *peligro ..... e impruden ....*

8 Cauto, lento, suave ➝ *cau ..... , len ..... y sua ....*

12

Elija.

Por ≠ para.

1 Tenemos reservas de agua **por/para** todo el año..

2 ¿Cuándo saldrá el próximo tren **por/para** Santander?

3 Estuvimos paseando **por/para** el centro.

4 Le di el juguete al niño **por/para** calmarlo.

5 El agua de la bañera se salía **por/para** un agujero muy pequeño.

6 Va **por/para** toda la casa como un sonámbulo.

7 ...No resultaba "interesante" **por/para** los autores... (08)

8 ...Salió del teatro **por/para** una puerta trasera... (48)

13

Recomponga.

a Verbos (45-61)

Una tarde de domingo cantaba Caruso *Aida* en el Teatro Nacional, cuando una bomba –inofensiva por demás– lanzada por manos misteriosas, (*estallar*)................................. cerca del escenario. Caruso, despavorido, (*salir*)............................. del teatro por una puerta trasera, (*echar*)......................... a correr por la calle San Rafael. En eso, un enorme policía (*atravesarse*)............................ en su camino:

– ¡(*Quedar*)............................ detenido!

– ¿Detenido yo? ¿Por qué? – (*gritar*).......................... Caruso.

– Como no (*estar, nosotros*).........................en carnavales, (*estar*)................. prohibidos los disfraces en la vía pública. Y usted (*estar*).............................. disfrazado de mujer.

Y, (*cumplir*)............................. con la ley, el agente (*llevar*)........................... a Caruso, trajeado de Radamés, a la estación de policía más próxima, donde (*poder, él*) .... hacer reconocer su condición de gran cantante vestido a la egipcia ante el juez de guardia.

b Acentos (12-24)

Operado en Nueva York de aquellos abscesos pulmonares que le habian provocado un vomito de sangre en escena, cierta noche de Navidad en que cantaba *La Hebrea* de Halevy, Caruso, profundamente abatido, se habia instalado en Napoles, en espera de una hipotetica curacion... Una tarde, un adolescente misterioso –misterioso como el emisario que encargaba a Mozart la composición del *Requiem*– se presento en la casa del tenor, rogandole que cantara para el, Caruso accedio al ruego. Y, de pronto, los presentes escucharon la voz de timbre mas hermoso que el cantante hubiera emitido jamas. Sorprendido, emocionado, jubiloso, el artista exclamo: "¡Aun puedo cantar!... ¡No he perdido la voz!"... Pero, dos dias despues, abandonaba el reino de este mundo.

c Palabras omitidas (25-41)

Este y otros .... recuerdos interesantes contiene el .... en que Dorothy Caruso nos narra su vida cotidiana .... el cantante fenomenal, que fue intérprete insuperable –hay que ....– de la ópera italiana y .... repertorio verista de comienzos de este......................... . Y no era tan "tenor" como .... querido verlo muchos, cuando lo sabemos .... de confidencias tan llenas de modestia .... ésta: "Para ser un gran cantante –decía .... veces– hace falta tener un vasto ...., una boca grande, un noventa por .... de memoria, un diez por ciento .... inteligencia, mucha capacidad de trabajo .... alguna cosa en el corazón". (Cabe .... aquí que el poder de dilatación .... de Caruso era algo legendario: 23 .... por inspiración.) Antes de entrar en ...., cumplía siempre con un pequeño ritual técnico ....: hacía una gárgara de agua salada, ... un polvo anti-alérgico y bebía una .... de whisky; tocaba luego sus amuletos –un .... de coral , unas medallas y monedas viejas– y salía a las tablas .... el recuerdo de su madre.

14
Conversación:

1 ¿Qué tenores o cantantes conoce?
2 Hable de una película que haya visto sobre un personaje célebre y diga qué opinión le merece.
3 La música amansa a las fieras.
4 *Gallo que no canta algo tiene en la garganta.*

15
Redacción:

1 ¿Qué diferencias ve entre una obra de teatro y una ópera?
2 Cuente la historia de Caruso y la bomba en el teatro a un amigo suyo.
3 Escriba de 150 a 200 palabras sobre la figura de Caruso según la historia.

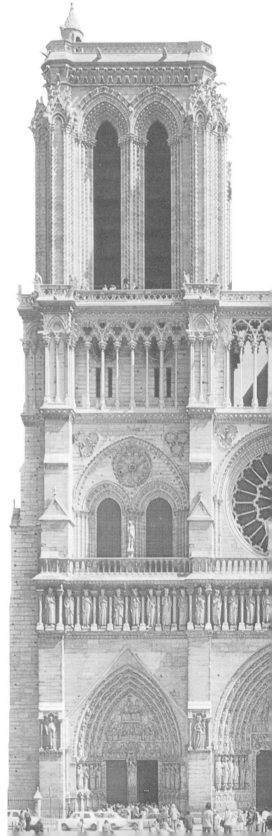

Para nacer
he nacido

☞ **Resumen biográfico.**

Neftalí Ricardo Reyes
PABLO NERUDA (Chile, 1904-1973)

Pablo Neruda, seudónimo de Neftalí Ricardo Reyes, periodista, dramaturgo, *Fulgor y muerte de Joaquín Murieta*, es autor de obra muy vasta y poeta que ha abarcado todas las etapas de la poesía desde el modernismo hasta el surrealismo, en acertadas imágenes: *Veinte poemas de amor y una canción desesperada, Odas elementales, Residencia en la tierra ...* Memorialista de su densa aventura vital: *Confieso que he vivido, Memorial de la Isla Negra, Para nacer he nacido ...,* recibió en 1971 el Premio Nobel de Literatura.

☞ **Entrando en situación.**

¿Ha pasado por la experiencia
de vivir fuera de su país o ciudad?
Hable de cómo se sentía o se siente.

Lea las preguntas siguientes y localice las respuestas en el texto.

1 ¿Dónde vive el autor?

2 ¿Qué ve desde su ventana?

3 La nave catedralicia: ¿qué dos sentidos tiene aquí la palabra **nave**?

4 ¿En qué barca le gustaría al autor navegar por el río Amazonas?

5 ¿Cuándo irá al Paraguay?

6 ¿Qué ve cuando cierra los ojos?

Vivo detrás de Nôtre Dame, junto al Sena. Las barcas areneras, los remolcadores, los convoyes cargados pasan, lentos como cetáceos fluviales, frente a mi ventana. La Catedral es una barca más grande que eleva como un mástil su flecha de piedra bordada. Y en las mañanas me asomo a ver si aún está, junto al río, la nave catedralicia, si sus marineros tallados en el antiguo granito no han dado la orden, cuando las tinieblas cubren el mundo, de zarpar, de irse navegando a través de los mares. Yo quiero que me lleve. Me gustaría entrar por el río Amazonas en esta embarcación gigante, vagar por los estuarios, indagar los afluentes, y quedarme de pronto en cualquier punto de la América amada hasta que las lianas salvajes hagan un nuevo manto verde sobre la vieja catedral y los pájaros azules le den un nuevo brillo de vitrales.

O bien, dejarla anclada en los arenales de la costa sur, cerca de Antofagasta, cerca de las islas de guano, en que el estiércol de los cormoranes ha blanqueado las cimas: como la nieve dejó desnudas las figuras de proa de la nave gótica. Qué imponente y natural estaría la iglesia, como una piedra más entre las rocas hurañas, salpicada por la furiosa espuma oceánica, solemne y sola sobre la interminable arena.

Yo no soy de estas tierras. Yo no pertenezco a estas plantas, a estas aguas. A mí no me hablan estas aves.

Yo quiero entrar por el río Dulce, navegar todo el día entre las enramadas, asustar a las garzas para que levanten su repentino relámpago de nieve. Yo quiero a esta hora ir a caballo, silbando, hacia el Puerto Natales, en la Patagonia. A mi lado izquierdo pasa un río de ovejas, hectáreas de lana rolliza que avanzan lentamente hacia la muerte, a mi derecha palos quemados, pradera, olor a hierba libre.

¿Dónde está Santocristo? Venezuela me llama. Venezuela es una llama, Venezuela está ardiendo. Yo no veo las nieblas de este gran otoño, yo no veo las hojas enrojecidas. Detrás de París, como un fanal de faro, de luz multiplicada, arde Venezuela. Nadie ve esta luz de las calles, todos ven edificios, puertos y ventanas, personas apresuradas, miradas que enceguecen. Todos van sumergidos en el gran otoño. No es mi caso.

Yo detrás de todo veo a Venezuela como si detrás de mi única ventana se debatiera con toda la fuerza del fuego una gran mariposa. ¿Dónde me llevas? Quiero entrar en esa tela del mercado de México, del mercado sin nombre, del mercado número mil. Quiero tener ese color quemado, quiero ser tejido y destrenzado, quiero que mi poesía cuelgue de los árboles del pueblo, como una bandera, y que cada verso tenga un peso textil, defienda las caderas de la madre, cubra la crin del agrarista.

Yo no conozco el Paraguay. Así como hay hombres que se estremecen de delicia al pensar que no han leído cierto libro de Dumas o de Kafka o de Balzac o de Laforgue, porque saben que algún día lo tendrán en sus manos, abrirán una a una sus páginas y de ellas saldrá la frescura o la fatiga, la tristeza o la dulzura que

buscaban, así yo pienso con delicia en que no conozco el Paraguay, y que la vida me reserva el Paraguay, un recinto profundo, una cúpula incomparable, una nueva
55 sumersión en lo humano.

Cuando el Paraguay sea libre, cuando nuestra América sea libre, cuando sus pueblos se hablen y se den la mano a través de los muros de aire que ahora nos encierran,
60 entonces, vámonos al Paraguay. Quiero ver allí dónde sufrieron y vencieron los míos y los otros. Allí la tierra tiene costurones resecos, las zarzas salvajes en la espesura guardan jirones de soldado. Allí las
65 prisiones han trepidado con el martirio. Allí hay una escuela de heroísmo y una tierra regada con sangre áspera.

Yo quiero tocar esos muros en los que tal vez mi hermano escribió mi nombre, y
70 aprenderlo de nuevo, porque aquellos que me llamaron entonces, me llamaron en vano y no pude acudir […]

Soy rico de patria, de tierra, de gentes que amo y que me aman. No soy un patriota
75 desdichado, ni conozco el exilio. Mi bandera me envía besos de estrella cada día. No soy desterrado porque soy tierra, parte de mi propia tierra, indivisible, espacioso.

Cuando cierro los ojos, para que por den-
80 tro de mí pase como un río la circulación del sueño, pasan bosques y trenes, desiertos, camaradas, aldeas.

Pasa América. Pasa dentro de mí como si
85 yo pasara un túnel o como si este río de mundos y de cosas adelgazara su caudal y de pronto todas sus aguas entraran en mi corazón.

1

Localice en el texto los sinónimos de las palabras siguientes:

(01) Tras	(28) Gruesa
(02) Igual que	(33) Hojas rojizas
(12) Una nueva capa	(36) Ciegan
(12) Silvestres	(47) Felicidad
(14) Vidrieras	(46) Tiemblan
(17) Cumbres	(50) Infeliz
(17) Blanquecido	(64) Soldado
(18) Sorprendente	(72) Inútilmente
(25) Asustar	(86) Disminuyera
(25) Repentino	

2

Ponga la forma adecuada.

fluvial (03), *granito* (06), *tinieblas* (07), *estuario* (10), *afluente* (10), *estiércol* (16), *relámpago* (26), *silbar* (26), *debatirse* (39), *exilio* (75).

1 El río Jarama es un .... del Tajo.

2 La iglesia era de piedra de ....

3 El guardia .... para dirigir el tráfico.

4 El .... de este río tiene veinte brazas.

5 En España apenas hay transporte.............

6 El mejor abono es el ....

7 Vimos .... y luego oímos truenos.

8 Se fue la luz y nos quedamos en ....

9 Durante tres días se .... con la muerte.

10 Destierro es sinónimo de ....

3

Complete.

1	Hacer dibujos en tela.	= (04) Bor ....
2	Ir de un sitio a otro sin rumbo.	= (10) Va .....
3	El que huye de la gente.	= (19) Hu ..... ño
4	Echar gotas	= (20) Sal ....
5	Es blanca y la producen las olas del mar.	= (20) Es ....
6	Es un ave zancuda.	= (25) ..... za
7	Hacer una tela.	= (42) te .....
8	Deshacer trenzas.	= (42) des ....
9	Acción de meterse bajo el agua.	= (55) su ..... sión
10	Sufrieron muchos santos.	= (65) mar ....
11	El país de uno.	= (73) pa .....

4

Complete los siguientes términos relacionados con la navegación y diga su significado.

1 (02) Re ....

2 (02) Con ....

3 (04) Más .....

4 (06) Ma ....

5 (08) Zar .....

6 (09) Em ....

7 (15) An .... en los arenales.

8 (18) Pro .....

9 (34) Fanal de fa .....

5

Lea y escriba.

Aquellos barcos eran como **ballenas**/.........................(03), la catedral de Nôtre Dame es una barca más grande, y sus figuras **cortadas en piedra**/......................... (06) son sus marineros. Neruda quería **explorar**/......................... (10) los afluentes del Amazonas, quedarse un tiempo por allí, ver cómo las **ramas colgantes tropicales** /.................. .... (12) cubrían la catedral de Nôtre Dame, que sería su nave para viajar. Luego continuaría hasta cerca de Antofagasta, hasta las islas formadas por el **excremento de las aves marinas** /......................... (16), como el **cuervo marino** /......................... (17)

De ahí se iría a navegar por el río Dulce, pasando entre sus **ramas entrelazadas** /......................... (25). Le encantaría después visitar el Paraguay, al que ve como un profundo **espacio cerrado** /......................... (53). En este país la tierra tiene como **cicatrices** /......................... (62) secas y hay también **vegetación muy espesa** /......................... (63) donde quedan restos de soldados.

6

Use correctamente las palabras en negrita.

a quemar ≠ arder

A mi derecha palos *quemados*. (29)
Venezuela está *ardiendo*. (32)

1 Están .... basura.
2 ¿ .... ya la leña?
3 Voy a .... estos viejos muebles.
4 La vela .... toda la noche.
5 La discusión está que ....
6 No hay más cera que la que ....

b conocer ≠ saber

Yo no *conozco* el Paraguay. (46)
¿*Sabes* italiano?

1 .... toda Asia.
2 Yo no .... cantar ni bailar.
3 ¿ .... bien la Biblia?
4 Los dos .... cocinar muy bien.
5 No .... a nadie en esta ciudad.
6 ¿ .... lo que ha pasado?
7 Más .... el diablo por viejo que por diablo.
8 El .... no ocupa lugar.

c encerrar ≠ cerrar

Los muros de aire que ahora nos *encierran*. (59)
La puerta del garaje está *cerrada*.

1 Las tiendas no .... los domingos.
2 Por la noche .... el ganado.
3 Se ha .... a estudiar.
4 No me gusta dormir con la ventana ....
5 Se le .... todas las puertas.
6 Los huelguistas .... en la iglesia del pueblo.

7

Inserte la letra que corresponda y dé una frase por cada letra.

a

A No le han dado la *orden*.(07)
B Una *orden* religiosa.
C Todo está en *orden*.
D El *orden* del día.

1 No se incluyó su propuesta en el orden del día.

2 El capitán dio la orden de partir.

3 Tengo orden de abrir a las ocho.

4 En el garaje hay un orden perfecto.

5 ¿Qué Orden vive en este monasterio?

6 El orden del día es demasiado largo.

7 Puso todos los juguetes en orden.

8 La Orden Benedictina.

A ....

B ....

C ....

D ....

b

A Yo no soy de estas *tierras*. (22)
B Esta *tierra* es buena para el cultivo de cereales.
C Vivimos en el planeta *Tierra*.

1 El cielo y la tierra se ensombrecieron.

2 ¿Ya se va usted para su tierra?

3 Llueve poco en esta tierra.

4 No hay clima mejor en toda la tierra.

5 Las lechugas tenían suficiente tierra.

6 Esta planta necesita poca tierra.

A ....

B ....

C ....

c

A ...Yo no veo las *hojas* enrojecidas. (33)
B La *hoja* del cuchillo.
C Una *hoja* de papel.
D Las *hojas* de la puerta.

1 Compró cien hojas de papel.

2 Abre una hoja solamente.

3 La hoja de este machete es de acero.

4 Este árbol es de hoja perenne.

A ....

B ....

C ....

D ....

8

Transforme.

a Verbos irregulares.

Yo no **puedo** acudir ➠ yo no *pude* acudir (72)

1 ¿Estás a gusto en el hotel?

2 No viene Vd. a tiempo y no puede ver la cabalgata.

3 El día de la fiesta ellas se ponen sus vestidos más bonitos.

4 Hace lo posible, pero no gana la carrera.

5 Se lo digo amablemente, pero se enfada mucho.

6 Tienen Vds. que tomar un taxi para ir a la estación.

7 Traigo mi traje de baño y me baño con mis amigos.

8 Quiere casarse con él, pero él se va con otra.

9 Puedes hacer lo que quieras.

10 Llegamos tarde y ya no hay nada que hacer.

11 Andáis demasiado y no gozáis del paisaje.

12 No cabe todo el vino en la garrafa, hay que emplear dos botellas.

13 Vds. no saben entender lo que dice ese señor extranjero.

14 Traducimos un capítulo y lo leen todos.

b A lo mejor + indicativo ➠ quizá + subjuntivo.

Quizá vaya con vosotros al teatro ➠ *a lo mejor voy* con vosotros al teatro.

1 A lo mejor no se han enterado de lo que ha sucedido.

2 Quizá no haya aprobado el examen.

3 A lo mejor ha estado enfermo.

4 Quizá no pueda venir mañana.

c Apresurarse ➠ darse prisa.

Personas **apresuradas** (36) ➠ no *te des prisa* = no *te apresures*.

1 Nunca se apresura.

2 Conviene darse prisa.

3 No me apresuré.

4 Te ruego que te des prisa.

d Cuente en estilo indirecto, en 3ª persona y en pasado lo que dice el autor en el párrafo siguiente (22-37). Puede empezar así: *El autor decía que él no era de aquellas tierras. Que...*

Yo no soy de estas tierras. Yo no pertenezco a estas plantas, a estas aguas. A mí no me hablan las aves. Yo quiero entrar por el río Dulce, navegar todo el día entre las enramadas, asustar las garzas para que levanten su repentino relámpago de nieve. Yo quiero a esta hora ir a caballo, silbando, hacia el Puerto Natales, en la Patagonia. A mi lado izquierdo pasa un río de ovejas, hectáreas de lana rolliza que avanzan lentamente hacia la muerte, a mi derecha palos quemados, pradera, olor a hierba libre. ¿Dónde está Santocristo? Venezuela me llama. Venezuela es una llama, Venezuela está ardiendo. Yo no veo las nieblas de este gran otoño, yo no veo las hojas enrojecidas. Detrás de París, como un fanal de faro, de luz multiplicada, arde Venezuela. Nadie ve esta luz de las calles, todos ven edificios, puertos y ventanas, personas apresuradas, miradas que enceguecen. Todos van sumergidos en el gran otoño. No es mi caso.

9

Elija.

a a ≠ en

1 Han venido desde Caracas **a/en** avión.

2 Hicimos una magnífica excursión **a/en** su pequeño yate.

3 Se estropeó el autobús y tuvieron que hacer **a/en** avión.

4 ¡Qué difícil es dar la vuelta **a/en** un país **a/en** bicicleta.

5 Tienes mucho miedo y no sabes montar **a/en** caballo.

6 Pero tampoco te atreves **a/en** pasear **a/en** burro.

7 Ya no se hacen grandes travesías **a/en** transatlántico.

8 Tampoco existe hoy la posibilidad de viajar **a/en** dirigible Zeppelin.

9 Aunque mucha gente aún hace ascensiones **a/en** globo.

10 Yo quiero **a/en** esta hora ir **a/en** caballo.

11 Tenemos que ir **a/en** coche porque está muy lejos.

12 ¿Habéis venido **a/en** pie?

13 **A/en** Juan Ramón le gustaba pasear **a/en** su burro Platero.

b ser ≠ estar

1 Yo no **soy/estoy** de estas tierras. (22)

2 Venezuela **es/está** ardiendo. (32)

3 Venezuela **es/está** una llama. (31)

4 No **es/está** mi caso. (37)

5 Este señor **es/está** el abogado de la familia.

6 Ayer, en la autopista, **fuimos/estuvimos** nosotros embotellados más de media hora.

7 El reloj que perdiste ¿ **era/estaba** de oro?

8 **Fueron/estuvieron** muchos de los que no pudieron venir.

9 ¿Cómo **es/está** tu amiga?

10 Los vestidos que traían **eran/estaban** de muy buena tela.

11 El gobierno **es/está** decidido a realizar este proyecto.

12 ¿Cuántos **somos/estamos** para la fiesta? ¿**somos/estamos** ya todos?

10

Recomponga.

Palabras omitidas (38-55)

Yo detrás de todo veo a Venezuela como si .... de mi única ventana se debatiera con toda la fuerza del .... una gran mariposa. ¿Dónde me llevas? Quiero entrar en .... tela del mercado de México, del .... sin nombre, del mercado número mil. .... tener ese color quemado, quiero ser .... y destrenzado, quiero que mi poesía .... de los árboles del pueblo, como .... bandera, y que cada verso tenga .... textil, defienda las caderas de .... madre, cubra la crin del agrarista.

.... no conozco el Paraguay. Así como .... hombres que se estremecen de delicia .... pensar que no han leído cierto .... de Dumas o de Kafka o .... Balzac o de Laforgue, porque saben .... algún día lo tendrán en sus ...., abrirán una a una sus páginas .... de ellas saldrá la frescura o .... fatiga, la tristeza o la dulzura .... buscaban, así yo pienso con delicia en que no conozco el ...., y que la vida me reserva el Paraguay, un recinto ...., una cúpula incomparable, una .... sumersión en lo humano.

11
Conversación:

1 ¿Qué puede ver el autor en la Patagonia?
2 ¿Qué opina del estilo de este fragmento de las memorias de Pablo Neruda?
3 ¿En qué frases expresa el autor su añoranza por América?
4 ¿Se siente el autor realmente en el exilio?
5 *El que lengua lleva a Roma llega.*

12
Redacción:

1 Escriba sobre lo que sentía al estar algún tiempo fuera de su país.
2 Describa un viaje por un país extranjero.
3 Hable de algún país de otro continente distinto al suyo.
4 Escriba (entre 150 y 200 palabras): qué país le gustaría visitar y por qué.
5 Describa los sentimientos que puede experimentar un exiliado.
6 *A donde fueres, haz lo que vieres.*

La donación de sangre

Entrando en situación.

La donación de sangre: necesidad, ventajas, peligros, retribución, gratuidad, etcétera.

Vocabulario especial.

ANALGÉSICO: medicamento que suprime o dismunuye el dolor físico.

GERIÁTRICO: relacionado con los problemas fisiológicos y las enfermedades de la vejez.

HEMOFILIA: tendencia congénita y hereditaria a las hemorragias espontáneas y traumáticas, exclusiva del sexo masculino, pero transmitida por vía materna.

LAXANTE: medicamento para facilitar las evacuaciones intestinales.

PLASMA: sustancia orgánica fundamental de las células y tejidos.

SIDA: síndrome de inmunodeficiencia adquirida.

TERAPÉUTICO: que trata de la curación de las enfermedades.

VIH: Virus Inmunodeficiencia Humano (SIDA)

VIRUS: agente infeccioso invisible al ojo humano.

Numere las ideas siguientes por orden de aparición en el texto.

1 La sangre de un altruista suele ser más pura que la de un donante retribuido.

2 España gasta un 16% de los 5 millones de litros de sangre que la Unión Europea importa de EE.UU.

3 La OMS estaba dispuesta a pagar a los donantes de sangre.

4 La importación de sangre no favorece la garantía de su pureza.

5 El calentamiento de la sangre puede disminuir el riesgo de contagio de SIDA.

Los donantes de sangre insisten en el altruismo para evitar contagios, convencidos de que la donación altruista de los donantes habituales es una de las barreras contra el SIDA.

Martín Manceñido, presidente de la Federación Nacional de Donantes de Sangre, ha señalado que la mejor fórmula para evitar donaciones de sangre contagiada por el virus del sida es recurrir al altruismo, es decir, que no sean pagadas. Según sus palabras, "la donación altruista es una de las barreras contra el sida, por la calidad de los donantes habituales". También ha manifestado que de esta forma se evitan sucesos como los que ocurrieron el año pasado en Alemania, donde una empresa que compraba sangre a donantes distribuyó sangre infectada con sida. En este sentido, datos de la Cruz Roja señalan que la sangre de un donante retribuido tiene 15-20 veces más posibilidades de estar infectada que la de un altruista. El caso de las transfusiones de sangre contaminada en Alemania no es el primero que se produce en la Europa comunitaria. El año pasado, en Francia, varios altos cargos sanitarios fueron acusados de permitir en transfusiones el uso de sangre infectada con sida. En esta ocasión, los investigadores sabían que un proceso de calentamiento de la sangre donada reducía las posibilidades de transfusión de sida, especialmente entre los hemofílicos.

En 1983, responsables del Centro Nacional de Transfusiones esperaron dos años hasta que estuvieron desarrollados los equipos de fabricación francesa para realizar este calentamiento, en lugar de comprarlos en Estados Unidos, que ya los tenían listos. En el caso alemán se cometieron dos graves irregularidades a la hora de detectar la presencia de VIH: se falló en multiples ocasiones al realizar las pruebas y se mezcló la sangre de varios donantes en el mismo recipiente, antes de someterlos a la prueba. Según el presidente de la Federación Nacional de Donantes de Sangre, la influencia del sida en la disminución de las donaciones se dejó sentir en los primeros años del conocimiento de la enfermedad (1985-1989): "A partir de 1990 –explicó– todo el mundo está informado y sabe que nada tiene que ver la donación de sangre con el sida. Al contrario, si siempre se hubiera donado sangre de forma altruista, el sida no se habría propagado con tanta facilidad."

El riesgo en la compra de sangre y plasma ha llevado a los ministros de Sanidad de la Unión Europea (UE) a aprobar el estudio de un plan para que la CE sea autosuficiente en donaciones de sangre y no tenga que importarla de Estados Unidos. En la actualidad, la UE está lejos de conseguir el autoabastecimiento total de sangre, ya que más de la mitad del plasma sanguíneo utilizado en hospitales es importado. A este respecto, Martín Manceñido asegura que Europa consume 12 millones de litros de plasma al año y sólo dispone de 7 millones de litros propios: "La UE tiene que importar unos cinco millones, de los que

España consume 300.000 litros". El presidente de la Federación Nacional de Donantes de Sangre, que considera que la única forma para que Europa sea autosuficiente en plasma es fomentar el hábito de las donaciones entre la población, critica la postura de la OMS, "que ya había bajado la guardia y había llegado este año a aceptar la posibilidad de pagar a los donantes de plasma".

Martín Manceñido afirma que "las asociaciones de donantes de toda Europa protestamos enérgicamente y hemos conseguido que el Consejo de Europa pida al Parlamento Europeo que recomiende a todos los estados miembros de la UE que asuman el principio del altruismo y consigan la autosuficiencia".

Siempre según sus palabras, el objetivo de todo esto es evitar que Europa tenga que importar cinco millones de litros de plasma de Estados Unidos y, a la vez, "obtener la garantía y seguridad que ello comporta".

1

Localice en el texto los sinónimos de las palabras siguientes.

(03) obstáculos	(29) fracasó
(10) dicho	(29) muchas
(11) manera	(41) peligro
(11) acontecimientos	(49) suyos
(19) empleo	(58) actitud
(22) disminuía	(75) fin
(23) principalmente	(79) conseguir
(27) preparados	(80) conlleva

2

Localice los antónimos de:

(26) enfriamiento	(33) aumento
(61) rechazar	(76) exportar

3

Anote los sinónimos de las palabras siguientes:

1 (07) contagiadas = ...

2 (08) pagadas = ...

3 (32) federación = ...

4 (45) autoabastecimiento = ...

5 (48) asegura = ...

4

Anote las palabras de la misma familia.

1 (01) donantes = ...

2 (01) altruismo = ...

3 (09) contra = ...

4 (48) asegura = ...

5 (30) sangre = ...

6 (56) habitual = ...

7 (42) sanitarios = ...

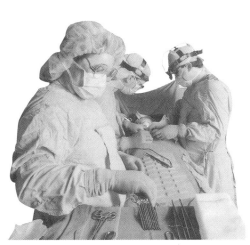

5

Ponga la forma adecuada.

(13) *DISTRIBUIR*	**1**	Te ....o que cambies de peluquero.
(19) *ACUSAR*	**2**	Se ....ron todos los proyectos.
(26) *REALIZAR*	**3**	Los vecinos ....an porque la calle está sucia.
(28) *COMETER*	**4**	Se han ....o medicinas a toda la población.
(38) *PROPAGAR*	**5**	Nos han ....o de mentirosos.
(56) *FOMENTAR*	**6**	El gobierno quiere ....r el ahorro.
(65) *PROTESTAR*	**7**	Van a ....r una gran injusticia con él.
(68) *RECOMENDAR*	**8**	La gripe se ....ó rápidamente.

6

Dígalo como lo dice el texto.

1 A este respecto = ... este s........................

2 En este caso = en .... o........................

3 Llevar a cabo = r.........................

4 En vez de = ... l........................

5 Desde = ... p........................ de

6 Sin embargo = a......................... c........................

7 En proyecto = el e......................... de pl........................

8 Actualmente = en la ....

7

Complete valiéndose del texto.

1 Paso de una enfermedad de un enfermo a otro = con ....

2 Cifras, detalles que muestran algo = da ......

3 La Europa de las Comunidades = co ....

4 Directivos = al ...... car ......

5 Un cambio gradual = pro ....

6 Acción de calentar = ca ....

7 Los que están a cargo de algo = res ....

8 Producción de carácter industrial = fa ....

9 Se hacen para ver si algo funciona = ... bas

10 Han dado su conformidad = han a ....

11 Los habitantes = la po ....

12 Hagan suyo = a ....

13 Es necesaria para obtener un préstamo de un banco = ga ....

8

Complete con las palabras del texto.

1 La mejor f........................... (06) para evitar contagios de SIDA.

2 15-20 veces más p........................... (18) de estar infectada.

3 Los i........................... (21) trabajan intensamente para combatir el SIDA.

4 Hasta que estuvieron d........................... (25) los equipos de fabricación.

5 Se cometieron i........................... (28) en la detección de VIH.

6 Se mezclaron varias sangres en el mismo r........................... (31).

7 Hubo una i........................... (33) del SIDA en la disminución de donantes.

8 Nunca ha padecido una e........................... (34).

9 Los m........................... (41) de Sanidad de la UE quieren que ésta sea autosuficiente en donaciones de sangre.

10 Martín Manceñido, presidente de la FNDS, cr....................... (58) la postura de la OMS.

11 La p........................... (58) de esta región se concentra en las ciudades.

12 Mientras haya peligro no debemos bajar la g........................... (60).

13 Existe la p........................... (61) de pagar a los donantes.

14 Defendió sus derechos e........................... (65).

15 Es un m........................... (69) de este club.

16 Habló sobre el pr........................... (71) de la tolerancia.

9

Complete correctamente.

a

*Los donantes de sangre **insisten** en el altruismo...*(01)

↓

***Ójala** los donantes de sangre **insistan** en el altruismo.*

1 Ojalá (**evitarse**) .... sucesos como los que ocurrieron en Alemania (11).

2 Ojalá (**ser**) .... el único caso que se produce (17).

3 Ojalá no (**cometerse**) .... más irregularidades (28).

4 Ojalá todo el mundo (**estar**) .... de verdad informado (35).

b

*Los donantes de sangre **insisten** en el altruismo...*(01)

↓

***Ójala** los donantes de sangre **insistieran** en el altruismo.*

1 Ojalá Europa (**disponer**) .... de más plasma (49).

2 Ojalá (**aumentar**) .... el hábito de donaciones de sangre (56).

3 Ojalá la OMS no (**tener**) .... que pagar a los donantes de sangre (61).

4 Ojalá la UE no (**tener**) .... que pedir tanta ayuda a EE.UU (76).

10

Dé una frase con cada uno de estos verbos.

(01) INSISTIR ....

(01) EVITAR ....

(06) SEÑALAR ....

(07) RECURRIR ....

(11) OCURRIR ....

(17) PRODUCIRSE ....

(30) MEZCLAR ....

(31) SOMETER ....

(45) CONSEGUIR ....

(48) CONSUMIR ....

(49) DISPONER ....

(54) CONSIDERAR ....

11

Inserte la letra que corresponda y dé una frase por cada letra.

a A ... *una empresa que compraba sangre...*(12)

    B *Escalar este pico es una empresa difícil.*

    1 Es director de una empresa de construcción.

    2 Las empresas se resisten a contratar más personal.

    3 No le gusta participar en empresas arriesgadas.

    4 Su gran empresa fue fundar este auditorio.

    A ....

    B ....

b A ... *el Centro Nacional de Transfusiones...* (24)

    B *El centro de la circunferencia.*

    1 En la capital hay varios centros de enseñanza universitaria.

    2 Los bancos están en el centro del pueblo.

    3 Trabaja en un centro del Estado.

    4 No se quiso fotografiar en el centro del grupo.

    A ....

    B ....

c A ... *Equipo de fabricación...*(25)

    B *El equipo de fútbol viajó en avión.*

    1 ¿Cuál es tu equipo de fútbol favorito?

    2 Le regalaron un equipo completo de submarinista.

    3 Juega en un equipo extranjero.

    4 Se necesita un equipo de impresión más barato.

    A ....

    B ....

d

A *... el conocimiento de la enfermedad...*(34)

B *Es persona de poco conocimiento.*

C *Le fallaron sus conocimientos de botánica.*

1 En Argentina adquirió sus conocimientos de ganadería.
2 Ese consejo se lo dio alguno de mucho conocimiento.
3 No tengo conocimiento de ese hecho.
4 Ella es persona de conocimiento.
5 Cuando tenga conocimiento de su llegada te avisaré.

A ....
B ....
C ....

12

Transforme.

a ...esperaron [...] hasta que **estuvieron desarrollados** los equipos... (25)

➤ *Esperaron hasta que se desarrollaron los equipos...*

1 No recogieron la fruta hasta que estuvo madura.
2 Trabajaron hasta que estuvo todo hecho.
3 No comenzó la comedia hasta que estuvo lleno el local.
4 No salieron hasta que estuvieron todos juntos.
5 Comieron hasta que estuvieron hartos.
6 Buscaron hasta que estuvieron reunidos todos los fragmentos del jarrón.

b ...esperaron hasta que **se desarrollaron** los equipos... (25)

➤ *Esperarán hasta que se desarrollen los equipos...*

1 Esperó hasta que se cansó.
2 No vinieron hasta que se lo pedimos.
3 Gritaron hasta que se quedaron roncos.
4 Condujiste hasta que te cansaste.
5 No salimos hasta que mejoró el tiempo.
6 ¿Os quedasteis en casa hasta que vuestros chicos volvieron?

c ... la UE **está lejos de** conseguir el autoabastecimiento... (45)

➤ *A la UE le queda mucho para conseguir el autoabastecimiento...*

1 Estamos lejos de ver el resultado del trabajo hecho.
2 La compañía está lejos de obtener los beneficios esperados.
3 A mí me queda mucho para ganar el concurso.
4 Esta comedia está lejos de ser aquí popular.
5 Los vinos de este país están lejos de superar a los del tuyo.
6 A vosotros os queda mucho para convencerle de eso.

d El riesgo… **ha llevado** a los ministros… **a** aprobar el estudio…(41)

➡ *Ha obligado a los ministros… a aprobar el estudio.*

➡ *Ha hecho a los ministros… aprobar el estudio.*

1 La sequía nos ha llevado a ahorrar agua.
2 Su economía ha obligado a esta gente a cambiar de vida.
3 La necesidad les ha hecho a Vds. vender su casa.
4 Su mala salud les ha llevado a suspender el viaje.
5 La curiosidad nos ha llevado a comprar su novela.
6 El interés arqueológico nos ha hecho recorrer esta zona.
7 Los acontecimientos les han obligado a cambiar de opinión.
8 Su carácter me ha llevado a desconfiar de él.

e …Se falló […] **al realizar** las pruebas…(29)

➡ *Se falló cuando se realizaron las pruebas.*

1 Se dispersó la manifestación al llegar la policía.
2 Nos volvimos a casa al terminar la película.
3 Fueron todos a tomar unas copas cuando terminó la conferencia.
4 Vds. se asustaron al oír tanto ruido.
5 El niño se durmió cuando dieron las diez.
6 Me puse muy contento cuando recibí noticias suyas.

13 Recomponga.

a Tiempos y nexos (35-39)

"……………… 1990 –explicó– todo el mundo (*estar*) ……………… informado y (*saber*) ……………… que nada (*tener*) ……………… que ver la donación de sangre ……………… SIDA. ………………, si siempre se (*donar*) ……………… sangre de forma altruista, el SIDA no se (*propagar*) ……………… con tanta facilidad."

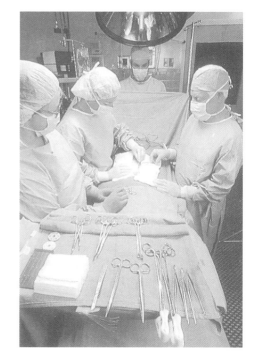

b Tiempos (63-80)

Martín Manceñido afirma que "las asociaciones de donantes de toda Europa (*protestar, nosotros*) .... enérgicamente y (*conseguir, nosotros*) .... que el Consejo de Europa (*pedir*) .... al Parlamento Europeo que (*recomendar*) .... a todos los estados miembros de la UE que (*asumir*) .... el principio del altruismo y (*conseguir*) .... la autosuficiencia".

Siempre según sus palabras, el objetivo de todo esto (*ser*) .... evitar que Europa (*tener*) .... que importar 5 millones de litros de plasma de Estados Unidos y, a la vez, "obtener la garantía y seguridad que ello (*comportar*) ....".

c Palabras omitidas (41-51)

El riesgo en la compra de .... y plasma ha llevado a los .... de Sanidad de la Unión Europea .... a aprobar el estudio de un .... para que la CE sea .... en donaciones de sangre y no tenga .... importarla de Estados Unidos. En la ...., la UE está lejos de conseguir .... autoabastecimiento total de sangre, ya que .... de la mitad del plasma sanguíneo .... en hospitales es importado. A este ...., Martín Manceñido asegura que Europa consume .... millones de litros de plasma al .... y sólo dispone de 7 millones .... litros propios: "La UE tiene que .... unos 5 millones, de los que ....consume 300.000 litros".

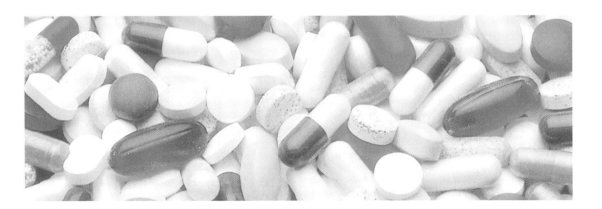

14
Conversación:

1 ¿Qué se hace en su país para combatir el sida?: campañas informativas, preservativos, centros clínicos especializados, investigación, etcétera.

2 ¿Cómo se lleva a cabo en su país la donación de sangre?

3 ¿Qué entiende usted por personas de "sangre azul"? ¿Conoce a alguna? ¿Le gustaría ser de "sangre azul"? ¿Por qué sí o por qué no?

4 El buen vino es medicina.

5 *En mal de muerte no hay médico que acierte.*

15
Redacción:

1 Escriba una breve redacción integrando las siguientes palabras: *plasma, considera, altruista, fomentar, contagio, enérgicamente.*

2 Resuma el fragmento desde la línea 14 hasta la 31 en un tercio de su extensión.

3 ¿Hasta qué punto podrá avanzar la medicina en la cura de enfermedades?

4 Escriba (150 a 200 palabras) sobre alguna enfermedad o enfermedades que en otro tiempo afectaban gravemente a la humanidad.

5 *Entre salud y dinero, salud quiero.*

La ciudad
y los perros

☞ Resumen biográfico.

Mario VARGAS LLOSA (1936-)

Alcanza la fama con el libro de relatos *Los jefes*, premio Leopoldo Alas, y la novela *La ciudad y los perros*, Premio Biblioteca Breve y Premio de la Crítica.

De él son también *La casa verde*, Premio Internacional de Literatura Rómulo Gallegos, *Conversación en la catedral*, *Pantaleón y las visitadoras*, *La guerra del fin del mundo*. Además de algunas obras teatrales, tal *La Chunga*, y de ensayos como *La orgía perpetua: Flaubert y Madame Bovary*, ha publicado *El pez en el agua*, memorias de su experiencia política como candidato a la presidencia de la República de su país. En 1994 obtuvo el Premio Cervantes. Se ha nacionalizado español y pertenece a la Real Academia Española de la Lengua.

☞ Entrando en situación.

La mujer y el trabajo del hogar.

Lea las preguntas siguientes y localice las respuestas en el texto.

1 ¿Qué hacía la mujer gorda en aquel momento?

2 ¿Qué pensaba la mujer gorda de Teresa?

3 ¿Dónde y con quién vivía Rosa?

4 ¿Para qué va Teresa a casa de Rosa?

5 ¿Qué había en las paredes del corredor?

6 ¿Cuánto dinero pide la madre de Rosa y cómo lo pide?

7 La madre de Rosa grita: sal de ahí, viejo asqueroso. ¿Por qué?

8 ¿Para qué quiere Teresa la cinta azul de Rosa?

La mujer era gorda, sebosa y sucia; los pelos lacios caían a cada momento sobre su frente; ella los echaba atrás con la mano izquierda y aprovechaba para rascarse la cabeza. En la otra mano, tenía un cartón cuadrado con el que hacía aire a la llama vacilante; el carbón se humedecía en las noches y, al ser encendido, despedía humo: las paredes de la cocina estaban negras y la cara de la mujer manchada de ceniza. "Me voy a volver ciega", murmuró. El humo y las chispas le llenaban los ojos de lágrimas; siempre estaba con los párpados hinchados.

– ¿Qué cosa? – dijo Teresa, desde la otra habitación.

– Nada –refunfuñó la mujer, inclinándose sobre la olla: la sopa todavía no hervía.

– ¿Qué? –preguntó la muchacha.

– ¿Estás sorda? Digo que me voy a volver ciega.

– ¿Quieres que te ayude?

– No sabes –dijo la mujer, secamente; ahora removía la olla con una mano y con la otra se hurgaba la nariz–. No sabes hacer nada. Ni cocinar, ni coser, ni nada. Pobre de ti.

Teresa no respondió. Acababa de volver del trabajo y estaba arreglando la casa. Su tía se encargaba de hacerlo durante la semana, pero los sábados y los domingos le tocaba a ella. [...]

Teresa lavó los platos; su tía reposaba en el cuarto de al lado. La muchacha sacó una toalla y jabón y en puntas de pie salió a la calle. Contigua a la suya, había una casa angosta, de muros amarillos. Tocó la puerta. Le abrió una chiquilla muy delgada y risueña.

– Hola, Tere.

– Hola, Rosa. ¿Puedo bañarme?

– Pasa.

Atravesaron un corredor oscuro; en las paredes había recortes de revistas y periódicos: artistas de cine y futbolistas.

– ¿Ves éste? –dijo Rosa–. Me lo regalaron esta mañana. Es Glenn Ford. ¿Has visto una película de él?

– No, pero me gustaría.

Al final del pasillo estaba el comedor. Los padres de Rosa comían en silencio. Una de las sillas no tenía espaldar; la ocupaba la mujer. El hombre levantó los ojos del periódico abierto junto al plato y miró a Teresa

– Teresita –dijo, levantándose.

– Buenos días.

El hombre –en el umbral de la vejez, ventrudo, de piernas zambas y ojos dormidos –sonreía, estiraba una mano hacia la cara de la muchacha en un gesto amistoso. Teresa dio un paso atrás y la mano quedó vacilando en el aire.

– Quisiera bañarme, señora –dijo Teresa– ¿podría?

– Sí –dijo la mujer, secamente–. Es un sol[1]. ¿Tienes?

Teresa alargó la mano; la moneda no brillaba; era un sol descolorido y sin vida, largamente manoseado.

– No te demores –dijo la mujer–. Hay poca agua.

El baño era un reducto sombrío de un metro cuadrado. En el

suelo había una tabla agujereada y musgosa. Un caño incrustado en la pared, no muy arriba, hacía las veces de ducha.

55 Teresa cerró la puerta y colocó la toalla en la manija, asegurándose que tapara el ojo de la cerradura. Se desnudó. Era esbelta y de líneas armoniosas, de piel muy morena.

60 Abrió la llave; el agua estaba fría. Mientras se jabonaba escuchó gritar a la mujer: "sal de ahí, viejo asqueroso". Los pasos del hombre se alejaron y oyó que discutían.

65 Se vistió y salió. El hombre estaba sentado a la mesa y, al ver a la muchacha, le guiñó el ojo. La mujer frunció el ceño y murmuró:
—Estás mojando el piso.

70 —Ya me voy –dijo Teresa– . Muchas gracias, señora.
—Hasta luego, Teresita – dijo el hombre–. Vuelve cuando quieras.
Rosa la acompañó hasta la puerta.

75 En el pasillo, Teresa le dijo en voz baja:
—Hazme un favor, Rosita. Préstame tu cinta azul, esa que tenías puesta el sábado. Te la

80 devolveré esta noche.
La chiquilla asintió y se llevó un dedo a la boca misteriosamente. Luego se perdió al fondo del pasillo y regresó poco después,

85 caminando con sigilo.
—Tómala –dijo. La miraba con ojos cómplices–. ¿Para qué la quieres? ¿A dónde vas?
—Tengo un compromiso –dijo

90 Teresa–. Un muchacho me ha invitado al cine.
Le brillaban los ojos. Parecía contenta.

[1]Sol:
unidad monetaria del Perú=100 centavos.

1

Localice en el texto los sinónimos de las palabras siguientes.

(04) temblorosa (42) extendía (78) déjame
(05) echaba (49) no (te) tardes (85) cuidado
(23) descansaba (68) arrugó

2

Coloque cada palabra donde corresponda.

asqueroso (63), *secamente* (16), *zambas* (41), *ventrudo* (41), *esbelto* (58), *musgosa* (52), *armoniosas* (59), *risueña* (26), *hinchados* (09).

1 Tenía los labios **inflamados** /...........................
2 Me respondió **bruscamente** /...........................
3 Tenía la expresión **alegre** /...........................
4 Tenía las piernas **curvadas** /...........................
5 Era un hombre **de barriga gorda** /...........................
6 Era una tabla **con musgo** /...........................
7 Teresa era **delgada** /...........................
8 Teresa tenía unas líneas **bien proporcionadas** /
....
9 Era un lugar **muy sucio** /...........................

3

Dígalo como lo dice el texto.

1 ¿Qué **dices**/...................? –preguntó/............... Teresa– (10)
2 **Me das lástima**/........................... (18)
3 Salió a la calle **de puntillas**/....................... (24)
4 **Unida**/........................... a la suya, había una casa **estrecha**/................. (25)
5 **Al otro extremo del corredor**/....................... .... (35)
6 **Casi viejo**/........................... (41)
7 Un caño **metido**/...........................en la pared hacía las veces de ducha. (52)
8 Esa que **llevabas**/....................... el sábado (79)
9 La miraba **como queriendo participar**/............... .... (87)
10 Tengo **una cita**/....................... –dijo Teresa. (89)

4

Complete.

1	Restos de una combustión	= (07) ce ....
2	Saltan del fuego	= (08) chis ....
3	Los cerramos para dormir	= (09) pár ....
4	Respaldo de una silla	= (36) es .... dar
5	Moneda peruana	= (46) s........
6	Espacio cerrado y cubierto	= (50) .... duc ....
7	Tubo corto por donde discurre un líquido	= (52) ca ....
8	Es para abrir o cerrar una puerta	= (56) mani ....
9	En ella se mete la llave	= (57) cerra ....
10	Espacio entre las cejas	= (68) c........ ....
11	Tira de tela larga y estrecha	= (78) .... ta
12	Mucho cuidado al moverse	= (85) si .... lo

5

Complete correctamente.

a A ≠ de

1 Iremos .... vacaciones .... Francia.

2 Subía .... el avión con mucho miedo.

3 Tuvieron que llevarlo .... urgencia .... el hospital.

4 Cantaban .... memoria toda la obra.

5 La ropa se secaba colgada .... el sol.

6 Oímos dos obras .... la guitarra.

7 El mono imitaba .... el amo con sus gestos.

8 El cazador llevaba la escopeta .... el hombro.

9 Ellas montaban .... buena gana .... caballo.

10 Han añadido más butacas .... la sala .... conciertos.

11 Se quedó mucho tiempo .... el sol y tuvo que darse crema .... la cara.

12 Aún están .... viaje, pero volverán pronto .... su casa.

13 "... estaba sentado ..... la mesa" (65)

14 "En las paredes había recortes .... revistas..." (30)

b Indicativo ≠ subjuntivo

HÁBITO   FUTURO

Vuelves **cuando quieres**
= *vuelves siempre que* **quieres.**

Vuelve **cuando quieras** (73)
= *vuelve en el momento que* **quieras.**

1 Se ponía muy contento siempre que (*ganar*).............. su equipo favorito.

2 Pídeme esta novela en el momento en que (*querer, tú*)................. leerla.

3 Nos avisarán, en el momento en que ellos (*venir*)................. a visitarnos.

4 Toco el piano cuando (*tener, yo*) .... ocasión.

5 Trabajaban en el jardín cada vez que ellos (*ir*)...................... al pueblo en vacaciones.

6 Seguro que visitarás el Louvre en el momento en que tú (*ir*) .... a París.

7 Siempre que el tiempo (*permitirlo*) .... dais largos paseos en bicicleta.

C *Haré ese trabajo* **como tú quieras** ≠ *haré ese trabajo* **como tú.**

1 Iré en tren o en coche, como usted (*decírmelo*) ....

2 Niño, tendrás que estarte quieto, como (*decirte*) .... todos.

3 Le haremos la foto como usted (*preferir*) ....

4 Los soldados desfilarán como (*ordenar*) .... el coronel.

5 Tendrá que seguir el tratamiento, como (*decirle*) .... el médico mañana.

6 Teresa no hace las cosas como (*querer*) .... su tía.

7 Se presentarán a la hora en que (*decirles*) .... el conductor.

8 Los turistas visitarán el castillo como (*aconsejarles*) .... el guía.

6

Lea y escriba.

La mujer gorda **habló de manera poco comprensible** / .... (11). Ella removía la olla y, mientras, se **metía un dedo en** / .... (17) la nariz. Teresa se metió en el baño, cuyo suelo estaba cubierto con una tabla **con agujeros** / .... (51).

La ducha era un caño **metido** / .... (52) en la pared. La chica se desnudó y, mientras se **daba jabón** / .... (61), el hombre se acercó a la puerta, pero luego sus pasos **se fueron apartando** / .... (64). Al marcharse, Teresa le pidió prestada a Rosita su cinta azul. A lo cual ésta respondió afirmativamente / .... (81).

7

Use correctamente las palabras en negrita.

a | **volverse** ≠ **volver**

1 No te .... loco con esto.

2 Se ha .... muy conservador.

Me *voy a* **volver** *ciega* (07)
Acababa de **volver** *del trabajo* (19)
Vuelve *cuando quieras* (73)

3 ¿ A qué hora .... (tú) mañana?

4 No quiero.................... a este restaurante.

5 ¿No te estarás .... maniático?

b | **rascarse** ≠ **rascar**
rasgar ≠ **rajar**

1 No debes ..../............. aunque te pique.

2 Si .... tanto se irá la pintura.

Aprovechaba para **rascarse** *la cabeza.*
Rascarse *es igual que* **arrascarse.**
Tienes que **rascar** *bien la cazuela.*
Me **rasgué** *una media.*
¿Alguien quiere **rajar** *el melón?*

3 Me he .... el pantalón con un clavo.

4 Ese zapato está ....

5 Un loco .... el cuadro ayer.

6 Hay que .... ese cartón.

7 El que se .... es porque algo le pica.

c | **piernas ≠ patas**

Era un hombre de **piernas** *zambas* (41)

Una mesa de tres **patas**.

1 ¡Qué.................... tan fuertes tiene ese caballo!
2 Lucas se ha roto una .... esquiando.
3 Esa silla tiene una .... coja.
4 ¿ Te gusta jugar a la .... coja ?
5 Siento haber metido la ....
6 ¡Qué mala ....!
7 Salió corriendo por ....

d | **hervir ≠ cocer**

La sopa todavía no **hervía** (11).

Las patatas no estaban bien **cocidas**.

1 Para hacer té, el agua debe estar ....
2 Los garbanzos tardan mucho en ....se.
3 El agua .... a 100°.
4 Las "patatas a lo pobre" van primero ....
.... y luego fritas con mucho aceite.
5 En todas partes .... habas.
6 La tortilla española no se hace con patata
....

e | **llave ≠ tecla ≠ clave**

Abrió la **llave** (60).

Las **teclas** *de la máquina de escribir*.

El mensaje estaba escrito en **clave**.

1 Las .... del piano.
2 Hablaba en ....
3 Mi calculadora tiene varias .... estropeadas.
4 ¿Me prestas tu .... inglesa?
5 Cierra el cajón con ...., por favor.
6 El libro tiene al final una .... de ejercicios.

8

Inserte la letra que corresponda y dé una frase por cada letra.

A *Tengo un* **compromiso**. (89)

B *Los negociadores alcanzaron un* **compromiso**.

C *Su negativa me pone en un* **compromiso**.

1 Si no vienes, lo pones en un ....
2 No puede venir a la cena porque tiene un ....
3 Visite nuestra exposición de muebles sin .... alguno.
4 Los buenos políticos dominan el arte del ....
5 Tengo la agenda cargada de ....
6 Está soltero y sin ....

A ....
B ....
C ....

9

Transforme.

a Su tía **se encargaba de** hacerlo. ➔ *Su tía estaba a cargo de ello.*

1 Ramiro se encargaba del almacén.

2 ¿Quién está a cargo del transporte?

3 Estuve a cargo de la vigilancia.

4 Estaba encargado de atender al teléfono.

5 No quiere encargarse de nada.

6 ¿De qué estás a cargo?

b Me voy a **volver** ciega. ➔ *Me voy a **quedar** ciega.*

1 Se van a quedar sordos con tanto ruido.

2 Se volvió mudo de miedo.

3 Nos quedaremos tontos con tanta televisión.

Se ha hecho un hombre importante. ➔ *Se ha **convertido en** un hombre importante.*

1 Con tantos negocios se ha convertido en un hombre muy rico.

2 Después de mucho estudiar se ha hecho intérprete de cuatro lenguas.

3 Con la práctica, se han convertido en unas magníficas mecanógrafas.

Llegó a ser un experto en informática. ➔ *Se **hizo** un experto en informática.*

1 Se hizo un excelente piloto aéreo.

2 Los actores llegaron a ser célebres con aquella película

3 Ustedes se hicieron odiosos aquí.

c **Como tengan suerte**, se pondrán insoportables. ➔ *Si **tienen suerte**, se pondrán insoportables.*

1 Si el negocio les va mal, cerrarán la tienda.

2 Si no nos avisáis a tiempo, no podremos acompañaros.

3 Como llueva demasiado, se suspenderá la corrida.

4 Como tenga mucha hambre, comerá de todo.

5 Si no le llaman la atención, lo estropeará todo.

6 Si sus cuadros no gustan, dejará de pintar.

7 Como deje de practicar, se le olvidará pronto.

8 Como le haga gracia, soltará grandes carcajadas.

d El carbón **al ser encendido** despedía humo. ➡ *Cuando lo encendían, despedía humo.*

1 El grupo se puso en marcha cuando salía el sol.
2 Al entrar en la sala, se le empañaron las gafas.
3 Te telefonearé cuando llegue.
4 Se oyó un gran aplauso en la plaza al salir el primer toro.
5 Cuando pasan por Madrid visitan el Museo del Prado.
6 Da gritos de alegría al ver a su actor favorito.
7 ¡Qué feliz es cuando recibe carta de su novia!
8 Al hacer cuentas comprobarás que has gastado demasiado.
9 Pasaremos a verte cuando salgamos de la oficina.
10 Me dijeron, al preguntar por él, que había salido.
11 Se emocionó cuando oyó la noticia.
12 Se pondrá nervioso al hablar en público.

e Cuente en estilo indirecto, en 3º persona y en pasado, los diálogos siguientes.
La 2º línea puede empezar así: *Teresa le pidió a Rosita que le hiciera un favor.*

Rosa le acompañó hasta la puerta. En el pasillo, Teresa le dijo en voz baja:
–Hazme un favor, Rosita. Préstame tu cinta azul, esa que tenías puesta el sábado.
Te la devolveré esta noche.
La chiquilla asintió y se llevó un dedo a la boca misteriosamente. Luego se perdió al
fondo del pasillo y regresó poco después, caminando con sigilo.
–Tómala –dijo. La miraba con ojos cómplices–. ¿Para qué la quieres? ¿A dónde vas?
–Tengo un compromiso –dijo Teresa–. Un muchacho me ha invitado al cine.
Le brillaban los ojos. Parecía contenta.

Teresa le pidió a Rosita que le hiciera un favor...

10

Elija.

Ser ≠ estar
1 La comedia **es/está** de un autor famoso, pero **es/está** mal interpretada.
2 ¿Cuándo sucedió el accidente? **Fue/estuvo** hace dos años.
3 Ese telegrama seguramente **era/estaba** para usted.
4 **Es/está** bien y **es/está** claro. Asunto terminado.
5 Pronto **seremos/estaremos** en el siglo XXI.
6 No te llevo más la contraria, ¡**eres/estás** en lo cierto!
7 Ayer **era/estaba** para salir cuando me llamaste por teléfono.
8 ¿Quién **es/está**? **Somos/estamos** nosotros.
9 No salió de casa porque **era/estaba** malo.
10 ¿En qué día del mes **somos/estamos**, ¿**es/está** hoy jueves?
11 **Soy/estoy** por ir a verlo pero no sé si **será/estará** en casa.
12 No **sería/estaría** malo que durmieras un poco más.

11

Recomponga.

a Verbos (55-69)

Teresa cerró la puerta y (*colocar*) .... la toalla en la manija, asegurándose que (*tapar*) .... el ojo de la cerradura. (*Desnudarse*) .... (*Ser*) .... esbelta y de líneas armoniosas, de piel muy morena. (*Abrir*) .... la llave: el agua (*estar*) ....fría. Mientras (*jabonarse*) .... (*escuchar*) .... gritar a la mujer: "(*salir*) de ahí, viejo asqueroso". Los pasos del hombre (*alejarse*) .... y (*oír*) .... que (*discutir*) .... (*Vestirse*) .... y (*salir*). .... El hombre (*estar*) .... sentado a la mesa y, al ver a la muchacha, le (*guiñar*) .... el ojo. La mujer (*fruncir*) .... el ceño y (*murmurar*) ....: (*Estar*) .... mojando el piso.

b Preposiciones (41-54)

El hombre –.............. el umbral .... la vejez, ventrudo, ... piernas zambas y ojos dormidos– sonreía, estiraba una mano .... la cara .... la muchacha .... un gesto amistoso. Teresa dio un paso atrás y la mano quedó vacilando .... el aire.
El baño era un reducto sombrío .... un metro cuadrado. En el suelo había una tabla agujereada. Un caño incrustado .... la pared, no muy arriba, hacía las veces .... ducha.

12

Emplee una de estas expresiones según el sentido de la frase.

Se ha hecho un hombre importante	**hacerse=** proceso voluntario
Llegó a ser un experto en informática	**llegar a ser=** alcance del cambio
Se puso loco de contento	**ponerse=** cambio transitorio
Se volvió loco	**volverse=** cambio permanente

1 Mi hermano.............................. ingeniero de caminos.

2 Ellos........................... furiosos al recibir la noticia.

3 Ayer, su estado de nervios........................... insoportable.

4 Con la edad............................... un hombre tranquilo.

5 Inesperadamente...................... enfermo.

6 Aunque es joven,...................... maniático.

7 Por fin........................... socio del Real Madrid.

8 En su empresa........................... el número uno.

9 A él la música de Brahms........................ nostálgico.

10 Desde hace algún tiempo........................... amable con sus empleados.

11 Con tanto ruido, todos nosotros........................ sordos.

12 Este actor.............................. famoso en el mundo entero

13
Conversación:

1 Hable de la sanidad en su país.
2 Una de las sillas no tenía espaldar: la ocupaba la mujer ( )
¿Encuentra Vd. algún significado a esta observación del autor?
3 ¿Qué matiz puede tener este diminutivo: "Teresita", que dice el hombre al entrar Teresa?
4 *Lo que no mata engorda.*
5 La salud sobra a quien la dicha falta.

14
Redacción:

1 Compare la actitud de Teresa y Rosa con la de los padres de Rosa.
2 El cine como fuente de sueños e ilusiones.
3 *Cuanto más viejo, más pellejo.*

Relato de un náufrago

U18 MIEDO Y SOLEDAD

Resumen biográfico.

Gabriel GARCÍA MÁRQUEZ (Colombia, 1928-)

Periodista, cronista de cine, autor de relatos y cuentos, llegó a la fama con: *Cien años de soledad*. Entre sus novelas están: *El coronel no tiene quien le escriba*, *El otoño del patriarca*, *Crónica de una muerte anunciada*, *El amor en los tiempos del cólera*, *Relato de un náufrago*. Esta última es el reportaje de la aventura del marino Luis Alejandro Velasco, que él mismo relató al autor, caído al agua durante una tormenta y único superviviente en una balsa a la deriva, en el mar Caribe, durante diez días, sin comida ni agua potable.
García Márquez fue Premio Nobel de Literatura en 1982.

Entrando en situación.

¿Qué sabe del personaje Robinson Crusoe?

Sentí que me moriría de angustia. En un momento me vi en aquel sitio, muerto, despedazado por los gallinazos. Pero, luego, volví a oír al perro, cada vez más cerca. El corazón comenzó a darme golpes, a medida que se aproximaban los ladridos. Me apoyé en las palmas de las manos. Levanté la cabeza. Esperé. 5
Un minuto. Dos. Y los ladridos se oyeron cada vez más cercanos. De pronto sólo quedó el silencio.

Luego, el batir de las olas y el rumor del viento entre los cocoteros. Después, en el minuto más largo que recuerdo en mi vida, apareció un perro escuálido, seguido por un burro con dos 10
canastos. Detrás de ellos venía un hombre blanco, pálido, con sombrero de caña y los pantalones enrollados hasta la rodilla. Tenía una carabina terciada a la espalda.

Tan pronto como apareció en la vuelta del camino me miró con sorpresa. Se detuvo. El perro, con la cola levantada y recta, se 15
acercó a olfatearme. El hombre permaneció inmóvil, en silencio. Luego, bajó la carabina, apoyó la culata en tierra y se quedó mirándome.

No sé por qué, pensaba que estaba en cualquier parte del Caribe menos en Colombia. Sin estar muy seguro que me entendiera, 20
decidí hablar en español.

–¡Señor, ayúdeme! –le dije.

El no contestó en seguida. Continuó examinándome enigmáticamente, sin parpadear, con la carabina apoyada en el suelo. "Lo único que le falta ahora es que me pegue un tiro", pensé fría- 25
mente. El perro me lamía la cara, pero ya no tenía fuerzas para esquivarle.

–¡Ayúdeme! –repetí, ansioso y desesperado, pensando que el hombre no me entendía.

–¿Qué le pasa? –me preguntó con acento amable. 30

Cuando oí su voz me di cuenta de que más que la sed, el hambre y la desesperación, me atormentaba el deseo de contar lo que me había pasado. Casi ahogándome con las palabras, le dije sin respirar:

–Yo soy Luis Alejandro Velasco, uno de los marineros que se 35
cayeron el 28 de febrero del destructor *Caldas*, de la Armada Nacional.

Yo creí que todo el mundo estaba obligado a conocer la noticia. Creí que tan pronto como dijera mi nombre el hombre se apresuraría a ayudarme. Sin embargo, no se inmutó. Continuó en el 40
mismo sitio, mirándome, sin preocuparse siquiera del perro, que me lamía la rodilla herida.

–¿Es marinero de gallinas? –me preguntó, pensando tal vez en las embarcaciones de cabotaje que trafican con cerdos y aves de corral.

–No. Soy marinero de guerra. 45

Sólo entonces el hombre se movió. Se terció de nuevo la carabina a la espalda, se echó el sombrero hacia atrás y me dijo: "Voy a llevar un alambre hasta el puerto y vuelvo por usted". Sentí que aquella era otra oportunidad que se me escapaba. "¿Seguro que volverá?", le dije, con voz suplicante. 50

Lea las preguntas siguientes y localice las respuestas en el texto.

1 ¿Qué hizo el náufrago cuando oyó al perro ya cerca?

2 ¿Venía el hombre montado en el burro?

3 ¿En qué lugar creía el náufrago que se encontraba?

4 ¿Qué hacía el perro mientras el hombre examinaba al náufrago?

5 ¿Qué le había pasado a Luis Alejandro Velasco?

6 ¿A dónde iba el hombre del burro?

El hombre respondió que sí. Que volvía con absoluta seguridad.
Me sonrió amablemente y reanu-
55 dó la marcha detrás del burro. El perro continuó a mi lado, olfate-ándome.
Sólo cuando el hombre se alejaba se me ocurrió preguntarle, casi con un grito:
60 –¿Qué país es éste?
Y él, con una extraordinaria natu-ralidad, me dio la única respuesta que yo no esperaba en aquel ins-tante:
65 –Colombia.

2

Coloque cada palabra donde corresponda.

angustia (01), *enigmático* (23), *pegar* (25), *esquivar* (27), *ahogarse* (33), *suplicar* (50), *reanudar* (53), *grito* (59)

1 "Una limosna", me ....
2 Los que no sabían nadar.....................................
3 Le .... dos tiros en una pierna.
4 Nunca se sabe lo que piensa, es muy ....
5 La obra se paró en enero, pero se........................ en abril.
6 El ciclista se me echó encima; no pude ....
7 Dio un............................. de dolor.
8 El peligro en que se encontraba le produjo una gran...........................

3

Complete.

1 Mover los párpados = ... dear (24)
2 Alterarse = ... se (40)
3 Sostenerse = ... (05)
4 Poner diagonalmente = ter .... (13)
5 Espacio sin techo para animales = ... rral (44)
6 Golpear = ba .... (08)
7 Hacer sufrir = ... tar (32)
8 Tipo de fusil corto = ca .... (13)
9 Acariciar con la lengua = la .... (26)
10 Darse prisa = a .... (40)

1

Localice en el texto los sinónimos de las palabras siguientes.

(02) lugar   (14) curva

(02) destrozado   (16) olerme

(04) acercaba   (44) comercian

(07) de repente   (49) de verdad

(10) esquelético   (55) siguió

(12) remangados   (62) contestación

(13) cruzada

4

Lea y escriba.

El narrador se vio muerto por unas **aves rapaces del tamaño de una gallina**/........................... (02). Oyó **el ladrar**/ los .... (04) de un perro y el viento entre los **árboles del coco** /......................... (08)
Luego apareció un perro, un burro con dos **cestos** /........................... (11) y un hombre.
Éste llevaba **un fusil corto**/una .... (13), cuya **parte posterior** /.......................... (17) puso en tierra. El narrador explicó a este hom-bre que él era uno de los marineros caídos del *Caldas*, **barco rápido de guerra** /......................... (36) de la Armada Nacional.

5

Use correctamente las palabras en negrita.

a cerca ≠ cercano

*Los ladridos se oyeron cada vez más **cercanos**.*

*Volví a oír al perro, cada vez más **cerca**.*

1 No ve muy bien de ....
2 ¡Qué............................ vives del centro!
3 La fecha del examen está ya muy ....
4 Me gusta más visitar países lejanos que....................
5 Se metieron en un bosque.....................
6 Visitaron los pueblos.............................
7 Visitaron los pueblos que estaban...........
8 Aquí tengo parientes ....

b seguir ≠ continuar

*Un perro escuálido **seguido** por un burro.* (10)

Continúan (= siguen) *las obras.*

Continuó (= siguió) *en el mismo sitio.* (40)

*El perro **continuó** (= siguió) a mi lado.* (55)

1 ¿.................... tu hermano en Alemania?
2 Le .... por el pasillo.
3 El hijo va a .... al padre en el negocio.
4 Nuestro autobús va a .... al vuestro.
5 ¿................................ enfermo?
6 ¿........................... trabajando en Orán?
7 El ruido .... toda la noche.
8 Esta carretera .... hasta la costa.
9 El tiempo .... inestable.

c camino ≠ carretera

*Apareció en la vuelta del **camino**.* (14)

*Una **carretera** bien asfaltada.*

1 El jeep se metió por un .... forestal.
2 Unos kilómetros más adelante tomamos la .... nacional.
3 Por aquel .... no podía pasar un coche.
4 Era un .... para caballerías.
5 Hay muy poco tráfico en esta ....
6 Nos detuvimos en el arcén de la ....
7 *Se hace .... al andar. (A.Machado)*
8 *Todos los .... llevan a Roma.*
9 *Con pan y vino, se anda el ....*
10 Este chico *va por mal*...........................

d entender ≠ oír

*El hombre no me **entendía**.* (29)

*... **oía** su voz.* (31)

1 Con este ruido no .... nada.
2 ¿........................ bien el español?
3 ¡......................., se le ha caído un papel!
4 No .... nada de informática.
5 A los .... en la materia les encanta su programa.
6 Ha .... muy bien el problema.
7 *A buen .... pocas palabras bastan.*
8 .... con atención, si no, no..................... nada.

e Noticia ≠ notificación

Yo creí que todo el mundo estaba obligado a conocer la **noticia**. (38)

Me ha llegado una **notificación** *con la fecha y lugar de la entrevista.*

1 Voy a escuchar las .... de las nueve.
2 La .... corrió como la pólvora.
3 Sólo me gusta dar buenas ....
4 La .... a los socios daba el calendario de actividades.
5 La .... para la reunión me ha llegado con un día de retraso.
6 ¿Qué .... traes?

6

Inserte la letra que corresponda y dé una frase por cada letra.

a

A *El perro, con la* **cola** *levantada y recta...* (15)

B *La silla está pegada con* **cola**.

C *Había una larga* **cola** *en la parada del autobús.*

1 Hay que hacer cola para sacar las entradas.
2 Tenemos que comprar más cola para reparar el mueble.
3 Me gusta más la cabeza que la cola del pescado.
4 Hemos viajado en el vagón de cola.
5 Es un pájaro de cola azul.
6 Este producto pega mejor que la cola.
7 Yo era el último de la cola.

A ....
B ....
C ....

b

A *En cualquier* **parte** *del Caribe* (19)

B *Dividió su finca en tres* **partes**.

1 En todas partes cuecen habas.
2 Llueve poco en esta parte del país.
3 Las tres cuartas partes.
4 El contrato satisfizo a las dos partes.
5 El que parte y reparte se lleva la mejor parte.
6 Mi hermana vendió su parte de la herencia.
7 Le gusta llevarse la parte del león.
8 Por mi parte no hay inconveniente.

A ....
B ....

7

Transforme.

a Y los ladridos **se fueron oyendo** cada vez más cercanos
▮▶ ...y los ladridos **se oyeron** cada vez... (06)

1 Se fue acercando el estruendo de las explosiones.
2 Se fueron poniendo cada vez más duros los panes que salían del horno.
3 Se fue sintiendo mejor con el nuevo tratamiento.
4 Se fueron acostumbrando cada día más al nuevo barrio.

b Apareció un perro escuálido **seguido por** un burro... (10)
▮▶ *apareció un perro escuálido **al que seguía** un burro...*

Hubo un gran terremoto **seguido de** pequeños temblores de tierra.
▮▶ *...terremoto **al que siguieron** pequeños temblores de tierra.*

1 Hubo una conferencia a la que siguió un vino español.
2 Se vio un relámpago intensísimo al que siguió un trueno muy fuerte.
3 Apareció el jefe al que seguían los notables de la tribu.
4 Oímos el aviso de las sirenas al que siguió el zumbido de los motores.

c ...El perro, **con la cola levantada y recta**, se acercó... (15)
▮▶ *...**teniendo la cola levantada y recta** el perro se acercó...*

1 Teniendo la chistera vacía y visible, el prestidigitador hablaba sin cesar.
2 Manteniendo la cartera cerrada y sujeta, el cajero calculó el precio.
3 Teniendo la escopeta sin cargar y apoyada en el suelo, el cazador buscaba la caza.
4 Sosteniendo al niño en brazos, saltó el arroyo.

d **Sin estar** muy seguro de que me entendiera
▮▶ *No estando muy seguro de que me entendiera.*

1 No estando aprobado el proyecto, era imposible edificar.
2 El enfermo, no estando recuperado, cantaba todo el día.
3 Abandonó el trabajo, no estando todavía terminado.
4 Era imposible el traslado, no estando vacío el nuevo piso.

e ... **Cuando oí** su voz... (31) ▮▶ *Al oír su voz.*

1 Al oír el silbato, se apresuraron a subir al tren.
2 Al aparecer el violinista, se hizo un gran silencio.
3 Al salir por la mañana, cerró con dos vueltas de la llave.
4 Al llegar a la oficina, se enteraron de todo.

f Yo creí que todo el mundo **estaba obligado a** conocer la noticia (38)
➠ *Yo creí que todo el mundo **tenía que** conocer la noticia.*

1 Tenía que presentar dos veces por semana las cuentas del negocio.
2 Teníamos que declarar por accidente.
3 Al entrar, tenían que dejar la documentación al vigilante.
4 ¿Tenían Vds. que pagar todo al contado?

g **Sólo entonces** el hombre se movió (46)
➠ *Únicamente en ese momento el hombre se movió.*

1 Únicamente en ese momento le dijeron lo que había sucedido.
2 Sólo en aquel instante se dio cuenta.
3 Únicamente entonces pudieron salir.
4 Sólo en aquella ocasión hablé con ellos.
5 Sólo cuando hacía mucho calor bebíamos cerveza.
6 Únicamente cuando lloraba le daban el biberón.
7 Sólo cuando les amenazaba le hacían caso.
8 Únicamente cuando salían podíamos hablar con ellos.

h **Condicional = ir a (imperfecto) + infinitivo**
Sentí que **me moriría**... (01) ➠ *sentí que **me iba a morir**.*
Respondió que **volvería** ➠ *... respondió... que **iba a volver**...* (52)

1 Creyó que aprobaría.
2 Nos comunicaron que iban a venir sin falta.
3 Los padres pensaron que no iba a venir el médico.
4 El alcalde declaró que los impuestos no iban a subir este año.
5 Los obreros anunciaron que iban a desconvocar la huelga.
6 Se decía que la noticia iba a aparecer en el periódico.

i Creí que **tan pronto como** dijera mi nombre … se apresuraría … (39)
➠ *creí que **al decir** mi nombre … se apresuraría.*

1 Al llegar él, se hizo cargo de la situación.
2 Tan pronto como encontré trabajo, busqué piso.
3 Nos comunicaron que al terminar de reparar la vía, reanudaríamos el viaje.
4 Se pondrá a leer en el departamento al salir el tren.
5 Tan pronto como anuncien el producto encontrarán compradores.
6 Saltaba de alegría su perro, al verlo.

8

Elija. Por ≠ para

1 Ayer se inauguró la exposición organizada **por/para** el Ayuntamiento.
2 **Por/para** circular **por/para** la autopista debemos ponernos el cinturón de seguridad.
3 Lo hacen quizá **por/para** divertirse.
4 Me pidió libros **por/para** todo el verano.
5 Fue procesado **por/para** un delito grave.
6 No realizaron lo acordado al no estar autorizados **por/para** la superioridad.
7 Tomó el avión **por/para** llegar con tiempo suficiente.
8 Es un jefe muy estimado **por/para** todos sus dependientes.
9 …despedazado **por/para** los gallinazos…
10 ¿**Por/para** qué quieres tanto dinero?

9

Recomponga.

Preposiciones (01-13)

Sentí que me moriría …….. angustia. ……… un momento me vi ……….. aquel sitio, muerto, despedazado …….. los gallinazos. Pero, luego, volví …….. oír …….. el perro, cada vez más cerca. El corazón comenzó …….. darme golpes, …….. medida que se aproximaban los ladridos. Me apoyé …….. las palmas …….. manos, […] …….. pronto sólo quedó el silencio. Luego, el batir ……. las olas y el rumor …….. el viento …….. los cocoteros. Después, …….. el minuto más largo que recuerdo ……. mi vida, apareció un perro escuálido, seguido ………. un burro …….. dos canastos. Detrás …….. ellos venía un hombre blanco, pálido, …….. sombrero ………… caña y los pantalones enrollados ……………. la rodilla. Tenía una carabina terciada …………… la espalda.

10

Conversación:

1 ¿En qué circunstancias cree que sería más difícil sobrevivir: náufrago en un bote, extraviado en las montañas o perdido en el desierto?
2 ¿Qué puede decir del célebre naufragio del *Titanic*?
3 *Náufrago que vuelve a embarcar y viudo que reincide, castigo piden.*

11

Redacción:

1 Reduzca la historia a un tercio de su extensión.
2 Cuente la historia vista por el hombre que aparece con un burro.
3 Si se ha encontrado solo en una situación difícil, escriba sobre cómo se sintió. O imagínese en tal situación.
4 *Del agua mansa me libre Dios, que de la brava me libro yo.*

Nueva antología personal
"La muralla y los libros" U**19** LA
INMORTALIDAD

BORGES

Resumen biográfico.

Jorge Luis BORGES (Argentina, 1899-1986)

Poeta vanguardista en su juventud (*Fervor de Buenos Aires, Luna de enfrente*), narrador (*Historia universal de la infamia, El Aleph*) y ensayista (*Historia de la eternidad, Otras inquisiciones*), pasa más tarde por una fase neoclásica y llega, en sus finales, a un estilo muy personal que reflejan los poemarios *El hacedor*. Recoge temas favoritos de sus conferencias en *Siete noches* y en *Nueve ensayos dantescos*, donde refleja su preocupación constante por el lenguaje. En 1979 obtuvo el Premio Cervantes.

Entrando en situación.

¿Conoce alguna ciudad amurallada?

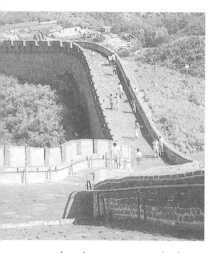

Lea las preguntas siguientes y localice las respuestas en el texto.

1 ¿Qué dos grandes operaciones mandó realizar Shih Huang Ti?

2 ¿Qué opinan algunos sinólogos de las obras de aquel emperador?

3 ¿Estaba orgulloso Shih Huang Ti de la familia de su madre?

4 ¿Qué dice el autor sobre cierto palacio usado por el emperador?

5 ¿Qué cosas importantes hizo Shih Huang Ti?

6 Amurallar un país, ¿sería actualmente eficaz? ¿Por qué?

7 ¿En qué época le parece a usted que se intentó por última vez?

8 ¿Existe algún otro procedimiento de "amurallar" un país?

Leí, días pasados, que el hombre que ordenó la edificación de la casi infinita muralla china fue aquel primer emperador, Shih Huang Ti, que asimismo dispuso que se quemaran todos los libros anteriores a él. Que las dos vastas operaciones –las quinientas a seiscientas leguas de piedra opuestas a los bárbaros, la rigurosa abolición de la historia, es decir del pasado– procedieran de una persona y fueran de algún modo sus atributos, inexplicablemente me satisfizo y, a la vez, me inquietó. Indagar las razones de esa emoción es el fin de esta nota. Históricamente, no hay misterio en las dos medidas. Contemporáneo de las guerras de Aníbal, Shih Huang Ti, rey de Tsin, redujo a su poder los Seis Reinos y borró el sistema feudal; erigió la muralla, porque las murallas eran defensas; quemó los libros, porque la oposición los invocaba para alabar a los antiguos emperadores, Quemar libros y erigir fortificaciones es tarea común de los príncipes; lo único singular en Shih Huang Ti fue la escala en que obró. Así lo dejan entender algunos sinólogos, pero yo siento que los hechos que he referido son algo más que una exageración o una hipérbole de disposiciones triviales. Cercar un huerto o un jardín es común; no, cercar un imperio. Tampoco es baladí pretender que la más tradicional de las razas renuncie a la memoria de su pasado, mítico o verdadero. Tres mil años de cronología tenían los chinos (y en esos años, el Emperador Amarillo y Chuang Tzu y Confucio y Lao Tzu), cuando Shih Huang Ti ordenó que la historia empezara con él. Shih Huang Ti había desterrado a su madre por libertina; en su dura justicia, los ortodoxos no vieron otra cosa que una impiedad; Shih Huang Ti, tal vez, quiso borrar los libros canónicos porque éstos lo acusaban; Shih Huang Ti, tal vez, quiso abolir todo el pasado para abolir un solo recuerdo: la familia de su madre. (No de otra suerte un rey, en Judea, hizo matar a todos los niños para matar a uno.) Esta conjetura es atendible, pero nada nos dice de la muralla, de la segunda cara del mito. Shih Huang Ti, según los historiadores, prohibió que se mencionara la muerte y buscó el elixir de la inmortalidad y se recluyó en un palacio figurativo, que constaba de tantas habitaciones como hay días en el año; estos datos sugieren que la muralla en el espacio y el incendio en el tiempo fueron barreras mágicas destinadas a detener la muerte. Todas las cosas quieren persistir en su ser, ha escrito Baruch Spinoza; quizá el Emperador y sus magos creyeron que la inmortalidad es intrínseca y que la corrupción no puede entrar en un orbe cerrado. Quizá el Emperador quiso recrear el principio del tiempo y se llamó Primero, para ser realmente primero, y se llamó Huang Ti, para ser de algún modo Huang Ti, el legendario emperador que inventó la escritura y la brújula. Este, según el *Libro de los ritos,* dio su nombre verdadero a las cosas; parejamente Shih Huang Ti se jactó, en inscripciones que perduran, de que todas las cosas, bajo su imperio, tuvieran el nombre que les conviene. Soñó fundar una dinastía inmortal; ordenó que sus herederos se llamaran Segundo Emperador, Tercer Emperador, Cuarto Emperador, y así hasta lo infinito...

5

10

15

20

25

30

35

40

45

50

1

Localice en el texto los sinónimos de las palabras siguientes.

(01) construcción	(11) eliminó	(26) conformes	(34) simbólico	(43) fabuloso
(03) también	(12) levantó	a normas	(34) encerró	(45) de la misma
(03) ordenó	(15) particular	(26) manera	(38) continuar	manera
(06) vinieran	(16) actuó	(31) suposición	(40) descomposición	(46) sobreviven

2

Coloque cada palabra donde corresponda.

pretender (20), *renunciar* (21), *desterrar* (25), *recluirse* (34), *dato* (35), *barrera* (36), *persistir* (38), *convenir* (47), *fundar* (47), *infinito* (50).

1 Tendrás que .... hasta triunfar.
2 Fué .... por su oposición al tirano.
3 Esa medida nos .... a todos los socios.
4 Zaragoza la .... los romanos.
5 Necesitamos más .... para decidirnos.
6 Su generosidad es ....
7 Tuvo una vida intensa, pero al final de sus días se .... en un convento.
8 La .... del paso a nivel estaba echada.
.... a su herencia en favor de su
9 hermana.
10 Siempre .... hacer lo imposible.

3

Dígalo como lo dice el texto.

1 Su gesto me **intranquilizó**/...................................... (08).
2 Las **decisiones**/...................................... (10) económicas del Gobierno.
3 **Abolió/bo** .... (11) las leyes injustas.
4 Los periódicos no cesan de **elogiar**/ .... (13) al equipo aragonés.
5 Es admirable el **tamaño/la es**.. (16) de sus empresas.
6 Su objeción me parece **superficial**/...................................... (20)
7 Algunos le negaron el saludo por **inmoral**/.................................. (25)
8 Aquella **manera**/...................................... (29) de actuar le dio resultado.

4

Complete.

1 Llamar = in .... (13)
2 Cualidad = a .... (07)
3 Exageración = hi .... (18)
4 Buscar = in .... (08)
5 Para defender a una ciudad = mu ....(02)
6 Supresión = a .... (06)
7 Cinco kilómetros = le ..... (05)
8 Medida del tiempo = cro .... (22)
9 Defensa = for .... (14)
10 Enemigos de fuera en tiempos romanos = bár .... (05)
11 Rodear = cer ..... (19)
12 Especialista en cultura china = si .... (16)
13 Territorio sometido en la Edad Media = feu ..... (12)
14 Sin importancia = tri ..... (18)
15 Someter = re .... (11)

5

Use correctamente las palabras en negrita.

a quemar ≠ arder

Quemar *los libros.*

La casa **ardió** *rápidamente.*

1 No toques el mango, que está...............
2 Están .... basura.
3 ¿.......................... ya la leña?
4 No .... esta mecha.
5 Se ha .... un dedo con la plancha.
6 Muchos bosques .... durante el verano.

b muralla ≠ muro ≠ pared ≠ tabique

Las **murallas** *eran defensas.* (12)

Levantaron un **muro** *contra los desprendimientos.*

La **pared** *norte de la casa.*

Derribaron un **tabique** *para ampliar el salón.*

1 El monasterio estaba rodeado por un grueso ....
2 La .... delantera de la casa.
3 Son muy finos l.................... de mi piso.
4 .... del palacio resistieron el terremoto.
5 .... de Ávila son de los siglos XI y XII.
6 Aquí no saben empapelar bien ....
7 .... de la Alhambra se conservan muy bien.
8 El televisor del vecino se oye a través de ....

c antiguo ≠ viejo

Los **antiguos** *emperadores* (14)

Un emperador **viejo**.

1 Son costumbres.......................
2 Hoy se celebra la cena de los .... alumnos del colegio.
3 Los .... conocían muy bien el valor curativo de las plantas.
4 Estos muebles están muy ....
5 Sebastián no es tan .... como parece.
6 Más sabe el diablo por................... que por diablo.
7 Su padre está muy chapado a la ....
8 ¿Cómo están tus .... ?
9 Tienes un .... armario precioso.

d huerto ≠ jardín ≠ huerta

Un **huerto** *o un* **jardín**.

Las flores del **jardín**.

Los tomates de mi **huerto**.

La **huerta** *del Levante español es fertilísima.*

1 Se heló toda la fruta de ....
2 Hemos plantado petunias en ....
3 El río Segura riega .... de Murcia.
4 Aquí tienes ciruelas de mi ....
5 El granizo estropeó la cosecha de .... valenciana.
6 Hay que cortar ya la hierba de ....

6

Inserte la letra que corresponda y dé una frase por cada letra.

a

A *Indagar las razones de esa emoción es el fin de esta* **nota** (08)

B *Mándame una* **nota** *con tus impresiones.*

C *Hay* **notas** *a pie de página.*

D *He sacado buenas* **notas** *este trimestre.*

E *La* **nota** *sol.*

F *Su presencia daba una* **nota** *de optimismo.*

G *Es un tipo de mala* **nota**.

1 En su despedida había una nota de tristeza.
2 ¿Te han dado ya la nota de historia?
3 Déjale una nota para que no se olvide.
4 He tomado unas notas de su discurso.
5 Cantaba las notas de la canción porque no conocía la letra.
6 No goza de buena nota en este pueblo.

A ....
B ....
C ....
D ....
E ....
F ....
G ....

b

A *No hay misterio en las dos* **medidas** (09)

B *¿Cuáles son las* **medidas** *de la vedette?*

C *¿Sabe comportarse con* **medida**?

D *No sé en qué* **medida** *le interesa el proyecto.*

1 Lo hice como medida de precaución.
2 Habla sin medida.
3 Su éxito se debe en gran medida a su constancia
4 Estas son las medidas del pantalón.

A ....
B ....
C ....
D ....

7

Transforme.

a Verbos irregulares: pasado ➤ presente

Shih Huang Ti... **dispuso** que se quemaran todos los libros... (03)

➠ *... dispone que se quemen...*

1 El emperador quiso borrar los libros canónicos.
2 Lo dispuso todo según el plan previsto.
3 Redujisteis mucho el presupuesto del viaje.
4 Las explosiones sólo hicieron mucho ruido.
5 ¿No visteis nada raro en él?
6 Su conducta nos satisfizo.
7 Tu soñaste siempre con un coche así.
8 Les dimos a los niños todos los juguetes.
9 No quisimos comer más.
10 Te erigiste en el jefe del grupo.
11 Hice todo lo posible.
12 Di por terminado el asunto.

b Tal vez quiso borrar... (27) ➠ *... a lo mejor quiso borrar...*

1 A lo mejor no podemos salir mañana.
2 Tal vez nos lo dijo por complacernos.
3 Este restaurante a lo mejor es más caro.
4 Iré a verlo tal vez mañana.
5 Tal vez tengamos que importar ese producto.
6 El problema se solucionará a lo mejor hoy.

c Subjuntivo: indicativo presente + que + presente de subjuntivo
➠ indicativo pasado + que + imperfecto de subjuntivo

Ordena que la historia **empiece** con él.

➠ *Ordenó que la historia empezara con él.* (24)

1 Disponen que se quemen los trastos viejos.
2 Ordena que la historia se escriba como él quiere.
3 Deseamos que le vayan bien los negocios.
4 Teméis que este verano se agote el agua.
5 Quieres que te acompañemos.
6 Usted desea que el banco le dé un crédito.
7 Teméis que vuestro hijo no pueda venir en vacaciones.

8

Recomponga.

a Verbos (24-37)

Shih Huang Ti (*desterrar*) .... a su madre por liber-tina; en su dura justicia, los ortodoxos no (*ver*) .... otra cosa que una impiedad; Shih Huan Ti, tal vez, (*querer*) .... borrar los libros canónicos porque éstos lo (*acusar*) ....; Shih Huang Ti, tal vez (*querer*) .... abolir todo el pasado para abolir un solo recuerdo: la fami-lia de su madre. (No de otra suerte un rey, en Judea, (*hacer*)...................... matar a todos los niños para matar a uno.)

Esta conjetura (*ser*) .... atendible, pero nada nos (*decir*) .... de la muralla, de la segunda cara del mito. Shih Huang Ti, según los historiadores, (*prohibir*) .... que se (*mencio-nar*) .... la muerte y (*buscar*) .... el elixir de la inmortalidad y se (*recluir*) .... en un palacio figurativo, que (*constar*) .... de tantas habitaciones como (*haber*) .... días en el año; estos datos (*sugerir*) .... que la muralla en el espacio y el incendio en el tiempo (*ser*) .... barre-ras mágicas destinadas a detener la muerte.

b Preposiciones (40-50)

Quizá el Emperador quiso recrear el principio .... el tiempo y se llamó Primero .... ser realmente primero y se llamó Huang Ti, ... ser .... algún modo Huang Ti, el legen-dario emperador que inventó la escritura y la brújula. Este, ... el *Libro* .... los ritos, dio su nombre verdadero .... las cosas; parejamente Shih Huang Ti se jactó, ... inscripciones que perduran .... que todas las cosas, ... su imperio, tuvieran el nombre que les conviene. Soñó fundar una dinastía inmortal; ordenó que sus herederos se llamaran Segundo Emperador, Tercer Emperador, Cuarto Emperador, y así .... lo infinito...

9
Conversación:

1 ¿Qué sabe del "muro de Berlín?
2 Hable del libro más famoso de su país.
3 *Libro cerrado no saca letrado.*

10
Redacción:

1 Cuente los hechos que se relatan en el texto de Shih Huang Ti.
2 ¿Qué opina de la reencarnación o doctrinas similares?
3 Haga una descripción real o imaginaria de la Gran Muralla China.
4 Escriba (150 a 200 palabras) sobre: *El mejor amigo es un libro.*

U20 EL DINERO

Entrando en situación.

"Misterios" de la bolsa : acciones, obligaciones, inflación, etcétera.
¿Qué sabe de todo esto?

Vocabulario especial.

ACCIÓN:	cada una de las partes en que se divide el capital escriturado de una sociedad anónima.
ALZA:	elevación de una variable, como precios, cotizaciones, presión fiscal, etcétera.
BAJA:	disminución del precio, valor o estimación de una cosa.
CERRAR:	dar por terminada una sesión de Bolsa.
DÍA DE LOS PRESIDENTES:	día festivo en Estados Unidos en conmemoración del poder presidencial.
EFECTO TEQUILA:	influencia en las bolsas de los acontecimientos políticos mexicanos.
INDICADOR:	refleja de manera sintética la situación económica en un momento determinado.
ÍNDICE DOW JONES:	índice de la Bolsa de Nueva York.
ÍNDICE BURSÁTIL:	mide la evolución de los valores cotizados en una bolsa, a partir de una muestra de títulos del mayor volumen de negociación.
INFLACIÓN	elevación del nivel general de precios.
NASDAQ COMPOSITE	mercado de valores de Estados Unidos que funciona fuera de las bolsas de valores sobre una base electrónica. Tiene su centro neurálgico en un ordenador.
RESERVA FEDERAL	disponibilidad líquida de los Estados Unidos.
SESIÓN	período diario de funcionamiento de la Bolsa.
STANDARD & POOR´S	índice bursátil estadounidense basado en 500 títulos de valores.
TIPO DE CAMBIO	número de unidades monetarias de un país necesario para adquirir una unidad de otro.
TIPO DE INTERÉS	precio del dinero, generalmente cuantificado en tanto por ciento anual.
VALOR	medida de la importancia que se da a los bienes.
VOLATILIDAD	situación de acciones que experimentan alzas y bajas muy superiores a los normales.

Complete las siguientes frases valiéndose del texto.

1 Al final de la semana los inversores recogieron parte de las ....

2 El índice Dow Jones tuvo el viernes un .... del ....

3 El Standard & Poor´s también .... un .... el jueves.

4 El .... ha sido inestable............ ....

5 Se cree que la moneda alemana afirmará su .... frente a la ....

6 Si el Dow Jones alcanza pronto los 4.000 puntos, el que más .... será el último.

Fue necesario que pasara un año y catorce días para que el índice Dow Jones rompiera su récord histórico, marcado el 31 de enero de 1994. Finalmente lo consiguió durante la semana pasada en dos sesiones consecutivas, aunque al final los inversores decidieron retraerse y recoger parte de las ganancias acumuladas. Los inversores dejaron las espadas en alto, a la espera de que el Dow Jones supere la barrera psicológica de los 4.000 puntos. Este índice, que reúne las acciones de las treinta compañías más importantes, marcó el jueves un nuevo máximo histórico en 3.987,52 puntos.

No obstante, tras una caída de casi 34 puntos en la sesión del viernes, este indicador se situó en 3.953,54 puntos, con un avance semanal del 0,36%.

El Standard & Poor´s, que engloba a un amplio número de valores y es cada vez más seguido por los analistas que quieren una visión global del mercado, acabó la semana con una ganancia del 0,1%, hasta los 485,22 puntos, aunque también batió un récord histórico el jueves a 485,22 puntos. El Nasdaq Composite, referencia para seguir la tendencia de los valores tecnológicos, –como Microsoft, Intel o Nobel–, perdió un 0,44% en los cinco días y cerró en 786,97 puntos.

Los análisis posteriores a las jornadas que cerraron con los máximos, constataban que la economía americana al fin se estaba estabilizando con una moderada inflación, lo que permitía observar un ritmo creciente en los resultados de las compañías. El análisis obligaba a cerrar al mismo tiempo, la etapa de volatilidad que ha vivido el mercado desde febrero de 1994, cuando la Reserva Federal aumentó los tipos de interés.

El optimismo que radiaba el jueves se turbó al día siguiente, una vez se confirmaron las presiones sobre el dólar, cuando el tipo de cambio volvió a caer bruscamente frente al marco alemán y el yen japonés. La causa de la caída provenía de dos frentes: el denominado "efecto tequila" de la crisis de México y la impresión entre los expertos de que la tendencia al alza de los tipos de interés en Alemania –que podría estar cada vez más próxima–, afirmará la solidez de la moneda alemana frente a la estadounidense. Además, a largo plazo, los analistas opinan que la falta de credibilidad en el Gobierno Americano y en su capacidad de liderazgo ha sido otro de los motivos del descenso del billete verde.

Hoy los mercados cierran en Estados Unidos para celebrar el Día de los Presidentes; una oportunidad que será aprovechada por los inversores para decidir su próxima estrategia, aunque todo dependerá del tiempo que el Dow Jones tarde en romper la barrera de los 4000 puntos. Si la ruptura es rápida, puede ser el pistoletazo de salida para un *rally* acelerado en el que el último en llegar será el que más perderá. Si no, el resultado puede ser imprevisible.

Martí Saballs, Nueva York

1

Localice en el texto los sinónimos de las palabras siguientes.

(04) sucesivas   (32) de pronto
(11) sin embargo   (33) procedía
(14) comprende   (33) llamado
(16) general   (35) subida
(22) días   (40) causas
(23) finalmente   (48) impredecible

2

Localice los antónimos de:

(05) pérdidas   (28) disminuyó
(16) empezó   (30) pesimismo
(22) anteriores   (30) cuando
(22) mínimos   (38) a corto plazo
(25) decreciente   (40) ascenso

3

Dé los nombres correspondientes.

1 El que invierte es un .... (04)

2 La acción de caer es una .... (11)

3 La acción de ver se llama ....(16)

4 La acción de referir se llama ....(18)

5 La acción de tender se llama ....(19)

6 La acción de presionar es una ....(31)

7 La acción de impresionar es una ....(34)

8 El que analiza es un ....(38)

9 La acción de liderar se llama ....(39)

10 La acción de romper es una ....(45)

4

Ponga la forma adecuada.

(03) *conseguir*
(05) *retraerse*
(05) *recoger*
(07) *superar*
(08) *reunir*
(12) *situarse*
(44) *depender*
(44) *tardar*

1 Hemos .... todas las dificultades.
2 Los compradores se .... porque los precios eran muy altos.
3 .... llegar la hora, a pesar del atasco.
4 El éxito de la regata .... del tiempo que haga.
5 El preso .... escapar.
6 Todos los componentes del curso se .... una vez al año.
7 Puedes irte, pero no .... mucho en volver.
8 Se .... muy bien para ver la procesión.

5

Complete con las palabras del texto.

1 Una se .... (04) es un acto público.
2 Cuando se interrumpe un combate se dejan las es .... en .... to (06).
3 Una ba .... (07) es un obstáculo.
4 Un a .... (13) es un adelanto.
5 Normalmente la música tiene .... mo (25).
6 Una operación aritmética produce un re ....do (25).
7 Un viaje puede constar de varias .... pas (26).
8 Ra .... (30) es emitir rayos.
9 Los ex .... (35) entienden de algo determinado.
10 La so .... (37) es sinónimo de firmeza.
11 Lo que es creíble tiene cre .... (38).
12 El que puede hacer algo tiene ca .... (39) para ello.
13 Las fiestas se ce .... (41).
14 El arte de planificar y dirigir la guerra es la .... tra .... gia (43).

6

Complete con la palabra adecuada.

1 El índice Dow Jones rompió su .... histórico (02).
2 Los inversores se retrajeron al .... (04).
3 El jueves el Dow Jones .... (09) un nuevo máximo histórico.
4 Se .... (31) las presiones sobre el dólar.
5 La .... (34) de México.

7

Complete con los nombres correspondientes a los adjetivos en cursiva.

1 Ganancias *acumuladas* (05); una .... de ganancias.
2 Un *amplio* (14); una .... de valores.
3 Valores *tecnológicos* (19); valores de la ....
4 Una *moderada* (24); la .... de la inflación.

8

Inserte la letra que corresponda y dé una frase por cada letra.

a
A *La barrera psicológica de los 4.000* **puntos.** (07)

B *La "i" lleva un* **punto.**

C *Le han dado diez* **puntos** *en el brazo.*

D *Un jersey de* **punto.**

1 Puntos suspensivos.
2 Se entretiene haciendo punto.
3 Punto y aparte.
4 Le voy a dar unos puntos a ese pantalón.
5 El equipo zaragozano va el primero con 20 puntos.
6 He suspendido las matemáticas por un punto.
7 Poner los puntos sobre las íes.

A ....
B ....
C ....
D ....

b
A *... los resultados de las* **compañías...** (25)

B *Una* **compañía** *de seguros.*

C *El perrito le hace buena* **compañía.**

D *Anda con malas* **compañías.**

1 Prefiere la soledad a la compañía.
2 Le gustan las compañías que le diviertan.
3 El viaje lo hicimos en compañía.
4 Trabaja en una compañía de exportación e importación.
5 Las grandes compañías se han ido trasladando al extrarradio.

A ....
B ....
C ....
D ....

c
A *La causa de la caída provenía de dos* **frentes.** (33)

B *La solidez de la moneda alemana* **frente** *a la estadounidense.* (37)

C *Tiene una verruga en la* **frente.**

1 Tiene una frente amplia.
2 Tuvo mucho valor frente al peligro.
3 Se sigue luchando en el frente Norte.
4 Me entretuvo el partido del Betis frente al Deportivo de La Coruña.
5 Parece no tener dos dedos de frente.

A ....
B ....
C ....

d A ...*cada vez más* **próxima**...
(36)

B *Su* **próxima** *estrategia.*

    1 Nos veremos en las próximas vacaciones.
    2 El fin de curso está ya próximo.
    3 Su programa está muy próximo al de la oposición.
    4 La próxima vez entra sin llamar.

A ....
B ....

e A **Afirmará** *la solidez de la moneda alemana* (36)

B *El director* **ha afirmado** *que no habrá despidos este año.*

    1 Se ha afirmado la tendencia a la subida de los precios.
    2 ¿Afirma Vd. que está dispuesto a votarnos?
    3 Ni lo afirmo ni lo niego.
    4 Su posición en el partido se ha afirmado considerablemente.

A ....
B ....

f A ...**falta** *de credibilidad*... (38)

B *Un dictado con muchas* **faltas***.*

C *Pasar un semáforo en rojo es una* **falta** *grave.*

    1 Falta de atención.
    2 Faltas de ortografía.
    3 Faltas sobre la autoridad.
    4 Faltas de asistencia.

A ....
B ....
C ....

9

Transforme.

a ... **a la espera de que** el Dow Jones supere la barrera ... (07)
⮞ ... *esperando que* el Dow Jones ...

    1 Estamos a la espera de que se anuncien las cotizaciones.
    2 Están a la espera del resultado de los análisis.
    3 Quedo esperando los próximos pedidos.
    4 ¿Seguís a la espera de que ellos se decidan?
    5 Permaneces a la espera de que todo se arregle.
    6 ¿Todavía está usted esperando que ellos le paguen?

b ... la economía americana al fin **se estaba estabilizando** ... (23)

⏩ *... la economía americana al fin **se estabilizaba**.*

1 Su fama de pintor se estaba extendiendo por el país.
2 Vuestros informes técnicos se están haciendo célebres.
3 Al fin nos acostumbrábamos a la nueva situación.
4 Con el uso estás aprendiendo a utilizar ese aparato.
5 El tiempo estaba mejorando cuando llegamos.
6 La enferma estaba recuperándose y daba pequeños paseos.

c Si la ruptura **es** rápida, **puede** ser el pistoletazo de salida... (45)

⏩ *... Si la ruptura **hubiera sido** rápida, **habría podido** ser el pistoletazo...*

1 Si se mantiene en alza, puede aumentar la oferta.
2 Si el Dow Jones marca un nuevo aumento, se animan los inversores.
3 Si la tendencia a la baja se hubiera confirmado, habría ocurrido un desastre.
4 Si la economía va bien, recibiremos muchos turistas.
5 Si ganamos algo de la Bolsa, podemos cambiar los muebles.
6 Si la inflación no es grande, no varía el nivel de vida.

d ...el último **en llegar** será el que más perderá... (46)

⏩ *... el último **que llegue** será el que más perderá...*

1 El primero en resolver el jeroglífico ganará la apuesta.
2 El último en salir cierra la puerta.
3 El único que se mantuvo firme era seguramente el más joven.
4 El tercero en sentarse tendrá que hacerlo en otro lugar.
5 El segundo que trajo el resultado fue el más joven.
6 El único en terminar ha sido tu primo.

10

Elija.   **Pronombres (14-21)**

que - quien - quienes/el - la / uno - una/los - las/ unos-unas/algún-alguna/algunos-algunas.

El Standard & Poor's, **quien/que** engloba a **el/un** amplio número de valores y es cada vez más seguido por **los/algunos** analistas **que/quienes** quieren una visión global del mercado, acabó la semana con **una/la** ganancia del 0,1 %, hasta los 485,22 puntos, aunque también batió **algún/un** récord histórico el jueves a 485,22 puntos. Nasdaq Composite, referencia para seguir **alguna/la** tendencia de **unos/los** valores tecnológicos –como Microsoft, Intel o Novel–, perdió **un/algún** 0,44% en los cinco días y cerró en 786,97 puntos.

11

Recomponga.

Verbos (22-28)

Los análisis posteriores a las jornadas que se cerraron con los máximos (*consta-tar*) .... que la economía americana al fin (*estarse*) .... estabilizando con una moderada inflación, lo que (*permitir*) .... observar un ritmo creciente en los resultados de las compañías. El análisis (*obligar*) .... a cerrar al mismo tiempo la etapa de volatilidad que (*vivir*) .... el mercado desde febrero de 1994, cuando la Reserva Federal (*aumentar*) .... los tipos de interés.

12

Conversación:

1 ¿Para qué sirven los bancos?: ¿para guardar dinero?, ¿para perder dinero?, ¿para que ellos ganen dinero?, ¿para estimular el ahorro?
2 ¿Ha jugado usted alguna vez a la Bolsa? ¿Ganó o perdió?
3 ¿Le gustaría jugar a la Bolsa? ¿Por qué sí o no?
4 *Poderoso caballero es Don Dinero.*

13

Redacción:

1 Escriba una breve redacción integrando las palabras siguientes: *mercado, batió, bruscamente, rompiera, oportunidad, inversores, psicológica, global.*
2 Resuma el fragmento desde la línea 1 hasta la 21 en un tercio de su extensión.
3 Escriba (150 a 200 palabras) sobre la empresa más importante de su país o región.
4 ¿Qué cualidades debe reunir un hombre de empresa?

OCTAVIO PAZ

*Hombres en su siglo
y otros ensayos*

U21 **LOS MEDIOS DE
COMUNICACIÓN**

☞ **Resumen biográfico.**

Octavio PAZ (1914-)

Poeta –*Poemas* y *Árbol adentro* compendian su obra poética–.
Ensayista de tema vario –*El laberinto
de la soledad, Hombres en su siglo.*

En *Los hijos del limo*, según nos dice su
propio autor, "he procurado describir,
desde la perspectiva de un poeta hispanoamericano, el movimiento poético moderno y sus relaciones contra-
dictorias con lo que llamamos moder-
nidad".

Fue Premio Cervantes en 1981 y Premio
Nobel de Literatura en 1990.

☞ **Entrando en situación.**

¿Cómo influye la TV en el modo de
vida de una sociedad moderna?

Lea las preguntas siguientes y localice las respuestas en el texto..

1 Según el autor, no hay una "semántica" de la televisión. ¿Qué quiere decir con esto?

2 ¿Cuál era la relación entre el orador y el público en la democracia ateniense?

3 ¿Cómo diferencia el autor la democracia ateniense, la liturgia católica y la sociedad contemporánea?

4 ¿Qué relación cree el autor que hay entre los medios de comunicación y la estructura de la sociedad?

5 En Cabul, al autor le despertaba la voz del almuecín al amanecer. ¿Qué quiere demostrar con esto?

6 En el mundo moderno se da una gran homogeneidad y, por otro lado, grandes diferencias. ¿Cuáles son una y otras?

Hablar del lenguaje de la televisión o del cine es una metáfora: la televisión transmite el lenguaje pero, en sí misma, no es un lenguaje. Cierto, puede decirse– de nuevo, como figura o como metáfora –que hay una gramática, una morfología y una sintaxis de la televisión: no una semántica. La televisión no emite sentidos: emite signos portadores de sentidos. 5

La relación entre los medios de comunicación y los lenguajes es laxa en extremo: el alfabeto románico puede servir para escribir todas o casi todas las lenguas humanas. En cambio, hay una correspondencia muy clara entre cada sociedad y sus medios de comunicación. 10

La discusión política en la plaza pública corresponde a la democracia ateniense, la homilía desde el púlpito a la liturgia católica, la mesa redonda televisada a la sociedad contemporánea. En cada uno de estos tipos de comunicación la relación entre los que llevan la voz cantante y el público es radicalmente distinta. En el 15 primer caso, los oyentes tienen la posibilidad de asentir y disentir del orador; en el segundo, colaboran pasivamente, con sus genuflexiones, sus rezos y su devoto silencio; en el tercero, los oyentes –aunque sean millones– no aparecen físicamente; son un 20 auditorio invisible. Así pues, aunque los medios de comunicación no son sistemas de significación como los lenguajes, sí podemos decir que su sentido –usando esta palabra en una acepción levemente distinta– está inscrito en la estructura misma de la sociedad a que pertenece. Su forma reproduce el carácter de la sociedad, 25 su saber y su técnica, los antagonismos que la dividen y las creencias que comparten sus grupos e individuos. Los medios no son el mensaje: los medios son la sociedad. (Además, cada medio es, por sí mismo, una sociedad: tema que hoy no puedo explorar.) 30

Aunque cada sociedad construye e inventa los medios de comunicación que necesita dentro de los límites, claro, de sus posibilidades –la determinación no es absoluta. Muchas veces los medios sobreviven a las sociedades que los inventan: todavía usamos el alfabeto fenicio. Lo contrario también es frecuente: la 35 utilización de una técnica moderna en una sociedad tradicional. En Cabul y en otras ciudades de Afganistán me despertaba siempre, al alba, la voz estentórea del almuecín amplificada por los altavoces. En la Edad Moderna, la técnica oriunda de Occidente se ha extendido a todo el mundo. Esto es particularmente cierto 40 en el caso de los medios de comunicación. Dos rasgos los definen: la universalidad y la homogeneidad.

En todas partes se imprimen periódicos, revistas, libros y en todas se exhiben películas y se transmiten programas radiofónicos y televisados. Contrasta esta uniformidad con la diversidad de 45 los mensajes y, sobre todo, con la pluralidad de las civilizaciones y con las diferencias de regímenes sociales, políticos y religiosos. El mundo moderno no sólo está dividido por violentas enemistades ideológicas, políticas, económicas y religiosas sino por profundas diferencias culturales, lingüísticas y étnicas. 50

Sin embargo, este mundo de feroces rivalidades e imborrables singularidades está unido por una red de comunicaciones que abar-
55 ca prácticamente todo el planeta. Cualquiera que sea su religión y cualquiera que sea el régimen político y económico bajo el que viven, las gentes leen libros y
60 periódicos, escuchan conciertos por radio, ven en las pantallas de los cines o de las televisiones películas y noticiarios. A medida que los particularismos de nuestro
65 siglo crecen y se vuelven más y más agresivos, las imágenes se universalizan: cada noche, en una suerte de comunión visual más bien equívoca, todos vemos en la
70 pantalla al Papa, a la actriz famosa, al gran boxeador, al dictador de turno, al Premio Nobel y al asesino célebre.

2

Localice los antónimos de:

(18) activamente ....

(20) desaparecer ....

(34) morir ....

(34) disminuir ....

(69) inequívoco ....

3

Ponga la forma adecuada.

portador (06), *en cambio* (09), *llevar la voz cantante* (15), *al alba* (38), *oriundo* (39), *sobre todo* (46), *a medida que* (63), *de turno* (72), *en extremo* (08).

1 La madre era la que ....

2 Le gustan los países mediterráneos y, ...
.........................., Grecia.

3 Se pusieron en viaje ....

4 El conserje .... me dio la correspondencia.

5 Era una mañana fría ....

6 En el llano hacía fresco; .... en la montaña hacía calor.

7 Se puso serio .... nos acercábamos al lugar del accidente.

8 Sus abuelos eran .... de Cuba.

9 Hizo un discurso .... de esperanza.

1

Localice en el texto los sinónimos de las palabras siguientes.

(02) transmite

(06) sentidos

(12) público

(42) homogeneidad

(45) diversidad

(48) enemistades

(52) feroces

4

Ponga cada letra con su número.

1 metáfora
2 morfología
3 sintaxis
4 semántica

A trata de la forma de las palabras
B trata de las relaciones entre las palabras
C trata del sentido de las palabras
D es una palabra de sentido figurado

5

Coloque cada palabra donde corresponda.

(13) *púlpito*	**1** Desde allí predica el cura	= ....
(13) *liturgia*	**2** Sobre ella se ve el cine	= ....
(14) *mesa redonda*	**3** Asunto	= ....
(18) *orador*	**4** Obra cinematográfica	= ....
(26) *antagonismo*	**5** Noticia por la radio o la TV	= ....
(29) *tema*	**6** El que da un discurso	= ....
(39) *altavoz*	**7** Sirve para ampliar la voz	= ....
(41) *rasgo*	**8** Es algo que distingue	= ....
(52) *imborrable*	**9** Oposición	= ....
(61) *pantalla*	**10** Debate entre varias personas	= ....
(62) *película*	**11** No se puede hacer desaparecer	= ....
(63) *noticiario*	**12** Oficios religiosos	= ....

6

Dígalo como lo dice el texto.

1 La relación entre los medios de comunicación y los lenguajes es **amplia/**............ (08).

2 El **sermón/** .... (13) desde el púlpito.

3 Colaboran **arrodillándose/** .... (19).

4 Las **oposiciones/** .... (26) que la dividen.

5 Me despertaba siempre la voz **fuerte/** .... (38).

6 Profundas diferencias **raciales/**.......................... (50).

7 Una red de comunicaciones que **comprende/**............................. (55) prácticamente todo el planeta.

7

Complete.

1 Imágenes
= sig .... (06)

2 Significados
= .... tidos (06)

3 Polemizar
= dis .... (12)

4 Totalmente
= ra .... (16)

5 Estar de acuerdo
= a .... (17)

6 Oraciones
= re .... (19)

7 Pío
= de .... (19)

8 Ligeramente
= le .... (23)

9 Registrado
= ins .... (24)

10 Naturaleza
= ca .... (25)

11 Cultura
= sa .... (26)

12 Participar en
= com .... (27)

13 Uso
= uti .... (36)

14 Mostrar
= ex .... (44)

15 Igualdad
= uni........ .... (45)

16 Participación
= co .... (68)

8

Complete correctamente.

a Sino ≠ si no

*No sólo está dividido por enemistades **sino** por profundas diferencias* (50)
*No lo comprenderemos bien **si no** lo estudiamos a fondo.*

1 La televisión no es un lenguaje .... un transmisor de lenguaje.

2 No podré oírlo .... lo transmiten por radio.

3 No sólo lo han transmitido por radio .... también por televisión.

4 Dejadlos tranquilos, ... os piden algo.

5 Puedes quedarte en casa no sólo hoy .... el tiempo que quieras.

6 ¿Por qué insistirá, ... está seguro de lo que dice?

7 No se oía .... el ruido de aquella máquina infernal.

8 No sabremos a quién acudir, ... tenemos bastante dinero.

9 ¿Quiénes pueden ser los responsables .... esos canallas?

b Quien = el/la que (= persona), que (= cosa)

No eres tú quien / el que debe decir eso.
Los antagonismos que la dividen... (26)

1 Que lo pague .... lo ha roto.

2 Tenemos que insistir para que .... lo sepa lo diga.

3 El paquete .... ha llegado por correo no es para ti.

4 Los trenes .... vienen de Barcelona llegan con retraso.

5 ¿Habéis dejado el equipaje .... traíais en la consigna de la estación?

6 .... hace la ley hace la trampa.

7 No pudo entrar .... llegó tarde.

8 .... quiera obtener el préstamo debe solicitarlo ya.

9 *Dime con* .... *andas y te diré* .... *eres.*

10 No se sabía muy bien .... te lo ha dicho.

9

Use correctamente las palabras en negrita.

a *La televisión… en sí* **misma** *no es un lenguaje.* (02)

La estructura **misma** *de la sociedad.* (24)

Hemos nacido en el **mismo** *año.*

1 Vive en el centro .... de la ciudad.

2 Tiene los .... gustos.

3 Se admira mucho a sí ....

4 Yo .... me sorprendí.

5 Son los .... perros con distintos collares.

6 La estatua está en el .... borde del estanque.

b **Medios** *de comunicación* (31)

No te pongas en **medio**.

Ha recorrido **medio** *punto.*

Consiguió el trabajo por **medio** *de los anuncios de la prensa.*

Fracasó en la empresa a pesar de sus **medios**.

1 Este perro está siempre ....

2 Tienen muchos .... para investigar.

3 Se han conocido .... de una agencia matrimonial.

4 Ha vendido .... finca.

5 .... de la plaza hay una fuente.

6 Encontré comprador .... de un amigo.

7 El fin no justifica los ....

8 ¿Cómo se llama tu .... naranja?

9 La radio es un .... muy ágil.

10 Los .... estaban en contra del Presidente del Gobierno.

c *… Los oyentes… no* **aparecen** *físicamente* (20)

Es verdad, pero **parece** *mentira.*

Lleva ese cochazo para **aparentar**.

1 .... improbable alcanzar esa velocidad.

2 A las cinco .... el novio.

3 Le gusta .... más que trabajar.

4 No .... prudente salir con este tiempo.

5 ¿Ha .... el testigo?

6 .... brusquedad, pero es muy tierno en el fondo.

d *A medida que los particularismos de nuestro siglo* **crecen**… (63)

Pablo **ha crecido** *diez centímetros este verano.*

Nací y me **crié** *en este pueblo.*

En esta tierra se cultivan espárragos; **crecen** *muy bien aquí.*

1 Ya no .... más que tomates.

2 El PNB ha .... un 1%.

3 Están probando a .... flores en este terreno.

4 ¡Qué bien .... aquí el césped!

5 He .... ocho hijos.

6 ¿Dónde se .... usted?

10

Elija.

a Aunque + indicativo = hecho real / aunque = subjuntivo = hecho hipotético

... aunque los medios de comunicación no son sistemas, su sentido... (21)

... los oyentes –aunque sean millones– no aparecen físicamente. (20)

1 Aunque **tienes/tengas** hambre, no comeremos.
2 Aunque **es/sea** tan grueso, camina rápido.
3 Aunque los **invitan/invitaran**, no irían.
4 Aunque lo **veo/vea** tanto, rara vez hablamos.
5 Aunque no os **gusta/guste**, debéis verlo un rato.
6 Aunque **encuentre/encontrara** al príncipe azul, no se casará.
7 Aunque **juegue/jugara** a la lotería, no me tocaría.
8 Aunque **son/sean** ricos, viven como pobres.
9 Aunque **es/sea** extranjero, habla muy bien nuestro idioma.
10 Aunque **es/sea** sincero, no le creo una palabra.

b

Aunque era *el mayor,* **parecía** *el más joven.*

Aunque me pagaran *el doble, no lo* **haría.**

Aunque lo hubiera jurado, *no le* **habríamos creído.**

1 Aunque Vd. **tenía/tuviera** amigos, salía poco de casa.
2 Aunque **había/hubiera** estudiado mucho, no habría aprobado un examen tan difícil.
3 Ella decía que no se casaría, aunque **encuentre/encontrara** a su príncipe azul.
4 Aunque los dos **ganaban/ganaran** mucho, seguían trabajando.
5 Aunque nosotros **habíamos/hubiéramos** tomado el avión, no habríamos llegado para esa hora.
6 No le habríais podido ver, aunque **habíais/hubiérais** estado aquí.
7 Aunque **tenía/tuviera** que trabajar, encontraba tiempo para ir al teatro.
8 Aunque **habías/hubieras** tenido peores oportunidades, las habrías aprovechado.

c En sí ≠ por sí

La televisión, **en sí** *misma, no es un lenguaje.* (02)

Cada medio es, **por sí** *mismo, una sociedad.*

1 Hizo el reparto **en/por** sí mismo.
2 La cosa no es difícil **en/por** sí misma, sino por los obstáculos que nos ponen.
3 Perdió el conocimiento, pero volvió **en/por** sí en seguida.
4 Lo ha realizado **en/por** sí mismo, sin ayuda ajena.
5 Consideró que el negocio era **en/por** sí mismo peligroso.
6 Tenía gran confianza **en/por** sí mismo.
7 La obra resultaba atrayente **en/por** sí misma.
8 No fue necesario insistir, acabaron convenciéndose **en/por** sí mismos.

11

Recomponga.

Acentos (48-73)

El mundo moderno no solo esta dividido por violentas enemistades ideologicas, políticas, economicas y religiosas sino por profundas diferencias culturales, lingüisticas y etnicas. Sin embargo, este mundo de feroces rivalidades e imborrables singularidades esta unido por una red de comunicaciones que abarca practicamente a todo el planeta. Cualquiera que sea su religion y cualquiera que sea el regimen politico y economico bajo el que viven, las gentes leen libros y periodicos, escuchan conciertos por radio, ven en las pantallas de los cines o de las televisiones peliculas y noticiarios. A medida que los particularismos de nuestro siglo crecen y se vuelven mas y mas agresivos, las imagenes se universalizan: cada noche, en una suerte de comunion visual mas bien equivoca, todos vemos en la pantalla al Papa, a la actriz famosa, al gran boxeador, al dictador de turno, al Premio Nobel y al asesino celebre.

12

Conversación:

1 ¿Cuál puede ser la influencia de los medios de comunicación en el lenguaje de un país?

2 ¿Le parece posible que la TV llegue a modificar la vida de una sociedad en algunos aspectos? Por ejemplo: moda, deporte, política, etcétera.

3 ¿Llegará la TV con el tiempo a relegar a un segundo plano a otros medios de comunicación: periódico, libro, radio...?

4 *El que mucho habla mucho yerra.*

13

Redacción:

1 Escriba (100 a 150 palabras) sobre los programas de TV que más le interesen.

2 Contraponga TV y cine.

3 *Unos dicen lo que saben, y otros saben lo que dicen.*

Meditaciones
de El Quijote

Resumen biográfico.

José ORTEGA Y GASSET (1883-1955)

Ensayista y filósofo, puede considerarse a José Ortega y Gasset el más importante pensador español de su época. Guía intelectual de las últimas generaciones, docente universitario de la máxima categoría, gracias a él se difunden en España las principales corrientes culturales, sobre todo las germánicas. Su estilo es de una suprema elegancia y claridad, esmaltado de brillantes metáforas.

En palabras de su discípulo más importante, Julián Marías, "*Meditaciones del Quijote* no es un libro más de Ortega. Es el punto de partida de toda su obra posterior, aquel en que su autor llegó a sí mismo, empezó a poseer su propia filosofía, a instalarse en ella para seguir adelante".

Entrando en situación.

¿Qué tipo de bosques hay en su país?

Lea las preguntas siguientes y localice las respuestas en el texto.

1 ¿Cuántos árboles dice el autor que ve en ese momento?

2 ¿Qué le parece al autor que había al llegar a un claro del bosque?

3 Según los antiguos, ¿qué seres mitológicos había en las selvas?

4 ¿Qué ruidos se pueden oír al caminar por un bosque?

5 Cuando estamos dentro del bosque, ¿qué sugieren los árboles que vemos?

Según cantaba el labriego de Poitiers, *la hauteur des maisons empêche de voir la ville*[1] y el adagio germánico afirma que los árboles no dejan ver el bosque. Selva y ciudad son dos cosas esencialmente profundas, y la profundidad está condenada de una manera fatal a convertirse en superficie si quiere manifestarse. 5
Tengo yo ahora en torno mío hasta dos docenas de robles graves y de fresnos gentiles. ¿Es esto un bosque? Ciertamente que no; éstos son los árboles que yo veo de un bosque. El bosque verdadero se compone de los árboles que no veo. El bosque es una naturaleza invisible –por eso en todos los idiomas conserva su 10 nombre un halo de misterio.
Yo ahora puedo levantarme y tomar uno de estos vagos senderos por donde veo cruzar a los mirlos. Los árboles que antes veía serán sustituidos por otros análogos. Se irá el bosque descomponiendo, desgranando en una serie de trozos sucesivamente visi- 15 bles. Pero nunca lo hallaré allí donde me encuentre. El bosque huye de los ojos.
Cuando llegamos a uno de estos breves claros que deja la verdura, nos parece que había allí un hombre sentado sobre una piedra, los codos en las rodillas, las palmas en las sienes, y que, pre- 20 cisamente cuando íbamos a llegar, se ha levantado y se ha ido. Sospechamos que este hombre, dando un breve rodeo, ha ido a colocarse en la misma postura no lejos de nosotros. Si cedemos al deseo de sorprenderle –a ese poder de atracción, que ejerce el centro de los bosques sobre quien en ellos penetra–, la escena se 25 repetirá indefinidamente.
El bosque está siempre un poco más allá de donde nosotros estamos. De donde nosotros estamos acaba de marcharse y queda sólo su huella aún fresca. Los antiguos, que proyectaban en formas corpóreas y vivas las siluetas de sus emociones, poblaron las 30 selvas de ninfas fugitivas. Nada más exacto y expresivo. Conforme camináis, volved rápidamente la mirada a un claro entre la espesura y hallaréis un temblor en el aire, como si se aprestara a llenar el hueco que ha dejado al huir un ligero cuerpo desnudo. 35
Desde uno cualquiera de sus lugares es, en rigor, el bosque una posibilidad. Es una vereda por donde podríamos internarnos; es un hontanar de quien nos llega un rumor débil en brazos del silencio y que podríamos descubrir a los pocos pasos; son versículos de cantos que hacen a lo lejos los pájaros puestos en unas 40 ramas bajo las cuales podríamos llegar. El bosque es una suma de posibles actos nuestros, que al realizarse perderían su valor genuino. Lo que del bosque se halla ante nosotros de una manera inmediata es sólo pretexto para que lo demás se halle oculto y distante. 45
Cuando se repite la frase "los árboles no nos dejan ver el bosque", tal vez no se entiende su riguroso significado. Tal vez la burla que en ella se quiere hacer vuelva su aguijón contra quien la dice. Los árboles no dejan ver el bosque, y gracias a que así es, en efecto, el bosque existe. La misión de los árboles patentes es 50

55 hacer latente el resto de ellos, y sólo cuando nos damos perfecta cuenta de que el paisaje visible está ocultando a otros paisajes visibles nos sentimos dentro de un bosque.

60 La invisibilidad, el hallarse oculto no es un carácter meramente negativo, sino una cualidad positiva que, al verterse sobre una cosa, la transforma, hace de ella una cosa nueva. En este sentido es absurdo –como la frase susodi-65 cha declara–, pretender ver el bosque.

El bosque es lo latente en cuanto tal.

70 [1] *La altura de las casas impide ver la ciudad.*

1

Localice en el texto los sinónimos de las palabras siguientes.

(01) labrador	(29) marca
(02) proverbio	(30) perfiles
(06) serios	(32) mientras
(12) imprecisos	(34) prepararse
(12) caminos	(37) camino
(14) parecidos	(47) quizá
(14) deshacer	(50) el cometido
(15) pedazos	(52) solamente
(16) encontrar	(65) dice
(28) irse	

2

Localice los antónimos de:

(04) superficiales	(10) visible
(34) pesado	(45) cercano
(08) falso	(60) positivo

3

Explique el significado de los verbos en negrita.

1 La profundidad está **condenada** a (04)
2 **Convertirse** en superficie (05)
3 El bosque verdadero **se compone** de los árboles que no veo (08)
4 En todos los idiomas **conserva** su nombre un halo de misterio (10)
5 Uno de esos vagos senderos por donde veo **cruzar** a los mirlos (12)
6 Los árboles que antes veía serán **sustituidos** por otros análogos (13)
7 Si **cedemos** al deseo de sorprenderle (23)
8 Ese poder de atracción que **ejerce** el centro de los bosques sobre quien (24)
9 En ellos **penetra** (25)
10 **Acaba** de marcharse (28)
11 Los antiguos [...] **poblaron** las selvas de ninfas fugitivas (29)
12 Actos nuestros [...] que al **realizarse** perderán su valor genuino (42)

4

Coloque cada palabra donde corresponda.

(11) halo	**1**	Parte densa de un bosque	=	....
(15) desgranar	**2**	Quitar los granos	=	....
(15) sucesivamente	**3**	Partes despejadas de un bosque	=	....
(18) claros	**4**	Lo llevan los santos sobre la cabeza	=	....
(18) verdura	**5**	Penetrar	=	....
(31) fugitivas	**6**	Las que huyen	=	....
(33) espesura	**7**	Las avispas pinchan con él	=	....
(37) internarse	**8**	Vegetación	=	....
(48) aguijón	**9**	Uno detrás del otro	=	....
(68) en cuanto tal	**10**	Por naturaleza	=	....

5

Diga una frase con cada palabra subrayada.

1 Un adagio <u>germánico</u> (02).
2 La <u>superficie</u> (05) del mar.
3 Tiene una <u>mirada</u> (32) franca.
4 El <u>temblor</u> (33) de sus manos.
5 El <u>hueco</u> (34) del ascensor.
6 ¿Me haces la <u>suma</u> (41) de estas cantidades?
7 ¿Cuál es el <u>significado</u> (47) de esta palabra?
8 No me gusta <u>hacer</u> (48) de nadie.
9 Mi <u>conclusión</u> (64) le parece absurda.

6

Dígalo como lo dice el texto.

(06) En torno mío	**1**	Extremas por naturaleza	=	....
(65) pretender	**2**	A mi alrededor	=	....
(36) en rigor	**3**	Siempre	=	....
(04) profundas	**4**	Elocuente	=	....
(31) expresivo	**5**	En realidad	=	....
(39) a pocos pasos	**6**	Un poco más allá	=	....
(64) susodicha	**7**	En verdad	=	....
(26) indefinidamente	**8**	Advertimos perfectamente	=	....
(50) en efecto	**9**	Antedicha	=	....
(52) nos damos perfecta cuenta	**10**	Intentar	=	....

7

Complete.

1	Pájaro negro (se dice "blanco" para indicar rareza)	= mir	(13)
2	Partes de cada lado de la cabeza	= sie	(20)
3	Posición del cuerpo	= pos	(23)
4	Que tiene cuerpo	= cor	(30)
5	Plasmar	= pro	(29)
6	Inevitable	= fa	(05)
7	Camino curvo	= ro	(22)
8	Palpitante	= la	(51)
9	Mostrarse	= ma	(05)
10	Agradables	= gen	(07)
11	Árbol - persona muy fuerte	= ro	(06)
12	Árbol de madera muy elástica	= fres	(07)
13	Echar un líquido a un recipiente	= ver	(61)
14	Manantial	= hon	(38)

8

Use correctamente las palabras en negrita.

a selva ≠ bosque

*¿Con cuántos árboles se hace una **selva**?* (03)

*Los árboles no dejan ver el **bosque**.* (03)

1 Había .... detrás del castillo.
2 .... virgen.
3 .... del Amazonas.
4 .... de pinos.

b allá ≠ acá

*... un poco más **allá**.* (27)
Acá *está lloviendo.*

1 ...., en esta región, nieva mucho.
2 .... hay unas costumbres muy diferentes a éstas.
3 Estás demasiado lejos, ponte más ....
4 Si te molesta el humo, me siento más ....

c acto ≠ acción

*... posibles **actos** nuestros* (42)
*Un **acto** de caridad.*
*Un **acto** social.*
*Una tragedia en tres **actos**.*
*Una mala **acción**.*
Una película de mucha **acción**.

1 Necesitamos pasar a ....
2 .... de rebeldía.
3 Una comedia en dos ....
4 Prefiere .... a la palabra.
5 Su .... no tiene perdón.
6 .... jurídico.

d Cuanto (s) ≠ cuánto (s), Cuanta (s) ≠ cuánta (s)

*¿Con **cuántos** árboles se hace una selva?*

1 Cumple todo .... promete.

2 No puedes imaginarte .... gente había.

*Según la leyenda, Midas convertía en oro **cuanto** tocaba.*

3 Llévate .... libros quieras, pero anota .... te llevas.

4 .... más atención pongas, tanto mejor.

5 ¿....................... dinero necesitas?

6 .... veces se lo decíamos, se reía de nosotros.

7 ¡....................... historias bonitas nos han contado!

9

Inserte la letra que corresponda y dé una frase por cada letra.

a

A *Es un hontanar de quien nos llega un **rumor** débil* (38)

B *Corre un **rumor** de que los van a destituir.*

1 Se oía el rumor del viento a través de las ramas.

2 ¿Es verdad ese rumor de que se casa con su prima?

3 Muy a lo lejos se oía el rumor de la carretera.

4 No me gusta hacer caso de los rumores.

A ....

B ....

b

A *Ese **poder** de atracción que ejerce el centro de los bosques.* (24)

B *Querer es **poder**.*

C *El **poder** político.*

1 No voy a poder verte mañana.

2 El poder legislativo.

3 Tiene un gran poder de persuasión.

4 Su nombre tiene un gran poder de convocatoria.

5 Tienes que poder dejar de fumar.

6 El poder ejecutivo.

A ....

B ....

C ....

c

A *Huella aún **fresca*** (29)

B *Huevos **frescos**.*

C *Ese tipo es un **fresco**.*

D *¡Qué **fresco** hace!*

1 ¿Salimos a tomar el fresco?

2 Corría un viento fresco.

3 Paga tú, ¡no seas fresco!

4 El pescado está fresco.

A ....

B ....

C ....

D ....

10

Diga una frase por cada significado de las palabras en negrita.

a *Actos [...] que al realizarse perderían su* **valor** *genuino* (42)

1 Un mueble de mucho **valor**.

2 Está subiendo el **valor** adquisitivo de la peseta.

3 Las tropas lucharon con mucho **valor**.

4 Invirtió su capital en **valores** de la Bolsa.

5 I.V.A. significa "Impuesto sobre el **Valor** Añadido".

b *La misión de los árboles* **patentes** (50)

1 El descontento es **patente**.

2 ¿Quién tiene la **patente** de esta máquina?

3 Jaime hace lo que le da la gana, parece que tiene "**patente** de corso".

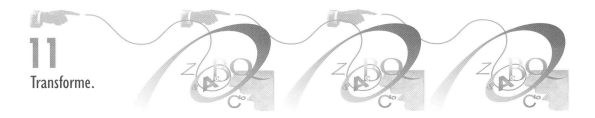

11

Transforme.

a Se irá el bosque descomponiendo ... (14) ➠ *El bosque* **se descompondrá poco a poco.**

1 Se acostumbrará poco a poco a su nuevo barrio.

2 Pagará sus deudas poco a poco.

3 Conseguiré dominar mejor cada día el manejo del ordenador.

4 El juez tomará declaración a los sospechosos.

b Sigue saliendo con ella ... ➠ *No deja de salir con ella.*

1 Aunque les resulta difícil, no dejan de estudiar alemán.

2 Sigue insistiendo en que es inocente.

3 No deja de decir que él es inocente.

4 Siguen diciendo en la radio que ha sido grave el accidente.

c ¿Qué programa estáis viendo? ➧ *¿Qué programa **veis** ahora?*

1 Él oye la radio, cuando vienen a buscarle sus amigos.

2 Ahora estudian alemán sin descanso.

3 ¿Seguís ahora ese programa de la tele?

4 ¿En qué oficina trabajas actualmente?

d Viene anunciando su retirada. ➧ ***Anuncia desde hace tiempo** su retirada.*

1 Decís desde hace tiempo lo mismo y ya no os cree nadie.

2 Desde hace tiempo anuncian que van a cambiar de piso.

3 Desde hace tiempo prometen visitarnos.

4 Desde hace tiempo intentan arreglar esos negocios.

e Lleva enseñando muchos años ➧ ***Enseña desde hace** muchos años.*

1 Desde hace bastante tiempo practicamos con frecuencia, y por eso nos sale tan bien.

2 Vivimos en esta casa desde hace dos años.

3 Hacéis dieta desde hace meses, pero no adelgazáis.

4 Estudio ruso desde hace tres meses.

f Al oír la música, la gente se puso a bailar ➧ ***Cuando oyó** la música, la gente …*

1 Al entrar en el museo se encontraron a sus amigos.

2 Cuando salió el tren empezamos a jugar a las cartas en el compartimento.

3 Al recibir la noticia se desmayó.

4 Al llegar a América, Colón creyó que estaba en las Indias Orientales.

12
Recomponga.

a Acentos (27 a 35)

El bosque esta siempre un poco mas alla de donde nosotros estamos. De donde nosotros estamos acaba de marcharse y queda solo su huella aun fresca. Los antiguos, que proyectaban en formas corporeas y vivas las siluetas de sus emociones, poblaron las selvas de ninfas fugitivas. Nada mas exacto y expresivo. Conforme caminais, volved rapidamente la mirada a un claro entre la espesura y hallareis un temblor en el aire, como si se aprestara a llenar el hueco que ha dejado al huir un ligero cuerpo desnudo.

b Preposiciones (36 a 45)

.... uno cualquiera .... sus lugares es, ... rigor, el bosque una posibilidad. Es una vereda .... donde podríamos internarnos; es un hontanar .... quien nos llega un rumor débil .... brazos .... el silencio y que podríamos descubrir .... los pocos pasos; son versículos .... cantos que hacen .... lo lejos los pájaros puestos .... unas ramas .... las cuales podríamos llegar. El bosque es una suma .... posibles actos nuestros, que .... realizarse perderían su valor genuino. Lo que .... el bosque se halla .... nosotros .... una manera inmediata es sólo pretexto .... que lo demás se halle oculto y distante.

13

Conversación:

1 Explique qué coincidencias hay entre lo que cantaba el labriego de Poitiers y el adagio germánico (01)

2 ¿Y qué quiere decir la frase: el bosque huye de los ojos (16)?

3 Compare la visión de un iceberg con la de un bosque. ¿Encuentra alguna semejanza?

4 "Poblaron las selvas de ninfas fugitivas" (30). ¿Qué imágenes despierta en su imaginación esta frase? ,

5 "El bosque no necesita al hombre, pero el hombre necesita al bosque." Dé su opinión sobre esta frase de los ecologistas.

6 *Quien a buen árbol se arrima buena sombra le cobija.*

14

Redacción:

1 Escriba sobre el plástico como sustituto de la madera en la actual sociedad de consumo.

2 Escriba sobre los árboles y/o plantas más comunes en su país.

3 ¿Por qué los ecologistas insisten tanto en la conservación de los bosque del mundo entero?

4 *Del árbol caído todos hacen leña.*

☞ **Resumen biográfico.**

Enrique JARDIEL PONCELA
(1901-1952)

Está considerado un maestro del humor, tanto en sus novelas como en obras teatrales que obtuvieron gran éxito, pero que, sin embargo, provocaron también la irritación de críticos y público apegados al viejo humor costumbrista del teatro español.

Para conseguir uno de sus triunfos teatrales más claros en *Eloísa está debajo de un almendro* se vale este "renovador de la risa" de vanguardia, de una familia de grandes medios económicos con todos sus miembros "desquiciados", en un derroche de imaginación y situaciones insólitas.

☞ **Entrando en situación.**

¿Qué tipo de espectáculo, cine o teatro, le gusta más, y por qué?

Lea las preguntas siguientes y localice las respuestas en el texto.

1 Describa a Micaela.

2 ¿Qué va a ocurrir esa noche, según Micaela?

3 ¿Quién está aprendiendo a hablar y para qué?

4 ¿Cómo describe el autor a Práxedes?

5 ¿Para qué entra Práxedes en escena?

6 ¿Para qué pone Fermín unas maletas junto a la cama?

Micaela *Por el foro*[1] *izquierda, aparece hablando a grandes voces. Viste totalmente de negro, es rígida y altiva. (...). Avanza de prisa, tirando de los perros y con destreza de persona ya habituada a ello, por entre los muebles.)* ¡Edgardo! ¡Edgardo! ¿Estoy yo loca o has dicho que te vas a San Sebastián?

Edgardo Las dos cosas, Micaela.

Micaela *(De un modo patético)* ¡Insiste por ese camino, Edgardo! Insiste por ese camino, que algún día acabarás por decir algo ingenioso. (...) Cuando yo digo que ésta es una casa de locos... Irse a San Sebastián esta noche, justamente esta noche, que toca ladrones... (...) Por fortuna, vigilo yo y vigilan "Caín" y "Abel" *(Por los perros)* (...)
(Se va, llevándose a remolque a los dos perros.)

Leoncio ¿Quién es ésa?

Fermín La hermana mayor del señor.

Leoncio ¿Y qué es eso de que esta noche toca ladrones?

Fermín Pues que se empeña en que vienen ladrones todos los sábados. (...) Tal como Vd. la ve, con los perros a la rastra, se pasará toda la noche en claro, del jardín a la casa y de la casa al jardín.

Leoncio Pues habría que oírles a los perros si supieran hablar.

Fermín Creo que están aprendiendo para desahogarse. (...)
(Por la escalera del fondo surge entonces como un obús Práxedes. Es una muchacha pequeña y menuda que personifica la velocidad. Trae una bandeja grande con una cena completa, dos botellas, vasos, mantelería, etc. (...)

Práxedes ¿Se puede? Sí, porque no hay nadie. ¿Que no hay nadie? Bueno, hay alguien, pero como si no hubiera nadie. ¡Hola! ¿Qué hay? ¿Qué haces aquí? Perdiendo el tiempo, ¿no? Tu dirás que no, pero yo digo que sí. ¿Qué? ¡Ah! Bueno, por eso... ¿Que por qué vengo? Porque me lo han mandado. ¿Quién? La señora mayor. ¿Que qué traigo? La cena de la señora, porque es sábado y esta noche tiene que vigilar. ¿Que por qué cena vigilando? Pues porque no va a vigilar sin cenar. ¿Te parece mal que vigile? Y a mí también. Pero ¿podemos nosotros remediarlo? ¡Ah! Bueno, por eso... Y ahora dejárselo todo dispuesto y a su gusto... ¿Que lo hago demasiado deprisa? Es mi genio. Pero ¿lo hago mal? ¿No? ¡Ah! Bueno, por eso... Y no hablemos más. Ya está: en un voleo. ¿Bebidas? ¡Claro! No iba a comer sin beber. Aunque tú bebes aunque no comas. ¿Lo niegas? Bien. Allá tú. (...) ¿Decíais algo? ¿Sí? ¿El qué? ¿Que no decíais nada? ¡Ah! Bueno, por eso ...
(Se va por el primero derecha).

Leoncio	Y ésta es otra loca de la familia, claro.
Fermín	No. Esta es la señorita de compañía de doña Micaela y está en su juicio.
Leoncio	¿Que está en su juicio?
Fermín	Sí. ¿Es que ha notado usted algo raro en ella?
Leoncio	¿Cómo si he notado algo raro en ella? ¿Y usted no nota nada oyéndola hablar?
Fermín	Yo es que ya no discierno, acostumbrado como estoy a... ¡Claro! Si no podré aguantar ni ocho días más... Si también el criado que estuvo antes que yo mordió la chaveta... Si de aquí salgo para una celda de corcho... (...) *(Mirando el reloj y alarmándose)* ¡Ahí va! Dos minutos para el tren de San Sebastián. Hay que arreglarlo todo en un vuelo. *(Pone junto a la cama unas maletas y manipula en el "cine")*
Leoncio	*(Siguiéndole)* Oiga usted, ¿pero eso de San Sebastián era fetén?
Fermín	(...) Hombre, claro. Rara es la noche que no se va a algún lado... (...) Llega un momento en que la cama le aburre y necesita viajar.
Leoncio	Pero ¿sin moverse de la cama?
Fermín	Sí, claro. De la cama no se mueve más que lo justo para que yo se la arregle por las mañanas. Y para estirar las piernas por aquí un ratillo, porque, si no, a estas horas ya estaría paralítico. ¿No ve que lleva así veintiún años?
Leoncio	¡Hay que ver!

Líneas: 55, 60, 65, 70, 75, 80, 85, 90, 95

[1] *Foro: teatro, fondo del escenario.*

1

Localice en el texto los sinónimos de las palabras siguientes.

(02) completamente   (58) extraño

(03) acostumbrada   (59) distingo

(09) continúa   (64) resistir

(13) precisamente   (70) asustándose

(36) ordenado   (78) de verdad

(38) observado

2

Localice los antónimos de:

(10) empezarás por   (47) ¿lo afirmas?

(14) por desgracia   (82) le divierte

(18) menor

3

Copie del texto otras maneras de expresar lo siguiente:

1 A rastras   = ...

2 Aparece   = ...

3 En un instante   = ...

4

Ponga verdadero (V) o falso (F).

1 *De un modo patético* (09)

[ ] con pasión   [ ] con desprecio

2 Insiste *por ese camino* (09)

[ ] de nuevo   [ ] de esa manera

3 Pero, ¿podemos nosotros *remediarlo*? (41)

[ ] impedirlo   [ ] hacerlo

4 Manipula en el "cine" (75)

[ ] toca en el "cine" [ ] enciende el "cine"

5

Dígalo como lo dice el texto.

1 En voz alta (01)

= a grandes ....

2 Corresponde ladrones (13)

= .... ladrones

3 Está convencida de que (20)

= se...................... en que ....

4 Sin dormir (22)

= .... claro.

5 Es la velocidad en persona (28)

= .... la velocidad.

6 Señorita que sirve a una persona mayor (53)

= .... compañía.

7 No está loca (54)

= está.............. .... juicio.

8 Se volvió loco (67)

= .... la chaveta.

9 Casi todas las noches (79)

= .... es la noche.

10 Yo se la haga (la cama) (87)

= yo se la ....

11 Caminar un poco (88)

= estirar ....

12 ¡Es increíble! (94)

= ¡Hay que ....!

6

Lea y escriba.

Micaela tiene una figura **derecha** /...............
.... (02) y parece **orgullosa** /..........
.... (02). Camina **con rapidez**
/.................................. (03) y con **habilidad**
/ .... (04) entre los muebles.

Micaela, que no cree a Edgardo muy **gracioso**/
.... (11), atraviesa la escena
tirando de dos perros. Luego, del fondo, aparece Práxedes como **una bala** /....................
.... (26).

Ésta, que es **de reducido tamaño** /..............
.... (27), lleva una bandeja en la que
hay una cena completa con vasos, **mantel y
servilletas** / .... (28), etc.

Práxedes se mueve muy de prisa, porque así
es su **temperamento** /......................... (44).

La cena es para Micaela, que esta noche va a
estar atenta / .... (38).
Por su parte, Fermín, criado de Edgardo,
tiene que preparar el "viaje" de éste y **dispo-
nerlo** / .... (72) todo.

El "viaje" lo hace Edgardo sin moverse de la
cama, y para no quedarse **inválido** /.............
.... (90) todas las mañanas
camina un poco.

7

Use correctamente las palabras en negrita.

a con ≠ de

*Avanza... **con destreza**...* (03)
*...Es la señorita **de** compañía...* (53)

1 Estos libros son todos tratados................. la misma materia.
2 Se comprende que esté contento .... su nuevo coche.
3 El ejercicio corporal es bueno .... moderación.
4 Hablaba .... todo como si fuera un sabio.
5 Nosotros formábamos parte .... ellos .... la comisión.
6 ¿Está Vd. satisfecho................. el proyecto?
7 ¿.................. quién es esa idea?
8 La empresa está cubierta............... deudas.

b por ≠ para

1 Piden colaboración.................. restaurar el castillo.
2 No hemos gritado................ no llamar la atención.
3 No nos lo dijo................ miedo.
4 Quiero ver al médico.................... saber lo que tengo.
5 Te lo digo .... que te enteres.
6 .... diversas razones no pudo llegar a tiempo.
7 No quería salir .... el cansancio.
8 Tomamos el último tren .... París.
9 Lo hizo .... abreviar.
10 De aquí salgo .... una celda de corcho... (68)

8

Inserte la letra que corresponda y dé una frase por cada letra.

a

A *¿Qué es eso de que esta noche **toca** ladrones?* (19)

B *Le **tocó** el primer premio de la lotería.*

C *¡Qué bien **toca** el piano!*

B *¡No **toques** el enchufe, niño!*

1 ¿Has tocado el timbre?
2 Mañana toca paella.
3 Cuando toqué la ropa noté que estaba húmeda.
4 Juega tú primero, porque a ti te toca.
5 No me gusta tocar el claxon.
6 Se prohíbe tocar los cuadros en el museo.
7 Nunca me han tocado las quinielas.
8 Sabe tocar el acordeón.
9 Es un virtuoso de la guitarra, toca como un ángel.
10 Hoy le toca a él fregar los platos.

A ....
B ....
C ....
D ....

b

A *Se **empeña** en que vienen ladrones* (20)

B *Ha **empeñado** una joya por cien mil pesetas.*

C *Se **empeñó** para poder pagar su banquete de boda.*

1 Ha empeñado su abrigo de visón.
2 Prefiero pagar al contado antes que empeñarme.
3 No lo haré, por mucho que te empeñes.
4 Prefiero un crédito a empeñar mi anillo.
5 Se empeña en viajar en tren.
6 Está empeñado hasta las cejas.

A ....
B ....
C ....

c

A *Está en su **juicio**.* (54)

B *A mi **juicio** conviene esperar.*

C *El **juicio** contra el acusado se celebra el mes que viene.*

1 Lo van a llevar a juicio por estafa.
2 A tu juicio, ¿qué debemos hacer?
3 Es hombre de poco juicio.
4 El testigo principal no acudió al juicio.
5 A juicio suyo, estamos equivocados.
6 La gente confía en su buen juicio.

A ....
B ....
C ....

9

Transforme.

a **Presente de indicativo ⟹ imperativo.**

Insistes por ese camino
⟹ *¡Insiste por ese camino!* (10)

Y no hablamos más
⟹ *Y no hablemos más* (45)

1 Dices a tu madre que la espero.
2 No vamos andando hasta allí.
3 Tienes el bolso en la mano.
4 No hacemos tanto ruido.
5 Sales pronto de aquí.
6 Hacemos el trabajo que falta.

b Avanza de prisa tirando de los perros. (03)
⟹ *Avanza de prisa mientras tira de los perros.*

1 Tecleaba mientras fumaba un cigarrillo.
2 Comía mientras miraba la televisión.
3 Pensaba en sus problemas mientras caminaba.
4 Cocinaba mientras escuchaba la radio.
5 No puedo hacer nada mientras escucho la radio.
6 No se podrá salir mientras llueve.

c Algún día acabarás por decir algo ingenioso. (10)
⟹ *Algún día dirás por fin algo ingenioso.*

1 ¿Crees que lloverá por fin?
2 No será por fin condenado.
3 Aceptará por fin la propuesta.
4 Nos mudaremos por fin de casa.
5 ¿Crees que por fin se decidirá?
6 Lo nombrarán por fin jefe de su oficina.

d No voy a comer sin beber.
⟹ *No iba a comer sin beber* (46)

1 No voy a salir sin arreglarme.
2 No van a llegar sin avisar.
3 No vas a trabajar sin cobrar.
4 No vamos a acostarnos sin cerrar la puerta.
5 No vais a comprar coche sin dinero.
6 ¡No van ustedes a marcharse sin cenar!

e ¿Y usted no nota nada oyéndola hablar? (60)
⟹ *¿Y usted no nota nada al oírla hablar?*

1 Disfruto al verla comer.
2 Se entusiasma viendo a su niño caminar.
3 Se pone contenta al verme llegar.
4 Llora al oírme contar la historia.
5 Tartamudea al hablar por teléfono.
6 Os ponéis furiosos al hablar de esos asuntos.

f No sabemos cuándo volveremos.
➠ *No sabemos **a qué hora** volveremos.*

1 ¿A qué hora llegarás mañana?
2 No sabíamos cuándo podríamos terminar.
3 Mejor que nos digáis a qué hora vamos a salir.
4 ¿Por qué no quieres decir cuándo llegaste anoche?
5 ¿Cuándo empieza hoy la función?
6 Dime a qué hora me llamarás.

g No lo haré **aun cuando** me lo pida de rodillas.
➠ *No lo haré **incluso** si me lo pide de rodillas.*

1 Aun cuando me lo regalaran, no me pondría ese traje.
2 Me gustan los pájaros, incluso si son cuervos.
3 Incluso si tenía mucho dinero, daba sensación de ser un pobretón.
4 Me molestaba mucho, aun cuando me hablaba en broma.
5 No veo televisión, aun cuando el programa es bueno.
6 Incluso si pudiera ir, no visitaría esa región.

h Había en la sala **como mucho** unas 20 personas.
➠ *Había en la sala **cuanto más** unas 20 personas.*

1 Allí se veían cuanto más unos veinte yates amarrados.
2 Me ha costado como mucho mil pesetas.
3 Como mucho, no llegarán después de las diez.
4 Tardaremos cuanto más siete horas y media.
5 Es autor cuanto más de dos o tres libros.
6 Como mucho ganaríamos dinero para dos días.

i Exprese en estilo indirecto (en 3a persona y en pasado) el párrafo siguiente:

Leoncio preguntó que quién era aquélla ( )

Leoncio	¿Quién es ésa? (17)
Fermín	La hermana mayor del señor.
Leoncio	¿Y qué es eso de que esta noche toca ladrones?
Fermín	Pues que se empeña en que vienen ladrones todos los sábados. (...) Tal como Vd. la ve, con los perros a la rastra, se pasará toda la noche en claro, del jardín a la casa y de la casa al jardín.
Leoncio	Pues habría que oírles a los perros si supieran hablar.
Fermín	Creo que están aprendiendo para desahogarse.

10
Recomponga.
Verbos (31-44)

Práxedes –¿Se puede? Sí, porque no (*haber*) .... nadie. Bueno (*haber*) ....alguien, pero como si no (*haber*) ....nadie. ¿Qué (*hacer, tú*) .... aquí? (*Perder*) .... el tiempo. Tú (*decir*) .... que no, pero yo (*decir*) .... que sí. ¿Que por qué (*venir, yo*) ....? Porque (*mandármelo, ellos*) .... ¿Quién? La señora mayor. ¿Que qué (*traer, yo*) ....? La cena de la señora, porque (*ser*) .... sábado y esta noche (*tener, ella*) .... que vigilar. ¿Que por qué (*cenar*) .... (*vigilar*) ....?

Pues porque no (*ir, ella*) .... a (*vigilar*) .... sin (*cenar*) .... ¿(*Parecerte*) .... mal que (*vigilar, ella*) ....?

Y a mí también. Pero, (*poder, nosotros*) .... (*remediarlo*) ....?

Y ahora a (*dejárselo*) .... todo dispuesto y a su gusto. ¿Que (*hacerlo, yo*) .... demasiado de prisa? (*Ser*) .... mi genio.

11
Conversación:

1 ¿Qué comedia o película recuerda con más placer?
2 Hable de una persona más o menos loca que haya conocido.
3 *Los locos y los niños dicen las verdades.*

12
Redacción:

1 Escriba en forma narrativa de la línea 17 a la línea 24.
2 Explique el viaje que Edgardo quiere hacer a San Sebastián.
3 Escriba todo lo que dice el texto sobre Micaela (línea 01 a línea 52).

El poder del sol

U24 LA ENERGÍA

☞ Entrando en situación.

¿Qué fuentes de obtención de energía conoce?: centrales térmicas, saltos de agua, centrales nucleares, energía solar, etc.
Hable de sus diferencias.

☞ Vocabulario especial.

AMORFO: cuerpo no cristalino, sin forma.

CADENA FRÍA: procedimiento para mantener a baja temperatura un producto desde su obtención hasta su consumo.

CÉLULA: aparato fundado en la acción de la luz sobre los metales.

CRISTALINO: semejante al cristal por sus propiedades.

FOTÓN: partícula elemental de luz, por analogía con el electrón

FOTOVOLTAICO: que produce electricidad aprovechando la luz.

FOTOVOLTIO: unidad de electricidad.

MEDIO AMBIENTE: condiciones que influyen en el desarrollo y actividad de los organismos.

MEGAVATIO: unidad de 1.000 kilovatios.

PANEL: tablero sobre el que están montados otros artificios.

POLICRISTALINO: presenta conjuntamente propiedades semejantes a las de varios cristales.

SEMICONDUCTOR: cuerpo cristalino con propiedades eléctricas intermedias entre las de los metales y las de los aislantes.

SILÍCEO: metaloide en estado amorfo y cristalino.

TÉRMICO: relacionado con el calor.

VACUNA: preparación microbiana que provoca en el organismo la inmunización contra una enfermedad determinada.

Complete las siguientes frases valiéndose del texto.

1 Nuestro planeta recibe anualmente 200 vatios de .... por metro cuadrado.

2 Dedicando 300.000 km. cuadrados de España podríamos cubrir la .... de .... de la ....

3 Por medio de una célula solar la .... del .... se convierte directamente en ....

4 La Organización Mundial de la Salud distribuyó 1.000....... .... de la energía fotovoltaica por todo el ....

5 Hace diez años la energía fotovoltaica era 18 ....

6 Hoy día las células de los paneles solares cuestan ....

7 En la actualidad se utiliza silicio policristalino y silicio amorfo porque................... ....

Nada nuevo bajo el sol. Aunque no se trata de descubrir nuevas cosas sino de aprovechar las condiciones que se repiten desde hace 4.600 millones de años, desde que la Tierra es Tierra. Si pudiéramos utilizar toda la energía que nos llega del sol nuestros problemas energéticos estarían resueltos hace muchísimo tiempo. Pero sólo estamos dando los primeros pasos.

La radiación solar que llega cada año a nuestro planeta es de 200 vatios por metro cuadrado, lo que supone alrededor de 3.000 veces el suministro energético mundial en la actualidad.

Utilizando los diferentes sistemas de captación de esas radiaciones podríamos cubrir la demanda completa de energía de la humanidad dedicando sólo 300.000 kilómetros cuadrados, algo más de media España, a su producción.

Los dos sistemas básicos utilizados para el aprovechamiento de la energía solar son el fotovoltaico y el térmico.

FOTOVOLTIOS BAJO EL SOL.

En la energía solar fotovoltaica la radiación del sol es convertida directamente en electricidad gracias a una célula solar. Estas células se construyen a partir del silíceo, un material que forma la cuarta parte de la corteza terrestre, es decir, es abundantísimo. La célula contiene un semiconductor que se encarga de transformar los fotones de luz en corriente eléctrica. Es un sistema sencillamente perfecto que apenas requiere ningún mantenimiento, ni produce el más mínimo impacto sobre el medio ambiente. Además, es tan flexible que puede explotarse desde enormes instalaciones con varios megavatios de potencia hasta pequeñísimas placas que mantienen permanentemente despierto un reloj de pulsera. De ahí sus posibilidades para responder a cualquier situación.

Buena muestra de ello puede ser la cadena fría del Programa Expandido de Inmunización que llevó a cabo la Organización Mundial de la Salud. El Programa se encargó de distribuir 1.000 refrigeradores de energía fotovoltaica por todo el continente africano para asegurar un suministro continuo de vacunas a las aldeas.

El coste de esta energía renovable es otro dato a tener en cuenta. El kilovatio/hora aún resulta entre 6 y 10 veces más caro que el producido por la energía convencional, pero el progreso es evidente ya que hace diez años la energía fotovoltaica era 18 veces más cara. En esa bajada de precio desempeña un papel esencial la construcción de los paneles solares. El coste de las células que los conforman ha descendido desde los 150 dólares/vatio en 1970 hasta los 4 dólares de hoy. En gran medida por el aumento en las ventas, hasta un 40 por 100 en la década de los ochenta.

La célula original de silíceo de un solo cristal ha dado paso a otras de silíceo policristalino y silíceo amorfo, que ofrecen un menor rendimiento pero que tienen costes mucho más bajos.

10

15

20

25

30

35

40

45

50

1

Localice en el texto los sinónimos de las palabras siguientes.

(05) solucionados	(27) fuerza
(10) procedimientos	(30) ejemplo
(13) oferta	(32) extendido
(14) fundamentales	(33) frigoríficos
(24) necesita	(34) pueblos
(25) choque	(39) patente
(26) gigantescas	(41) primordial

2

Localice los antónimos de:

(08) redondo	(34) discontinuo
(23) complicadamente	(33) retroceso
(26) rígido	(40) subida
(28) temporalmente	(42) subido
(32) enfermedad	

3

Anote las palabras de la misma familia.

(01) Sol ....

(02) Aprovechar ....

(03) Tierra ....

(04) Energía ....

(24) Mantenimiento ....

(24) Produce ....

4

Ponga la forma adecuada.

utilizar (04), *suponer* (08), *dedicar* (12), *formar* (20), *contener* (22), *explotar* (26), *encargarse* (32), *distribuir* (32), *asegurar* (34), *resultar* (37), *conformar* (42), *ofrecer* (47).

1 No se ....an ya estas minas de carbón.

2 El pescado .... a parte importante de la dieta española.

3 España no .... a 0,7% de su PNB al Tercer Mundo.

4 Esta agua .... e demasiado cloro.

5 Han puesto más señales para ....r el cumplimiento de las normas de tráfico.

6 En casa ....os gas para la calefacción.

7 Su capital lo..........................an tres casas y una ganadería de reses bravas.

8 La Cruz Roja ....ó alimentos y ropas entre los afectados por las inundaciones.

9 Una grúa se .... de subir los contenedores al camión.

10 La dimisión del ministro ....o una caída de la bolsa.

11 El cambio de aguas le .... ó beneficioso.

12 El parte del tiempo .... e buenas perspectivas para el fin de semana.

5

Coloque cada palabra donde corresponda.

(07) *radiación*
(10) *captación*
(25) *medio ambiente*
(26) *instalaciones*
(27) *placas*
(31) *inmunización*
(34) *vacunas*
(36) *dato*

1 Hizo una gran .... de socios para el club.
2 El Ayuntamiento ha construido varias .... deportivas.
3 ¿Qué .... conoce sobre la distribución de la población en su país?
4 No se ha logrado la .... contra ciertas enfermedades.
5 La .... nuclear es peligrosa.
6 Se ha puesto la .... antigripal.
7 Les multaron por contaminar el ....
8 Sobre el tejado había .... de hielo.

6

Dígalo como lo dice el texto.

1 No es cuestión de = no se tr............................ de (01)
2 Estamos al principio = estamos d........... los pr............... p............. (06)
3 Aproximadamente = a............................ de (08)
4 Actualmente = en la a........................... (09)
5 Por medio de = g............................. a (19)
6 Ni produce el menor impacto = ni produce el m .... m.............. impacto (24)
7 Realizó = ll .... a c......................... (31)
8 Otro dato significativo = dato a t...................... en c...................... (36)
9 Tiene mucha importancia = d .... un p .... e .... (40)
10 Mayormente = en g .... m .... (43)

7

Complete.

1 Requieren solución = pro .... (05)
2 Lo es la tierra = pla .... (07)
3 Provisión = su .... tro (09)
4 El conjunto de hombres y mujeres = ... dad (11)
5 Sin mediación = ... mente (19)
6 Transforma la acción lumínica en eléctrica = cé .... (19)
7 Viene de "pulso" = ... ra (28)
8 Proyecto = ... ma (30)
9 Es un órgano = ... ni .... (31)
10 América forma uno = ... te (33)

8

Use correctamente las palabras en negrita.

a   Media ≠ mitad

1 Algo más de .... España
2 La .... sur del país.
3 ¿Quieres .... naranja?
4 Estoy a la .... del viaje.
5 Se fue al bingo con su .... naranja.

b   Material ≠ materia

1 Un .... de la corteza terrestre.
2 La casa está construida con bue...
   ....
3 … .... y el espíritu.
4 Al cerebro se le llama .... gris.

9

Inserte la letra que corresponda y dé una frase por cada letra.

a

A *Desde que la **Tierra** es **Tierra**…* (03)

B *Parece que sube la temperatura media de la **Tierra**.*

C *Un camino de **tierra**.*

D *Habla maravillas de su **tierra**.*

E *¡**Tierra**!, gritó el marinero.*

1 No hay mejor agua en toda la Tierra.
2 Han echado tierra al asunto.
3 Lleva cinco años bajo tierra.
4 No quiere regresar a su tierra.
5 En toda tierra cuecen habas.
6 El capitán del barco está pasando unos días en tierra.

A ....
B ....
C ....
D ....
E ....

b

A *…se trata de aprovechar las **condiciones** de la tierra* (02)

B *El coche está en muy buenas **condiciones**.*

C *Las **condiciones** del contrato son muy duras.*

D *Es persona de buena **condición**.*

1 Yo colaboro, a condición de que se me reconozca.
2 Las condiciones de su negocio son muy sólidas.
3 Dejará el piso en pésimas condiciones.
4 Son inaceptables esas condiciones que proponen.
5 La condición humana es contradictoria.

A ....
B ....
C ....
D ....

c

A *Corriente eléctrica.*

B *Una barba muy corriente.*

   1 Les cortaron la corriente por falta de pago.

   2 Entra corriente por la chimenea.

   3 A mí me gusta la gente corriente.

   4 Aquí la corriente del río es peligrosa.

   5 Su apariencia es bastante corriente.

   6 *"Seguir la corriente a alguien"* es un dicho muy corriente.

A ....

B ....

d

A *...la célula original de silíceo...* (46)

B *Un tipo original.*

   1 ¡Que idea tan original!

   2 Esta espada es una reproducción exacta, la original está en el museo.

   3 La torre de la catedral no es la original.

   4 No es muy original ese programa.

A ....

B ....

10

Transforme.

a El coste […] es otro dato **a tener en cuenta** … (36)
➙ *El coste es otro dato **que hay que tener en cuenta.***
                       que se debe tener en cuenta.
                       que se debe tomar en consideración.

   1 La costumbre local es una norma que se debe tener en cuenta.

   2 Los gastos son el factor más importante a tener en cuenta.

   3 Su manera de ser es algo que hay que tener en cuenta.

   4 La potencia energética es un índice que se debe tomar en consideración

   5 La temperatura es un detalle que hay que tener en cuenta.

   6 Su opinión es algo que se debe tomar en consideración.

   7 No debemos tener en cuenta su insultos.

   8 Su estado de salud es un dato a tener en cuenta.

b **Utilizando** los diferentes sistemas […] podríamos cubrir la demanda… (10)
➙ *Si se utilizaran los diferentes sistemas…*

   1 Si fuéramos rápido a la estación, cogeríamos el tren.

   2 Sabiendo dónde está, lo encontraríamos en seguida.

   3 Conduciendo con precaución, no habría peligro.

   4 Trayendo todo lo necesario, podríamos instalarnos aquí.

   5 Viajando más a menudo, conoceríamos mejor el país.

   6 Si consideráramos las circunstancias, comprenderíamos la situación.

C La radiación del sol **es convertida** directamente en electricidad... (18)
→ *La radiación del sol **se convierte** directamente...*

1 La contaminación del aire es controlada diariamente.
2 La producción de energía nuclear es vigilada con cuidado.
3 Las operaciones bancarias se verifican con un potente ordenador.
4 La época de siembra de esa planta es fijada por la ley.
5 Los productos agrícolas excedentes son distribuidos por la U.E.
6 La tarifa de los servicios públicos es regulada por disposiciones especiales.

11

Recomponga.

a Nexos y cuantitativos (01 a 06)

.... nuevo bajo el sol............... no se trata de descubrir nuevas cosas ....
de aprovechar las condiciones .... se repiten desde hace 4.600 millones de años,
desde .... la Tierra es Tierra .... pudiéramos utilizar .... la energía
.... nos llega del sol nuestros problemas energéticos estarían resueltos hace
.... tiempo .... sólo estamos dando los primeros pasos.

b Adverbios, preposiciones e indefinidos (23 a 29)

Es un sistema sencillamente perfecto que .... requiere .... mantenimiento,
ni produce el .... mínimo impacto sobre el medio ambiente. Además, es tan
flexible que puede explotarse .... enormes instalaciones con ....
megavatios de potencia................. pequeñísimas placas que mantienen permanentemente
despierto un reloj de pulsera. De .... sus posibilidades para responder a .... situación.

12

Ponga el verbo entre paréntesis en la forma correcta.

Si podemos utilizar toda la energía [...] nuestros problemas energéticos se resolverán.
*Si **pudiéramos utilizar** toda la energía [...] nuestros problemas energéticos **estarían resueltos***
= ***se resolverían*** (05)

1 Si el sol (*apagarse*) ...., desaparecería la vida en la Tierra.
2 Si no fuera tan cara, la energía solar (*ser*) .... la más apropiada.
3 Si (*salir*) .... el sol, iremos de caza.
4 Si (*tener, usted*) .... oportunidad, ¿haría un viaje al espacio?
5 Si baja el precio, (*comprar, nosotros*) .... otro coche.
6 Si los viajes espaciales fueran posibles, ¿quién no (*querer*) .... visitar otro planeta?
7 Si (*resolverse*) .... el problema del hambre, habría menos guerras.
8 Si (*curarse*) .... de la lesión, jugará el sábado próximo.
9 Si (*descubrirse*) .... un nuevo mundo, ¿le gustaría conocerlo?

13
Conversación:

1 ¿Se malgasta la energía en los países desarrollados?: aparatos electrodomésticos, automóviles, calefacción, iluminaciones festivas, etcétera.

2 Aparatos de los que podríamos prescindir: secadores de pelo, microondas, afeitadoras eléctricas, aspiradoras, lavavajillas.

3 ¿Cómo se las arreglaba la sociedad antes de disponer de la energía eléctrica? ¿Nos acostumbraríamos de nuevo a esa situación? ¿Tendría alguna ventaja ecológica?

14
Redacción:

1 Escriba una breve redacción integrando las palabras siguientes: *corteza, requiere, silíceo, energético utilizando, renovable*.

2 Resuma el fragmento desde la línea 17 hasta la 34 en un tercio de su extensión. Resuma el texto completo en un tercio de su extensión.

3 Escriba (150 a 200 palabras) sobre los principales recursos energéticos de su país o sobre las ventajas e inconvenientes de la energía solar.

Sonata de Primavera **U25** *EVOCACIÓN DEL PASADO*

☞ Resumen biográfico.

Ramón María DEL VALLE INCLÁN (1866-1936)

Novelista y dramaturgo, autor de las *Sonatas de Primavera, Estío, Invierno y Otoño,* novelas en prosa con resonancias musicales. Espíritu rebelde, crítico acerado de la realidad nacional de su tiempo, la refleja cruelmente en sus "esperpentos", que se cuentan entre las mejores creaciones teatrales de la España moderna (*Luces de bohemia, Divinas palabras*), y en sus últimas novelas de tema histórico (con el título general de *El ruedo ibérico,* "La corte de los milagros", "Baza de espadas").

☞ Entrando en situación.

¿Le gustaría tener un título nobiliario? Diga por qué sí o no.

Lea las preguntas siguientes y localice las respuestas en el texto.

1 ¿Quién dio la comunión a Monseñor?

2 ¿Qué le ha dicho la Princesa a un familiar sobre el enviado de Su Santidad?

3 ¿Cuándo conoció la Princesa al Marqués de Bradomín?

4 ¿Qué recuerdos le quedaban a él de la señora?

5 ¿Quién es la hija del Marqués de Agar?

6 ¿Encontró en sus hijas el Marqués alguna cualidad común?

7 ¿Qué impresión dejó la hija mayor en el Marqués, cuando ella se retiraba?

8 ¿Cómo recuerda el Marqués a María del Rosario?

9 Según el Marqués, ¿qué es más efímero que la belleza en la mujer?

10 ¿Cuál era para la Princesa Gaetani la cualidad que más valoraba en sus hijas?

11 ¿Qué opina usted del pensamiento del Marqués de Bradomín sobre las mujeres?

Monseñor apenas pudo entreabrir los ojos y alzarse sobre las almohadas, cuando el sacerdote que llevaba el viático se acercó a su lecho. Recibida la comunión, su cabeza volvió a caer desfallecida, mientras sus labios balbuceaban una oración latina, fervorosos y torpes. El cortejo comenzó a retirarse en silencio: Yo también salí de la alcoba. Al cruzar la antecámara, acercóse a mí un familiar de Monseñor:

–¿Vos, sin duda, sois el enviado de Su Santidad...?

–Así es: Soy el Marqués de Bradomín.

–La Princesa acaba de decírmelo...

–¿La Princesa me conoce?

–Ha conocido a vuestros padres.

–¿Cuándo podré ofrecerle mis respetos?

–La Princesa desea hablaros ahora mismo.

Nos apartamos para seguir la plática en el hueco de una ventana. Cuando desfilaron los últimos colegiales y quedó desierta la antecámara, miré instintivamente hacia la puerta de la alcoba, y vi a la Princesa que salía rodeada de sus hijas, enjugándose los ojos con un pañuelo de encajes. Me acerqué y le besé la mano. Ella murmuró débilmente:

–¡En qué triste ocasión vuelvo a verte, hijo mío!

La voz de la Princesa Gaetani despertaba en mi alma un mundo de recuerdos lejanos que tenían esa vaguedad risueña y feliz de los recuerdos infantiles. La Princesa continuó:

–¿Qué sabes de tu madre? De niño te parecías mucho a ella, ahora no... ¡Cuántas veces te tuve en mi regazo! ¿No te acuerdas de mí?

Yo murmure indeciso:

–Me acuerdo de la voz...

Y callé evocando el pasado. La Princesa Gaetani me contemplaba sonriendo, y de pronto, en el dorado misterio de sus ojos, yo adiviné quién era. A mi vez sonreí. Ella entonces me dijo:

–¿Ya te acuerdas?

–Sí...

–¿Quién soy?

Volví a besar su mano, y luego respondí:

–La hija del Marqués de Agar...

Sonrió tristemente recordando su juventud, y me presentó a sus hijas:

–María del Rosario, María del Carmen, María del Pilar, María de la Soledad, María de las Nieves... Las cinco son Marías.

Con una sola y profunda reverencia las salude a todas. La mayor, María del Rosario, era una mujer de veinte años, y la más pequeña, María de las Nieves, una niña de cinco. Todas me parecieron bellas y gentiles.

María del Rosario era pálida, con los ojos negros, llenos de luz ardiente y lánguida. Las otras, en todo semejantes a su madre, tenían dorados los ojos y el cabello.

La Princesa tomó asiento en un ancho sofá de damasco carmesí y empezó a hablarme en voz baja. Sus hijas se retiraron en silencio, despidiéndose de mí con una sonrisa, que era a la vez tímida y amable. María del Rosario salió la última.

55 Creo que además de sus labios me sonrieron sus ojos, pero han pasado tantos años que no puedo asegurarlo. Lo que recuerdo todavía es que, viéndola alejarse, sentí que una nube de vaga tristeza me cubría el alma. 60 La Princesa se quedó un momento con la mirada fija en la puerta por donde habían desaparecido sus hijas, y luego, con aquella suavidad de dama amable y devota, me dijo: –¡Ya las conoces!
65 Yo me incliné:
–¡Son tan bellas como su madre!
–Son muy buenas y eso vale más.
Yo guardé silencio, porque siempre he creído que la bondad de las mujeres es todavía más 70 efímera que su hermosura.

2

Localice los antónimos de:

(04) decidido   (15) acercarse
(05) recibir   (59) descubrir
(09) negar   (62) aparecer

3

Coloque cada palabra donde corresponda.

entreabrir (01), *sacerdote* (02), *viático* (02), *fervorosos* (08), *balbucear* (04), *vos* (08), *hueco* (15), *encaje* (19), *murmurar* (20), *regazo* (26), *reverencia* (42), *damasco* (49).

1 Tratamiento poético por "usted"..........
2 Tejido con bolillos: ....
3 Abrir a medias: ....
4 Hablar defectuosamente: ....
5 Se administra a los moribundos: ....
6 El niño se sienta sobre esa parte de la madre: ....
7 Con calor:....................................
8 Espacio vacío:................................
9 Hablar en voz baja:........................
10 Inclinación de la cabeza o cintura a modo de saludo:...............................
11 Antigua tela cuyos hilos forman dibujos: ....
12 Realiza los oficios religiosos:................

1

Localice en el texto los sinónimos de las palabras siguientes.

(03) cama   (24) recordando
(04) desmayada   (30) observaba
(07) pariente   (42) única
(08) emisario   (44) parecidas
(13) saludos   (48) pelo
(14) conversación   (49) rojo
(17) dormitorio   (52) dulzura
(18) secándose   (63) piadosa
(23) grata   (70) pasajera

4

Dígalo como lo dice el texto.

a mi vez (32), *acaba de decírmelo* (10), *guardé silencio* (68), *de niño* (25), *tomó asiento* (49).

1 Se sentó
2 Yo también
3 Me callé
4 Cuando yo era niño
5 Me lo ha dicho hace un momento

5

Complete.

1	Calientes	= ar	(47)
2	Sala de espera (antiguo)	= an	(17)
3	Graciosas	= gen	(45)
4	Débil	= lán	(47)
5	Señora	= da	(63)
6	Estudiantes	= co	(16)
7	Circundar	= ro	(18)
8	Acompañamiento	= cor	(05)
9	Sin nadie	= de	(16)
10	Subir	= al	(01)
11	Imprecisión	= va	(23)
12	Inhábiles	= tor	(05)

6

Lea y escriba.

El **cura** / .... (02) se acercó a **la cama** / .... (03) de Monseñor para darle **la comunión** / .... (03). Luego éste dejó caer la cabeza mientras sus labios, **devotos** / .... (04), decían con dificultad una oración. En el **arco** / .... (15) de una ventana hablaron después el Marqués de Bradomín y un familiar del **enfermo** .... (07). También habló con la Princesa, quien **le dijo en voz baja** / .... (20): "¡En qué triste ocasión vuelvo a verte, hijo mío!" De niño, la Princesa lo había tenido muchas veces sobre **sus rodillas** / .... (26). Ella le presentó a sus hijas, y a todas las saludó el aristócrata con una sola **inclinación** / .... (42).

Luego la Princesa tomó asiento en una sofá cubierto con una rica tela **cuyos hilos formaban dibujos** / .... (49).

7

Use correctamente las palabras en negrita.

a **conocer ≠ saber**

¿La Princesa me conoce? (14)

¿Qué sabes de tu madre? (25)

No sé lo que pasó.

1 Lo .... (*yo*) el año pasado en Roma.
2 No ....(*yo*) nada del asunto.
3 .... (*él*) a mucha gente aquí.
4 .... (*yo*) casi toda África.
5 Yo no .... nada de cocina.
6 No se .... a sí mismo.

b padres ≠ parientes

Ha conocido a vuestros
padres (12)
Invitó a casi todos sus
parientes a la boda.

1 Sus .... se llaman Fernando y Adela.
2 Cada niño es un prodigio para sus ....
3 Sólo me relaciono con mis .... más cercanos.
4 Hemos descubierto que somos .... lejanos.

c rodear ≠ rodar

...Vi a la Princesa que
salía rodeada de sus
hijas... (18)
La pelota rodó abajo.

1 La casa estaba........................ de una valla de madera.
2 El coche se salió de la carretera y .... por el terraplén.
3 .... la ciudad para evitar atascos.
4 No .... bien esta persiana.

d enjugar ≠ enjuagarse

... enjugándose los ojos
con un pañuelo... (18)
Dentista: enjuáguese los
dientes después de comer.

1 Se .... el sudor de la frente con la toalla.
2 Hay que .... esa ropa con agua fría.
3 ¿Me puedes .... el vaho del parabrisas con este trapo?
4 Te conviene..................................... las manos.

e acordarse ≠ recordar

¿No te acuerdas de mí? (26)
Sonrió tristemente
recordando su juventud .

1 Decía que .... perfectamente el argumento.
2 ¡Claro que nos .... de tu primo.
3 ¿Os ....de a qué hora llega ese tren?
4 Es mejor que .... usted lo que le han advertido.

8

Inserte la letra que corresponda y dé una frase por cada letra.

a

A *Sentí que una*
nube de vaga
tristeza me cubría
el alma (58)

1 El, tan activo, y ella, tan vaga.
2 Su respuesta fue un tanto vaga.
3 ¡Qué vaga estoy hoy!
4 Tengo un vago recuerdo de mi estancia en esa ciudad.

B *Lo han echado*
del trabajo
por vago.

A ....
B ....

b

A *...en todo semejantes a su madre...* (47)

B *Nunca me he visto en semejante situación.*

C *¿Sabemos tolerar a nuestros semejantes?*

1 Deberíamos escuchar más a nuestros semejantes.

2 Mi lámpara es muy semejante a ésta.

3 No me hables de semejante tipo.

4 ¿Quién quiere más a sus semejantes?

5 No le creía capaz de semejante acción.

6 Fabrican productos muy semejantes estas dos compañías.

A ....

B ....

C ....

9

Transforme

a Exprese en estilo indirecto en 3ª persona el párrafo siguiente.

–¡En qué triste ocasión vuelvo a verte, hijo mío!
La voz de la Princesa Gaetani despertaba en mi alma un mundo de recuerdos lejanos que tenían esa vaguedad risueña y feliz de los recuerdos infantiles. La Princesa continuó:
–¿Qué sabes de tu madre? De niño te parecías mucho a ella, ahora no...
¡Cuántas veces te tuve en mi regazo!
¿No te acuerdas de mí?
Yo murmuré indeciso:
–Me acuerdo de la voz...

Y callé evocando el pasado. La Princesa Gaetani me contemplaba sonriendo, y de pronto, en el dorado misterio de sus ojos, yo adiviné quién era. A mi vez sonreí; ella entonces me dijo:
–¿Ya te acuerdas?
–Sí ...
–¿Quién soy?
–Volví a besar su mano, y luego respondí:
– La hija del Marqués de Agar...

Puede empezar así:

La Princesa exclamó que en qué triste ocasión volvía a verle...

b *La Princesa **acaba de** decírmelo* (10) ➤ *Me lo ha dicho **hace un instante/momento**.*

1 ¿Un cigarrillo? -No, gracias, he fumado uno hace un momento.

2 Cuando llegamos, hacía un instante que habían cerrado.

3 ¡Ya quieren ustedes irse y han llegado hace un instante!

4 Hace un momento que nos ha llamado por teléfono.

c *No **acabo de** entenderlo* ➤ *No lo entiendo **del todo**.*

1 Los socios no se conforman del todo con el presupuesto.

2 No acababan de hacerlo.

3 No ha terminado del todo el libro que está escribiendo.

4 No aceptamos del todo su propuesta.

d *Acabó emborrachándose* ➤ ***Finalmente** se emborrachó.*

1 Finalmente se gastó todo el dinero de su herencia.

2 El acusado confesará finalmente toda la verdad.

3 El producto finalmente eliminó las moscas.

4 Finalmente nos cansamos de tanto ruido.

e *Acabó por decir lo que había oído* ➤ ***Al fin** dijo lo que había oído.*

1 Vendieron al fin la finca.

2 Acabó por mudarse de casa.

3 Al fin le darás la razón.

4 Acabará usted por aceptar ese empleo.

10

Recomponga.

a Preposiciones (49-64)

La Princesa tomó asiento........... un ancho sofá .... damasco carmesí, y empezó .... hablarme.........voz baja. Sus hijas se retiraron....... silencio, despidiéndose .... mi .... una sonrisa, que era........ la vez tímida y amable. María del Rosario salió la última. Creo que además ....sus labios me sonrieron sus ojos, pero han pasado tantos años, que no puedo asegurarlo. [...] La Princesa se quedó un momento......... la mirada fija .... la puerta........... donde habían desaparecido sus hijas, y luego, ... aquella suavidad.......... dama amable y devota, me dijo:

–¡Ya las conoces!

b Verbos (01-14)

Monseñor apenas (*poder*)................ entreabrir los ojos y alzarse sobre las almohadas, cuando el sacerdote que (*llevar*) .... el viático (*acercarse*) .... a su lecho: Recibida la comunión, su cabeza (*volver*) .... a caer desfallecida, mientras sus labios (*balbucear*) .... una oración latina, fervorosos y torpes.

El cortejo (*comenzar*) .... a retirarse en silencio.

Yo también (*salir*) .... de la alcoba. Al cruzar la antecámara, (*acercarse*) .... a mí un familiar de Monseñor:

–¿Vos, sin duda, (*ser*) .... el enviado de Su Santidad...?

–Así es: (*Ser*).................... el Marqués de Bradomín.

–La Princesa (*acabar*)........................ de decírmelo...

–¿La Princesa (*conocerme*) ....?

–(*Conocer*).................... a vuestros padres.

–¿Cuándo (*poder*) .... ofrecerle mis respetos?

–La Princesa (*desear*) .... hablaros ahora mismo.

C Acentos (15-27)

Nos apartamos para seguir la platica en el hueco de una ventana. Cuando desfilaron los ultimos colegiales y quedo desierta la antecamara, mire instintivamente hacia la puerta de la alcoba, y vi a la Princesa que salia rodeada de sus hijas, enjugandose los ojos con un pañuelo de encajes. Me acerque y le bese la mano.

Ella murmuro debilmente:
  –¡En que triste ocasion vuelvo a verte, hijo mio!

La voz de la Princesa Gaetani despertaba en mi alma un mundo de recuerdos lejanos que tenian esa vaguedad risueña y feliz de los recuerdos infantiles.

La Princesa continuo:
  –¿Que sabes de tu madre? De niño te parecias mucho a ella, ahora no... ¡Cuantas veces te tuve en mi regazo! ¿No te acuerdas de mi?

d Palabras omitidas (28-39)

Yo murmuré indeciso:
  –Me acuerdo de la voz...
Y callé evocando el pasado. La .... Gaetani me contemplaba sonriendo, y de .... en el dorado misterio de sus ...., yo adiviné quién era. A mi .... Ella entonces me dijo:
  –¿Ya .... acuerdas?
  –Sí...
  –¿Quién soy?
Volví a .... su mano, y luego respondí:
  –La .... del Marqués de Agar.
Sonrió tristemente recordando su juventud, y me presentó a sus hijas.

13
Conversación:

1 Si ha asistido a la muerte de una persona, hable de lo que sintió en esos momentos. Si no, diga cómo cree que se sentiría.

2 El autor dice que "la bondad de las mujeres es todavía más efímera que su hermosura"
¿Qué le parece esta opinión?

3 *De hermosura y santidad, la mitad de la mitad.*

4 *Honra sola, no pone olla.*

14
Redacción:

1 Reduzca la historia a un tercio de su extensión.

2 Escriba en forma narrativa el diálogo de la línea 15 a la línea 41.

3 Escriba (100 a 150 palabras) ¿Qué imagina sobre la Princesa Gaetani y sus cinco hijas basándose en el texto? (Carácter, ambiente social, fortuna...)

4 ¿Qué cualidades principales prefiere en la mujer/el hombre?
Descríbalas.

5 *Galán atrevido, de las damas preferido.*

La tía Tula

$U26$ EL AMOR

☞ **Resumen biográfico.**

Miguel DE UNAMUNO (1864-1936)

Es una de las cumbres del pensamiento español del siglo xx. Poeta lírico, dramaturgo, novelista y ensayista de temas literarios y filológicos, filosóficos y religiosos (*En torno al casticismo, Vida de Don Quijote y Sancho, Del sentimiento trágico de la vida*). De estilo personalísimo, de honda preocupación sobre España y Europa, es figura señera del "98". Perteneció a la Real Academia Española de la Lengua. Entre sus novelas están: *Paz en la guerra, San Manuel Bueno, mártir, Niebla* y *La tía Tula*, en la que trata Unamuno el sentimiento de la maternidad.

☞ **Entrando en situación.**

¿Cómo piensa usted que debe ser el noviazgo, corto o largo?

¿Le quieres? –sonó la voz implacable. Y Rosa llegó a fingirse que aquella pregunta, en una voz pastosa y solemne, y que parecía venir de las lontananzas de la vida común de la pureza, era su propia voz, era acaso la de su madre común.

–Sí; creo que le querré... mucho... mucho –exclamó en voz baja y sollozando.

–¡Sí; le querrás mucho y él te querrá más aún!

–¿Y cómo lo sabes?

–Yo sé que te querrá.

–Entonces, ¿por qué está tan distraído?, ¿por qué rehúye el que abordemos lo del casorio?

–¡Yo le hablaré de eso, Rosa; déjalo de mi cuenta!

–¿Tú?

–¡Yo, sí! ¿Tiene algo de extraño?

–Pero...

–A mí no puede cohibirme el temor que a ti te cohíbe.

–Pero dirá que rabio por casarme.

– ¡No, no dirá eso! Dirá, si quiere, que es a mí a quien me conviene que tú te cases para facilitar así el que se me pretenda o para quedarme a mandar aquí sola; y las dos cosas son, como sabes, dos disparates. Dirá lo que quiera, pero yo me las arreglaré.

Rosa cayó en brazos de su hermana, que le dijo al oído:

–Y luego tienes que quererle mucho, ¿eh?

–¿Y por qué me dices tú eso, Tula?

–Porque es tu deber.

Y al otro día, al ir Ramiro a visitar a su novia, encontróse con la otra, con la hermana. Demudósele el semblante y se le vio vacilar. La seriedad de aquellos serenos ojazos de luto le concentró la sangre toda en el corazón.

–¿Y Rosa? - preguntó sin oírse.

–Rosa ha salido y soy yo quien tengo ahora que hablarte.

–¿Tú? - dijo con labios que le temblaban.

–¡Sí, yo!

–¡Grave te pones, chica! - y se esforzó en reírse.

–Nací con esa gravedad encima, dicen. El tío asegura que la heredé de mi madre, su hermana, y de mi abuela, su madre. No lo sé, ni me importa. Lo que sí sé es que me gustan las cosas sencillas y derechas y sin engaño.

–¿Por qué lo dices, Tula?

–¿Y por qué rehuyes hablar de vuestro casamiento a mi hermana? Vamos, dímelo ¿por qué?

El pobre mozo inclinó la frente arrebolada de vergüenza. Sentíase herido por un golpe inesperado.

–Tú le pediste relaciones con buen fin, como dicen los inocentes.

–¡Tula!

–¡Nada de Tula! Tú te pusiste con ella en relaciones para hacerla tu mujer y madre de tus hijos...

–¡Pero qué deprisa vas!... –y volvió a esforzarse en reírse.

Lea las preguntas siguientes y localice las respuestas en el texto.

1 ¿Por qué duda Rosa de que su novio la quiera?

2 ¿Qué explicación da Tula de la gravedad de su propio carácter?

3 ¿Qué explicación da Ramiro para diferir su casamiento con Rosa?

4 ¿Oculta Ramiro algo a Rosa?

5 ¿Qué diferencias de carácter encuentra entre las dos hermanas?

6 ¿No hay más razones que las que da Ramiro para retrasar su boda?

–Es que hay que ir deprisa, porque la vida es corta.

–¡La vida es corta!, ¡y lo dice a los veintidós años!

55 –Más corta aún. Pues bien, ¿piensas casarte con Rosa, sí o no?

–¡Pues qué duda cabe! –y al decirlo le temblaba el cuerpo todo.

–Pues si piensas casarte con ella, ¿por qué
60 diferirlo así?

–Somos aún jóvenes...

–¡Mejor!...

–Tenemos que probarnos...

–¿Qué, qué es eso?, ¿qué es eso de probarnos?
65 ¿Crees que la conocerás mejor dentro de un año? Peor, mucho peor...

–Y si luego...

–¡No pensaste en eso al pedirla antes de entrar aquí!

70 –Pero, Tula...

–¡Nada de Tula! ¿La quieres, sí o no?

–¿Puedes dudarlo, Tula?

–¡Te he dicho que nada de Tula! ¿La quieres?

–¡Claro que la quiero!

75 –Pues la querrás más todavía. Será una buena mujer para ti. Haréis un buen matrimonio.

–Y con tu consejo...

–Nada de consejo. ¡Yo haré una buena tía,
70 y basta!

Ramiro pareció luchar un breve rato consigo mismo y como si buscase algo, y al cabo, con un gesto de desesperada resolución,
75 exclamó:

–¡Pues bien, Gertrudis, quiero decirte toda la verdad!

–No tienes que decirme más verdad –le atajó severamente–; me has dicho que
80 quieres a Rosa y que estás resuelto a casarte con ella, todo lo demás de la verdad es a ella a quien se lo tienes que decir luego que os caséis.

–Pero hay cosas...

85 –No, no hay cosas que no se deban decir a la mujer...

–¡Pero, Tula!

–Nada de Tula, te he dicho. Si la quieres, a casarte con ella, y si no la quieres, estás
90 de más en esta casa.

Estas palabras le brotaron de los labios fríos y mientras se le paraba el corazón. Siguió a ellas un silencio de hielo, durante él la sangre, antes represada y ahora suelta, le encendió la cara a la hermana. 95

Y entonces, en el silencio agorero, podía oírsele el galope trepidante del corazón.

Al día siguiente se fijaba el de la boda. 100

1

Localice en el texto los sinónimos de las palabras siguientes.

(04) lejanías	(40) mentira
(07) llorando	(44) muchacho
(12) tratemos de	(44) sonrojada
(12) casamiento	(60) aplazarlo
(15) raro	(73) fin
(18) deseo fuertemente	(80) decidido
(22) absurdo	(91) salieron
(25) obligación	(94) contenida
(29) dudar	

2

Dígalo como lo dice el texto.

1 Yo me encargaré de ello.

= yo le .... ello   (13)

2 Yo podré hacerlo.

= yo me .... arreglaré   (22)

3 Le pediste que fuerais novios.

= tú le pediste ....   (46)

4 Cásate con ella.

= .... con ella (48)

5 No haces falta.

= estás ....   (89)

3

Ponga la forma adecuada.

(03) *pureza*	**1**	El mar estaba ....
(11) *rehuir*	**2**	Llevó .... durante un año por la muerte de su padre.
(20) *pretender*	**3**	Se .... mucho por complacerme.
(30) *sereno*	**4**	Le .... las manos de frío.
(30) *luto*	**5**	Las palabras del niño mostraban la .... de sus sentimientos.
(35) *temblar*	**6**	Creo que ha .... un castillo de su abuelo.
(36) *esforzarse*	**7**	No voy a .... mis obligaciones.
(38) *heredar*	**8**	El caballo pasó del trote al ....
(74) *desesperar*	**9**	No pude dormir bien por el .... del vagón.
(98) *galope*	**10**	No ...., todavía puedes triunfar.
(98) *trepidar*	**11**	Raúl .... a Loli, pero ella no le quiere.
(100) *fijar*	**12**	Hay que .... esa pieza que se ha soltado.

4

Complete con las palabras del texto.

1	Voz agradable al oído	= voz pas	(02)
2	Mentir.	= fin	(01)
3	Intimidar.	= co	(17)
4	Dar órdenes.	= man	(21)
5	Cambiar el color de la cara.	= de	(29)
6	Cara	= sem	(29)
7	Buenas palabras.	= con	(46)
8	Ser suficiente.	= bas	(70)
9	Decisión.	= re	(74)
10	Cortar el paso.	= a	(79)
11	Serio.	= se	(79)
12	Anuncia desgracias.	= a	(96)

5

Transforme.

a **Infinitivo** con **le(s), lo(s), la(s)**

Queremos vender **el cuadro.**
➛ *Queremos vender***lo**

¿Vas reparar **la máquina** hoy?
➛ *¿Va a repararla hoy?*

1 Quiero ver esa película.
2 Cuéntanos ese cuento.
3 No podía encontrar a su esposa entre tanta gente.
4 Vamos a dar el encargo pronto.
5 ¿Queréis ver el perro?
6 Vamos a comprar aquella pulsera de plata.

b Imperativo con le(s), lo(s), la(s)

Cuenta **la historia** a todos
➤ *cuéntala a todos.*

Presenta **tus amigos** al director
➤ *preséntalos al director.*

1 Dad el encargo pronto.
2 Compra el pan cuando salgas.
3 Cierre la puerta con llave.
4 Piensen la respuesta con cuidado.
5 Subamos la maleta al autobús.
6 Vigila al niño mientras me baño.

c Gerundio con le(s), lo(s), la(s)

Lo dijo echando
(a ellos-ellas) una mirada.
➤ *lo dijo echándoles una mirada.*

1 Consumió el tiempo enseñando las cuentas *(a nosotros)*.
2 Durmió al niño cantando una nana *(a él)*.
3 Fue muy amable resolviendo el problema *(a ti)*.
4 Terminó tirando su caña al agua.
5 Se divirtieron viendo saltar a los delfines.
6 Nos dio la tabarra hablando de su viaje *(a nosotros)*.

d Ponga en futuro.

Creo que le **quiero**
➤ *creo que le* **querré**
(06)

Yo **hago** una buena tía
➤ *yo* **haré** *una buena tía*
(69)

1 Este tipo dice sólo lo que le conviene.
2 Salimos para Mallorca a ver las regatas del Rey.
3 Puedes ayudarnos eficazmente.
4 Yo lo hago con mucho gusto.
5 Ustedes saben vencer las dificultades.
6 El viaje vale la pena.
7 Es una excursión muy bonita.
8 Tengo que gritar mucho por su sordera.

e Obligación.

Tienes que quererle mucho
➤ *debes quererle mucho.*

1 No debe usted interrumpir el tratamiento.
2 Debemos conservar la calma en momentos difíciles.
3 Debo coger el tren de las 8:30.
4 Debéis buscar una farmacia de guardia.
5 Tenemos que ser puntuales en las citas.
6 Tienen que asegurar el coche antes de estrenarlo.

f Probabilidad.

El avión **tiene que** *estar aterrizando.*
➤ *el avión* **debe de** *estar aterrizando.*

1 Tienen que ser muy ricos a juzgar por lo que gastan.
2 Debe de ser muy guapa para haber ganado el concurso.
3 Ha debido de llover mucho para estar tan mojado.
4 Tiene que estar muy acatarrado para no haber ido al trabajo.

g Prohibición.

Cosas que **no se deben** decir a la mujer

➤ *cosas que* ***no hay que*** *decir a la mujer.*

1 No hay que mentir a los niños.

2 Había que tener mucho cuidado con los medicamentos.

3 No hay que olvidar que el asunto es muy difícil.

4 Hay que terminar con esta desagradable situación.

5 En el templo no se debe hablar.

6 No se debe despilfarrar el dinero.

h Cuente en estilo indirecto (en tercera persona y en pasado) el siguiente diálogo (28-45) a partir de la línea 32.

Puede empezar así:

El preguntó que dónde estaba Rosa ...

Y al otro día, al ir Ramiro a visitar a su novia, encontróse con la otra, con la hermana. Demudósele el semblante y se le vio vacilar. La seriedad de aquellos serenos ojazos de luto le concentró la sangre toda en el corazón.

–¿Y Rosa? –preguntó sin oírse.

–Rosa ha salido y soy yo quien tengo ahora que hablarte.

–¿Tú? –dijo con labios que le temblaban.

–¡Sí, yo!

–¡Grave te pones, chica! –y se esforzó en reírse.

–Nací con esa gravedad encima, dicen. El tío asegura que la heredé de mi madre, su hermana, y de mi abuela, su madre.   No lo sé, ni me importa. Lo que sí sé es que me gustan las cosas sencillas y derechas y sin engaño.

–¿Por qué lo dices, Tula?

–¿Y por qué rehúyes hablar de vuestro casamiento a mi hermana? Vamos, dímelo ¿por qué?

El pobre mozo inclinó la frente arrebolada de verguenza. Sentíase herido por un golpe inesperado.

6

Elija. **Por ≠ para.**

1 Aún tienes que hacer el dibujo **por/para** ganar el premio.
2 Volvió a recogernos **por/para** ir con nosotros al teatro.
3 Dejé ese asunto **por/para** su dificultad.
4 Salieron a dar una vuelta **por/para** estirar las piernas.
5 Terminaréis haciéndolo **por/para** obligación.
6 **Por/para** mí no te molestes.
7 Hemos buscado ese libro **por/para** complacerles.
8 Es insuperable **por/para** su constancia.
9 Salió ayer **por/para** ocupar su nuevo destino.
10 Recibieron muchas felicitaciones **por/para** su trabajo.
11 ¿... **Por/para** qué está distraído? (11).
12 Será una buena mujer **por/para** ti (75).

7

Recomponga.

a **A,** si es necesaria.

1 Preguntemos ...... ese señor si conoce .... un buen dentista.
2 Debéis recibir .... todos o .... ninguno.
3 Necesitamos .... empleados que sean simpáticos con los clientes.
4 Quiere más .... su dinero que .... su familia.
5 Busca .... un secretario eficiente.
6 Ellos tienen .... un amigo en casa.
7 ¡Cómo lloraba porque había perdido .... su perrito!
8 Tomé .... el niño de la mano.

b **Otras preposiciones (18-26)**

–Pero dirá que rabio .... casarme.
–¡No, no dirá eso! Dirá, si quiere, que es ...... mí .... quien me conviene que tú te cases .... facilitar así el que se me pretenda o .... quedarme .... mandar aquí sola; y las dos cosas son, como sabes, dos disparates. Dirá lo que quiera, pero yo me las arreglaré.
Rosa cayó .... brazos ...... su hermana, que le dijo .... oído:
–Y luego, tienes que quererle mucho, ¿eh?
–¿Y ...... qué me dices tú eso, Tula?
–Porque es tu deber.

8
Conversación:

1 ¿Cree usted que los novios llegan a conocerse bien?
2 ¿Qué efectos puede tener la intromisión de una tercera persona en asunto tan íntimo como un noviazgo?
3 *Amor, con amor se cura.*

9
Redacción:

1 Ponga la historia en forma narrativa desde la línea 06 hasta la línea 26.
2 Escriba (150 a 200 palabras) sobre los siguientes temas:
   –Los sentimientos de Tula hacia el novio de Rosa.
   –El carácter de Rosa comparado con el de Tula.
3 *Amor, amor, malo el principio y el fin peor.*

👉 Resumen biográfico.

Emilia
PARDO BAZÁN (1851-1921)

La condesa Emilia Pardo Bazán, escritora de vasta cultura española y europea, contribuyó a introducir en España el naturalismo francés. Es autora de numerosos trabajos críticos literarios y de novelas, en las que destaca entre sus contemporáneos por la expresión y el colorido, por el vigor con que sabe retratar la vida rural de su tierra. En palabras de ella misma, *Los pazos de Ulloa* se mueven alrededor de "la montaña gallega, el caciquismo y la decadencia de un noble solar".

👉 Entrando en situación.

¿Qué opinión le merece la gente del campo?

Lea las preguntas siguientes y localice las respuestas en el texto.

1 ¿Cómo se llama en el texto a la carretera de Santiago a Orense?

2 ¿Por qué se dice en el texto que el jinete podría parecer un niño?

3 ¿Quién era realmente el jinete?

4 ¿Sobre qué hora del día tiene lugar el viaje que se cuenta?

5 Dentro del pinar, ¿por qué andaba el caballo con mucho cuidado?

6 ¿Qué había a la salida del pinar?

Por más que el jinete trataba de sofrenarlo agarrándose con todas sus fuerzas a la única rienda de cordel y susurrando palabrillas calmantes y mansas, el peludo rocín seguía empeñándose en bajar la cuesta a un trote cochinero que desencuadernaba los intestinos, cuando no a trancos desigualísimos de loco galope. Y   5
era pendiente de veras aquel repecho del camino real de Santiago a Orense, en términos que los viandantes, al pasarlo, sacudían la cabeza murmurando que tenía bastante más declive del no sé cuantos por ciento marcado por la ley, y que sin duda, al llevar la carretera en semejante dirección, ya sabrían los ingenieros lo que se   10
pescaban, y alguna quinta de personaje político, alguna influencia electoral de grueso calibre, debía de andar cerca.
Iba el jinete colorado, no como un pimiento, sino como una fresa, encendimiento propio de personas linfáticas. Por ser joven y de miembros delicados, y por no tener pelo en la barba, pare-   15
ciera un niño, a no desmentir la presunción sus trazas sacerdotales. Aunque cubierto por el amarillo polvo que levantaba el trote del jaco, bien se advertía que el traje del mozo era de paño negro liso, cortado con la flojedad y poca gracia que distingue a las prendas de ropa seglar vestidas por clérigos. ( )   20
Al acabarse el repecho volvió el jaco a la sosegada andadura habitual, y pudo el jinete enderezarse sobre el aparejo redondo, cuya anchura inconmensurable le había descoyuntado los huesos todos de la región sacroilíaca. Respiró, quitóse el sombrero y recibió en la frente, sudorosa, el aire frío de la tarde.   25
Caían ya oblicuamente los rayos del sol en los zarzales y setos, y un peón caminero en mangas de camisa, pues tenía su chaqueta colocada sobre un mojón de granito, daba lánguidos azadonazos en las hierbecillas nacidas al borde de la cuneta. Tiró el jinete del ramal para detener a su cabalgadura, y ésta, que se había dejado   30
en la cuesta abajo las ganas de trotar, paró inmediatamente. El peón alzó la cabeza, y la placa dorada de su sombrero relució un instante.
—¿Tendrá usted la bondad de decirme si falta mucho para la casa del señor marqués de Ulloa?   35
—¿Para los pazos de Ulloa? -contestó el peón repitiendo la pregunta.
—Eso es.
—Los pazos de Ulloa están allí —murmuró, extendiendo la mano para señalar a un punto del horizonte—. Si la bestia anda bien, el camino que queda pronto se pasa. Ahora, que tiene que   40
seguir hasta aquel pinar, ¿ve?, y luego cumple torcer a mano izquierda, y luego cumple bajar a mano derecha, por un atajillo...
En el crucero ya no tiene pérdida, porque se ven los pazos, una construcción muy grandísima.
—Pero... ¿como cuánto faltará? —preguntó con inquietud el clérigo.   45
Meneó el peón la tostada cabeza.
—Un bocadito, un bocadito...
Y sin más explicaciones, emprendió otra vez su desmayada faena, manejando el azadón lo mismo que si pesase cuatro arrobas.
Se resignó el viajero a continuar, ignorando las leguas de que se   50

compone un bocadito, y taloneó el rocín.
El pinar no estaba muy distante, y por el
centro de su sombría masa serpenteaba una
trocha angostísima, en la cual se colaron
55 montura y jinete.
El sendero, sepultado en las oscuras pro-
fundidades del pinar, era casi impracticable,
pero el jaco, que no desmentía aptitudes
especiales de la raza caballar gallega para
60 andar por mal piso, avanzaba con suma
precaución, cabizbajo, tanteando con el
casco para sortear cautelosamente las zanjas
producidas por las llantas de los carros, los
pedruscos, los troncos de pino, cortados y
65 atravesados donde hacían menos falta.
Adelantaban poco a poco, y ya salían de las
estrecheces a más desahogada senda, abierta
entre pinos nuevos y monta poblados de
aliaga, sin haber tropezado con una sola
70 heredad labradía, un plantío de coles que
revelase la vida humana.
De pronto los cascos del caballo cesaron de
resonar y se hundieron en blanda alfombra:
era una camada de estiércol vegetal, tendida,
75 según costumbre en el país, ante la casucha
de un labrador. A la puerta, una mujer
daba de mamar a una criatura. El jinete se
detuvo.
–Señora, ¿sabe si voy bien para la casa del
80 marqués de Ulloa?
–Va bien, va...
–¿Y falta mucho?
Enarcamiento de cejas, mirada apática y
curiosa, respuesta ambigua en dialecto:
85 –La carrerita de un can...

"¡Estamos frescos!", pensó el viajero, que
si no acertaba a calcular lo que anda un
can en una carrera, barruntaba que debe
90 de ser bastante para un caballo.

1

Localice en el texto los sinónimos de las palabras
siguientes.

(01) reprimirlo	(61) con la cabeza baja
(02) cuerda	(62) evitar
(03) suaves	(62) surco
(07) caminante	(70) de cultivo
(10) estar enterado	(70) una plantación
(27) obrero de la	(74) abono
carretera	(74) extendida
(29) borde de la	(83) arquear
carretera	(85) perro
(49) 11,5 kg.	(86) estar apañado
(50) 5,5 kms.	(89) sospechar
(54) estrecha	

2

Explique el significado de los verbos en negrita

1 El jinete **se agarraba** a la rienda (02).
2 **Susurrando** palabrillas calmantes (02).
3 **Sacudían** la cabeza (07).
4 **Llevar** la carretera en semejante dirección (10).
5 Alguna quinta debía de **andar** cerca (11).
6 **Se advertía** que el traje era de paño
negro (18).
7 ¿**Falta** mucho para la casa del señor marqués? (35)
8 **Manejando** el azadón (49).
9 **Avanzaba** con suma precaución (60).
10 **Adelantaban** poco a poco (66).
11 Pinos atravesados donde **hacían** menos
falta (64).
12 No acertaba a calcular lo que **anda** un
can en una carrera (88).

3

Coloque cada palabra donde corresponda.

(14) encendimiento	**1** Flacidez	= ....
(14) personas linfáticas	**2** Con la cabeza baja	= ....
(18) paño	**3** Poste para señalar	= ....
(19) flojedad	**4** Obrero que cuida las carreteras	= ....
(24) sacroilíaca	**5** Tela de lana	= ....
(27) peón caminero	**6** Formaba vueltas y ondulaciones	= ....
(28) mojón	**7** Enrojecimiento	= ....
(42) atajillo	**8** Por él se llega antes	= ....
(51) talonear	**9** Se refiere a la parte baja de la espalda	= ....
(53) serpentear	**10** Golpear con el talón	= ....
(61) cabizbajo	**11** Tocando con cuidado	= ....
(61) tanteando	**12** De poca energía	= ....

4

Busque cómo se dice en el texto lo que va en negrita.

1 Una trocha en la cual **se metieron** /...................... (54) montura y jinete

2 **Capacidades** / .... (58) especiales de la raza gallega.

3 Andar por mal **terreno** / .... (60)

4 **Gran** / .... (60) precaución.

5 Para **evitar** / .... (62) cuidadosamente las zanjas.

6 Sin haber **encontrado** / .... (69) con una sola heredad labradía.

7 Un plantío de coles que **mostrase** /.......................(71) la vida humana.

8 De pronto los cascos del caballo cesaron de **repercutir** /............................(73)

9 Era una camada de **abono** / .... (74) vegetal.

10 **Extendida** / .... (74) ante la casucha de un labrador.

11 Mirada **indolente** / .... (83) y curiosa.

12 Respuesta **vaga** / .... (84)

5

Dígalo como lo dice el texto.

(09) cuántos	**1** Para sortear con .... las zanjas.	
(77) daba de mamar	**2** Y era pendiente .... aquel repecho.	
(01) por más que	**3** .... el jinete trataba de sofrenarlo.	
(68) poblados de	**4** Ignorando las leguas de que .... un bocadito	
(06) de veras	**5** Una mujer .... a una criatura.	
(58) desmentía	**6** Montes .... aliaga.	
(07) en términos que	**7** En .... los viandantes, al pasarlo, sacudían la cabeza.	
(16) sus trazas sacerdotales	**8** .... por ciento.	
(16) precaución	**9** ...., pensó el viajero.	
(61) lo mismo que	**10** Parecía un niño, a no desmentir la presunción.....................	
(50) se compone	**11** .... si pesase cuatro arrobas.	
(87)"¡estamos frescos!"	**12** Pero el jaco, que no .... aptitudes especiales.	

6

Complete.

1	Obstinándose	= empe	(03)
2	Comentando para sí	= susu	(02)
3	Ponerse derecho	= endere	(22)
4	Los cercados	= los se	(26)
5	Brillar	= re	(32)
6	Empezó	= empren	(48)
7	Trabajo	= fa	(49)
8	Sirve para cavar	= aza	(49)
9	Desconociendo	= igno	(50)
10	Enterrado	= sepul	(56)
11	Intransitable	= imprac	(57)

7

Lea y escriba.

1 Además de **rocín** (03), en el texto se usan otras cuatro palabras para decir **caballo** (72).
(18) ....
(30) ....
(39) ....
(55) ....

2 Este jinete gobierna a su rocín por medio de una **rienda** (02), a la cual posteriormente llama...
(30) ....

3 Un trote **cochinero** (04) es un trote "débil", pero la idea de debilidad también aparece más adelante.
Recoja las palabras correspondientes.
(21) ....
(28) ....
(48) ....

4 Para indicar **camino**, en la historia se emplea también
(54) ....
(56) ....
(67) ....

5 Al **paso** del rocín se alude con las palabras
(04) ....
(21) ....

6 A una **finca** o **propiedad** en el campo se la llama de dos maneras.
(11) ....
(70) ....

7 A la **carretera** (06) por donde cabalga el jinete se le llama antes
(06) ....

8 Formaba una **cuesta** o ....
(06), que tenía bastante **pendiente** o
.... (08)

9 Para expresar gran tamaño, la autora usa varias expresiones. De alguna **influencia electoral** dice que era de
.... (12), a la **anchura** de la silla de montar (**aparejo**) la llama
.... (23), y al **palacio** del marqués de Ulloa se le aplica el calificativo de construcción ....
.... (44)

10 En el texto hay ciertas palabras referentes a la **vegetación** de la zona:
(26) ....
(41) ....
(69) ....

8

Transforme.

a Le(s), lo(s).

Hemos visto **a Antonio**
➤ *le/lo hemos visto.*

Encontramos **el reloj**
➤ *lo encontramos.*

Hemos reunido **a nuestros socios**
➤ *les/los hemos reunido.*

¿Lleváis encima **los cheques**?
–*Sí, los llevamos.*

1 Por favor, no dejes la luz encendida.
2 Conocemos al autor de este libro.
3 No veo por aquí a tus amigos.
4 La policía detuvo a todos.
5 ¿Cómo encuentras a Juan?
  –Encuentro a Juan muy restablecido.
6 Déjame tu mechero.
  –No tengo mi mechero aquí.
7 Veo a tu perro corriendo entre los árboles.
8 ¿Pegas tú los sellos?

b La(s).

Llaman a María por teléfono.
➤ *La llaman por teléfono.*

Quiere mucho **a sus sobrinas.**
➤ *Las quiere mucho.*

1 Habéis expresado mal vuestras quejas.
2 Las madres llevaron a sus hijas al baile.
3 No voy a leer esa novela.
4 Ayuda a su hermana.
5 Siempre deja la puerta abierta.
6 Mandó a sus hijas a estudiar a Suiza.

c Lo neutro.

Sé que trabaja mucho.
➤ *Lo sé.*

¿Son todos **ingleses**?
➤ –*Sí, todos lo son.*

1 Su hijo no es médico.
2 Estabais también cansados.
3 No estaba afectado por el incidente.
4 Estuvo muy enamorado.
5 ¿Era muy celosa?

d

...alguna quinta **debía de andar** cerca (12)
➤ ...*alguna quinta andaba probablemente cerca.*

1 Probablemente estaba muy enfadado con sus parientes.
2 No debíais de saber la dirección.
3 No necesitaba probablemente tanto dinero.
4 Probablemente estaba más cansado de lo que él decía.
5 Probablemente han perdido el tren de la tarde.

e ...**tiene que** seguir hasta aquel pinar
→ ...***debe*** *seguir hasta aquel pinar.*

1 Debes decirme el libro que prefieres.
2 Tiene que pagar sus deudas en un plazo muy breve.
3 Debéis convencerle para que os acompañe.
4 Mañana tengo que cortarme el pelo, aunque no me gusta.
5 Debéis ayudar más a los necesitados.

f Si la bestia **anda** bien, ... pronto **se pasa** (40)
→ *Si la bestia **anduviera** bien, ... pronto **se pasaría.***

1 Si salís temprano, llegaréis a tiempo.
2 Si no han encontrado amigos, se habrán aburrido.
3 Si le has oído cantar, seguro que te ha gustado.
4 Si tengo reunión con el jefe, no podré verte mañana.
5 Si hemos tardado, ha sido culpa del embotellamiento.
6 Si ve usted a su hermana, salúdela de mi parte.
7 Si te has bañado, habrás tenido menos calor.
8 Si ensayamos más, podremos interpretar bien esta obra.
9 Si han limpiado la piscina, os podréis bañar.

g Se **resignó** el viajero...(50)
→ *Se **resignará** el viajero.*

El jaco **avanzaba**... (60)
→ *El jaco **avanzará**.*

1 El caballo andaba mejor por el llano.
2 No sabíais cuál será el camino más corto.
3 Había mucha gente ante el monumento.
4 Se fueron riñendo todo el rato.
5 ¿Sabía Vd. poner el coche en marcha?
6 Disteis la mano a vuestros rivales.
7 Hicimos una paella el sábado pasado.
8 Cayeron todas las manzanas maduras.
9 Tenías muchos amigos en la oficina.
10 Dije todo lo que sé.
11 Fuiste socio de aquel club.
12 Pudimos llevarnos el coche de mi padre.

9

Recomponga.

Verbos y preposiciones (21-29)

Al acabarse el repecho volvió el jaco .... la sosegada andadura habitual, y (*poder*) .... el jinete enderezarse .... el aparejo redondo, cuya anchura inconmensurable (*descoyuntarle*) .... los huesos todos.......... la región sacroilíaca.
(*Respirar*) ...., (*quitarse*)............... el sombrero y (*recibir*) .... la frente, sudorosa, el aire frío.... la tarde.
(*Caer*) .... oblicuamente los rayos ...... el sol .... los zarzales y setos, y un peón caminero, ... mangas .... camisa, pues (*tener*) .... su chaqueta colocada .... un mojón .... granito, (*dar*) .... lánguidos azadonazos .... las hierbecillas nacidas .... el borde .... la cuneta.

10
Conversación:

1 ¿Viajar a caballo es preferible a viajar en coche?
2 ¿Existe en su país una "aristocracia" campesina?
   Hable de ella.
3 *Ande o no ande, caballo grande.*

11
Redacción:

1 Reduzca el fragmento de la línea 01 a la 35 a un tercio de su extensión.
2 Ponga en forma narrativa el diálogo entre las líneas 34 y 47.
3 Escriba (150 a 200 palabras) sobre uno de estos temas:
   –Su paisaje favorito.
   –Alguna batalla de caballería que haya visto en el cine o la TV.
   –Aldeano/ciudadano: trate de las diferencias principales.

Música:
Cante jondo

Entrando en situación.

¿Ha oído hablar del cante flamenco? ¿Qué le parece: triste, apasionado, misterioso, incomprensible?

Vocabulario especial.

AIRE: canción; música popular que se canta.

ARABESCO: adorno.

BANDURRIA: instrumento parecido a una pequeña guitarra que se toca con una púa.

CANTAOR: forma popular de cantador; particularmente, cantor flamenco.

CANTE: canto popular; particularmente, el flamenco.

CAÑA: cierta canción popular antigua de Andalucía.

FOLKLÓRICO: popular.

GRAFIAR : escribir música mediante "grafías", signos que representan sonidos.

INTERLUDIO: intermedio musical.

PENTAGRAMA: rayado de cinco líneas sobre el que se escribe música.

SEFARDÍ/SEFARDITA: propio de judío descendiente de judíos españoles.

SISTEMA TEMPERADO: escala musical ajustada a doce sonidos.

TAMBORIL: tambor pequeño que se lleva colgado de un brazo y se toca con un solo palillo.

TIORBA: antiguo instrumento parecido al laúd, pero más grande.

TIPLE/DISCANTE: guitarra pequeña de voces agudas.

TRASTE : en el mástil de la guitarra, resalto de metal o hueso.

ULTRACROMÁTICO: intervalo o acorde que no se halla en la escala diatónica.

Complete las siguientes frases valiéndose del texto.

1 La palabra "flamenco" es .... y sin ....

2 El cantaor se deja llevar de una especie de ....

3 Los espectadores participan con sus .... lo cual se llama "................"

4 Los adornos improvisados por el guitarrista se llaman "................ ...."

5 Muchas de las canciones del "cante jondo" carecen de ....

El origen de esta interesante modalidad folklórica aún no ha sido precisado hoy día. Algunos autores, sobre todo extranjeros, señalan la denominación de "flamenco" como la más corrientemente usada, si bien, en verdad, es la más impropia y sin fundamento etimológico, pues no tuvo su origen en Flandes, sino que se trata de un conjunto de aires y cantares andaluces que proceden directamente de la música árabe.

Serafín Estébanez Calderón, erudito de indiscutible autoridad, que estudió muy a fondo la música popular española y en particular la andaluza, estableció la genealogía de la música llamada "cante jondo", en la "caña", cuyo origen es pura y genuinamente arábigo.

La caña reviste la forma típica de la vocalización ultracromática, imposible de grafiar sobre el pentagrama y, por lo mismo, supeditada a la inspiración improvisadora del cantaor, el cual, dejándose llevar de una especie de embriaguez lírica y de una fantasía exclusivamente propias del alma de su raza cañí (cañí = gitana), se lanza en alarde de sentimiento, de facultades y de respiración, al trazo de un inacabable arabesco melódico, de un efecto tan bello como patético (sobre todo en los ayes, llamados jipíos), que precisamente por su valor de expresión viva y profunda merece el calificativo de *jondo*, es decir hondo.

En sus tiempos de esplendor, en las grandes fiestas andaluzas, se acompañaba el cante jondo con un conjunto instrumental formado por guitarra primera o maestra, impropiamente denominada vihuela, varias guitarras segundas, una tiorba, dos bandurrias, una guitarra tiple o discante y, a veces, unos platillos y tamboril. Actualmente se acompaña con una o más guitarras, a las que se suman las palmadas con que los concurrentes subrayan los pasajes rítmicos, lo que se llama "jalear". Esta costumbre, así como el golpe que el guitarrista da sobre el traste de la guitarra para señalar un cambio de ritmo, son también de origen árabe y reciben en esa lengua el nombre de *almasafih*.

Para entretener al auditorio, mientras descansan los cantaores, el guitarrista improvisa una especie de interludio melodicorrítmico llamado rosa o falseta, en el cual haciendo gala de agilidad e inventiva, introduce frecuentes *duendes*, como se llaman en la técnica de este arte los adornos que embellecen la melodía.

A semejanza de las canciones orientales, muchas de las canciones que constituyen el acervo del cante jondo no tienen forma rítmica que obedezca a ley alguna, y por lo que respecta a su sinuosa línea melódica, ni se cantan dos veces en idéntica forma, ni es posible representarlas con nuestras notas del sistema temperado sino de una manera aproximada debido a su vaguedad intercromática.

Ningún género musical del mundo guarda semejanza ni parentesco con el cante jondo, el cual, aunque impregnado de estilo oriental, es hoy un estilo genuinamente representativo del arte musical andaluz; sólo entre los sefardíes y los argelinos se encuentran actualmente algunos cantos que puedan parecérseles.

3

Anote los sinónimos de las palabras siguientes.

(16) modalidad ....cie

(22) denominada ....

(29) concurrentes ....rio

(40) forma ....ra

(06) aires ....res

1

Localice en el texto los sinónimos de las palabras siguientes.

(01) comienzo   (18) capacidad

(02) escritores   (19) interminable

(03) nombre   (19) musical

(03) normalmente   (20) adjetivo

(05) base   (23) auge

(06) número   (32) indicar

(08) sabio   (32) patrimonio

(11) auténticamente   (39) igual

(16) característica   (41) imprecisión

(16) suyas   (42) forma

(16) imaginación

4

Anote las palabras de significado afín en el texto.

(04) impropia   ....

(06) cantares   ....

                    ....

                    ....

(07) árabe   ....

                    ....

(15) improvisadora ....

(20) bello   ....

(03) denominada   ....

(40) rítmicos   ....

(43) representarla ....

2

Localice los antónimos de:

propia   (04)

discutible   (08)

superficial   (09)

propiamente   (25)

occidentales   (39)

precisión   (44)

5

Dé los países y regiones.

(03) FLAMENCO   ( ) ....

(05) ANDALUCES   ( ) ....

(06) ÁRABE   ( ) ....

(49) ARGELINOS   ( ) ....

6

Ponga la forma adecuada.

(03) señalar	(06) proceder
(09) establecer	(13) revestir
(18) lanzarse	(22) merecer
(24) acompañar	(24) formar
(29) sumarse	(29) subrayar
(33) recibir	(15) improvisar
(37) introducir	(40) constituir
(46) guardar	(50) encontrarse

1 Nuestras carcajadas ....ban la gracia de sus chistes.

2 En Cuba el autobús ....e el nombre de "guagua".

3 Te voy a ....r nuestro itinerario en el mapa.

4 Fue capaz de ....r un bello discurso.

5 El libro va ....o de una cinta.

6 La palabra "alpargata"....................e del árabe.

7 Un equipo de fútbol está ....o por once jugadores.

8 No han ....o muchos cambios en los nuevos planes.

9 ¿Quién .... ía la costumbre de la siesta?

10 Su colección la .... en principalmente pinturas del XVII.

11 ¿Crees que ....e tantos aplausos?

12 A la manifestación se ....on ancianos y niños.

13 El asunto no ....e mucha importancia.

14 Entonces se ....ó a elogiar sus méritos.

15 En esta comarca se ....an vestigios de varias culturas antiguas.

16 La astronomía y la física ....an mucha relación entre sí.

7

Coloque cada palabra donde corresponda.

(28) actualmente
(29) palmadas
(30) pasaje
(36) agilidad
(48) arte
(38) adornos
(41) sinuosa
(43) notas
(44) aproximada
(46) género
(46) semejanza
(47) impregnado
(49) sefardíes

1 Rapidez de movimientos
=...

2 Sirven para embellecer
=...

3 Lo es la escultura
=...

4 Signos musicales
=...

5 Trozo musical o literario
=...

6 Golpes de manos
=...

7 Inexacta
=...

8 Hoy en día
=...

9 Especie
=...

10 Parecido
=...

11 Judíos de origen español
=...

12 Empapado
=...

13 Que hace "eses"
=...

8

Dígalo como lo dice el texto.

1 Aunque
= si .... (04)

2 En realidad
= en .... (04)

3 Se refiere a
= se .... de (06)

4 De innnegable prestigio
= de indis .... au .... (08)

5 Concienzudamente
= a .... (09)

6 Especialmente
= en par .... (09)

7 Dependiente de
= su .... a (14)

8 Grupo de instrumentos
= conjunto .... tal (24)

9 Referente a
= por .... res .... a (41)

9

Complete.

1 De otros países
= ex .... (02)

2 Referente al origen de las palabras
= eti .... (05)

3 Sin mezcla
= pu .... (11)

4 Borrachera
= em .... (16)

5 Se refiere al canto de los sentimientos
= lí .... (16)

6 Únicamente
= ex ....mente (17)

7 Espíritu
= al .... (17)

8 Grupo humano de características propias
= ra .... (17)

9 Gran exhibición
= a .... de (18)

10 Diseño
= tra .... (19)

11 A él le corresponde una causa
= e .... (23)

12 Muy triste
= pa .... (20)

13 Haciendo exhibición de
= haciendo ga .... de (36)

10

Use correctamente las palabras en negrita.

a técnica ≠ tecnología

*...La **técnica** de este arte...* (38)

*Este aparato no puede fabricarse sin una avanzada **tecnología**.*

1 Pinta bien, pero domina mejor .... del dibujo.

2 .... del automóvil está cambiando mucho.

3 .... es una fuente de riqueza en este país.

4 Le han enseñado unas .... de estudio.

b parentesco ≠ parientes ≠ padres

Ningún género musical del mundo guarda (46) **parentesco** *con el cante jondo...* (46)

*Llevamos el mismo apellido, pero no somos **parientes**.*

1 ¿Nombre de sus ....? -Ramón y Mercedes.

2 Somos .... por parte de madre.

3 A su boda invitó a todos sus ....

4 .... creen que sus hijos son siempre niños.

5 Tengo muchos...................., pero sólo me relaciono con muy pocos.

6 ¿Qué .... tienen las corridas con los "San Fermines"?

11

Transforme.

a Por lo que respecta a su sinuosa línea melódica... (41)

↓

respecto a = en relación con su sinuosa línea melódica...

1 Por lo que respecta a su trabajo, le ha favorecido el cambio de empresa.

2 Por lo que respecta al último pedido, lo serviremos dentro de dos días.

3 En relación con nuestro viaje, todo está preparado.

4 Por lo que respecta a esa enfermedad, no se conocen aún sus causas.

5 Respecto a su familia, tenemos muy buenos informes.

6 En relación con el proyecto ministerial, se ha puesto ya en marcha.

b El cantaor, **dejándose** llevar de una embriaguez lírica... (15)

↓

*El cantaor, **cuando se deja** llevar de una embriaguez lírica...*

1 Sus amigos, dejándose llevar de su entusiasmo, eran incansables.

2 Aquel hombre, cuando se dejaba llevar de su bondad, no negaba ningún favor.

3 Cuando te dejas llevar de tus propias palabras, no paras de hablar.

4 Cuando nos dejamos llevar de la impaciencia podemos ser descorteses.

5 El viejo, dejándose llevar de sus recuerdos, se ponía sentimental.

6 Cuando os dejáis llevar de la ambición, podéis hacer malos negocios.

c ... tan **bello** como **patético**... (19)

↓

*de tanta **belleza** como **patetismo**.*

1 La decoración era tan rica como artística.

2 Su uso es tan sencillo como útil.

3 Era un escritor de tanta profundidad como sencillez.

4 Es una chica tan simpática como amable.

5 Sus gestos son tan elegantes como corteses.

6 Sus expresiones eran de tanta lucidez como precisión.

d Diga en pasado (33-45)

Para entretener al auditorio, mientras descansan los cantaores, el guitarrista improvisa una especie de interludio melodicorrítmico llamado rosa o falseta, en el cual, haciendo gala de agilidad e inventiva, introduce frecuentes "duende"s, como se llaman en la técnica de este arte los adornos que embellecen la melodía.

A semejanza de las canciones orientales, muchas de las canciones que constituyen el acervo del cante jondo no tienen forma rítmica que obedezca a ley alguna, y por lo que respecta a su sinuosa línea melódica, ni se cantan dos veces en idéntica forma, ni es posible representarlas con nuestras notas del sistema temperado sino de una manera aproximada debido a su vaguedad intercromática.

....
....
....
....
....
....

12

Elija.

Preposiciones (13-22)

La caña reviste la forma típica **en/de** la vocalización untracromática, imposible **de/a** grafiar **sobre/en** el pentagrama y, **en/por** lo mismo, supeditada **por/de** una especie **a/de** embriaguez lírica y **por/de** una fantasía exclusivamente propias **a/de** el alma **en/de** su raza cañí (cañi = gitana), se lanza **en/hacia** alarde **en/de** sentimiento, **con/de** facultades y **en/de** respiración, **a/sobre** el trazo **en/de** un inacabable arabesco melódico, **con /de** un efecto tan bello como patético (sobre todo *en/con* los ayes, llamados jipíos), que precisamente **para/por** su valor **con/de** expresión viva y profunda merece el calificativo **de/para** *jondo*, es decir hondo.

13

Recomponga.

a Verbos (23-33)

En sus tiempos de esplendor, [...], (*acompañarse*) .... el cante jondo con un conjunto instrumental (*formar*) .... por guitarra primera y, a veces, unos platillos y tamboril. Actualmente (*acompañarse*) .... con una o más guitarras, a las que (*sumarse*)........................ las palmadas con que los concurrentes (*subrayar*) .... los pasajes rítmicos, lo que (*llamarse*) .... "jalear".

Esta costumbre, así como el golpe que el guitarrista (*dar*) .... sobre el traste de la guitarra para señalar un cambio de ritmo, (*ser*) .... también de origen árabe y (*recibir*) .... en esa lengua el nombre de *almasafih*.

b Nexos (01-12)

El origen de esta interesante modalidad folklórica aún no ha sido precisado hoy día. Algunos autores, sobre todo extranjeros, señalan la denominación de "flamenco" como la más corrientemente usada, ..., en verdad, es la más impropia.............sin fundamento etimológico .... no tuvo su origen en Flandes, ... se trata de un conjunto de aires............... cantares andaluces que proceden directamente de la música árabe.

Serafín Estébanez Calderón, erudito de indiscutible autoridad, ... estudió muy a fondo la música popular española, ... en particular la andaluza, estableció la genealogía de la música llamada "cante jondo" .... en la "caña", ... origen es pura y genuinamente arábigo.

c Nexos, adverbios y preposiciones (34-45)

.... entretener al auditorio, ... descansan los cantaores, el guitarrista improvisa una especie de interludio melodicorrítmico llamado rosa o falseta, en ...., haciendo gala de agilidad e inventiva, introduce frecuentes "duendes", ...se llaman en la técnica de este arte los adornos........... embellecen la melodía.

A semejanza de las canciones orientales, muchas de las canciones............... constituyen el acervo del cante jondo no tienen forma rítmica..................... obedezca a ley alguna, ...por lo que respecta a su sinuosa línea melódica, ... se canta dos veces en idéntica forman ....es posible representarlas con nuestras notas del sistema temperado.................. de una manera aproximada debido a su vaguedad intercromática.

d Acentos (46-50)

Ningun genero musical del mundo guarda semejanza ni parentesco con el cante jondo, el cual, aunque impregnado de estilo oriental, es hoy un estilo genuinamente representativo del arte musical andaluz; solo entre los sefardies y los argelinos se encuentran actualmente algunos cantos que puedan parecerseles.

14
Conversación:

1 Hable sobre la música popular de su país: coral, instrumental, danzas típicas, etcétera.

2 Presente a su cantante favorito: voz, interpretación musical, sentimiento, cualidades dramáticas, repertorio…

3 Hable de alguna película que recuerde por su música.

4 *Quien canta sus males espanta.*

15
Redacción:

1 Escriba una breve redacción integrando las palabras siguientes: *auditorio, se llaman, folklórico, genealogía, reviste, rítmico.*

2 Resuma el fragmento desde la línea 23 hasta la 38 en un tercio de su extensión.

3 Escriba (150 a 200) palabras sobre la diferencia entre la música pop y la música clásica.

4 ¿Ópera o concierto? Compare.

SOLUCIONARIO

SOLUCIONARIO

Advertencias :

a) No hemos considerado necesario dar solución a los de ejercicios que
   son autocorrectivos, los de transformación o los que piden hacer una frase.

b) Las palabras que anteceden o siguen a puntos suspensivos (...)
   permanecen exactamente como están en el texto.

c) Hay frases que admiten más de un tiempo verbal y están indicadas
   por este símbolo ♠ . Aquí sólo hemos dado un tiempo.

Claves unidad 1 Wenceslao Fernández Flórez.

Ej. 4 : a) 1. ... rápida y fácilmente - 2. ... liberal y bondadosamente
3. ... útil y adecuadamente - 4. ... automática y silenciosamente

b) 1. estará... - 2. estarán... - 3....estará... - 4. ...estará...
5. ...le habrá...

Ej. 5 : a) 1. .. quieras... - 2. ...me lo digas - 3. ...os parezca
4. ...se lo pidas... - 5. ... gustes

b) 1. ...lo conociera... - 2. ...se lo creyera - 3. ...hubiera oído...
4. ...nos hubieran dado... - 5. ...te venga...

c) 1. ...se excuse - 2. ... tuviera... - 3. ...te alcance...
4. ...fuéramos... - 5. ...lloviera... - 6. ...pudiéramos...
7. ...salgas... - 8. ...se termine... - 9. ...supiera...
10. ...quieran... - 11. ...estuviera... - 12. ...ahorráramos...

d) 1. ...se le convocó... - 2. ...se pagará... - 3. ♠ se anunció...
4. ...se nos averió... - 5. ...se sale... - 6. ♠ se distribuye...
7. ♠ ...se hacen... - 8. ♠ ... estuvo... - 9. se conserva...
se recupere... - 10. ...se ponían... - 11. se puede...
12. se calman... - 13. ...se va...

Ej. 6 : a) 1. apenas - 2. casi - 3. apenas - 4. casi - 5. apenas

b) 1. se mordió - 2. muerde - 3. me mordió - 4. te muerdas
5. muerda

c) 1. presentó/se presentó - 2. se presentó - 3. presentarte
4. presenta - 5. se presentaron

d) 1. ventanas - 2. ventanillas - 3. ventanillas - 4. ventana
5. ventanilla

e) 1. pronto - 2. rápido - 3. pronto - 4. pronto - 5. rápido

f) 1. acertada - 2. cierta - 3. ciertos - 4. acertada - 5. cierta

g) 1. al pie - 2. en pie - 3. a pie - 4. en pie - 5. en pie

h) 1. demasiada - 2. bastantes - 3. demasiadas - 4. bastantes
5. demasiado

i) 1. también - 2. tampoco - 3. tampoco - 4. también - 5. tampoco

j) 1. camino - 2. autovía - 3. carretera - 4. carretera - 5. camino

k) 1. cuchillo - 2. navaja - 3. cuchillo - 4. cuchillas - 5. navaja

l) 1. trae - 2. trae - 3. llevar - 4. trae - 5. lleva

Ej. 7 : 1. para - 2. por - 3. para - 4. por - 5. por

SOLUCIONARIO

☞ CLAVES UNIDAD 2 JULIO LLAMAZARES.

Ej. 5 :   1. atízalo - 2. recorrer - 3. avísame - 4. guardas - 5. se diluye
           6. apuntaba - 7. sujetar - 8. me encargo - 9. señalando
           10. añadir

Ej. 7 : a) 1. apenas - 2. casi - 3. casi - 4. apenas - 5. casi - 6. casi
           7. casi - 8. casi

       b) 1. ♠ liso - 2. suave - 3. blanda - 4. lisa - 5. lisos - 6. suave
           7. suave - 8. blando - 9. liso

       c) 1. mapa- 2. plano - 3. plano - 4. plano - 5. mapa

       d) 1. esperanza - 2. espera - 3. espera - 4. esperanza

       e) 1. actitud - 2. aptitudes - 3. aptitud - 4. actitud

       f) 1. coloreó - 2. colorada - 3. colorado - 4. colorear

Ej. 8 : c) 1. no te calles - 2. vete - 3. venid - 4. no ande Vd.
           5. que no hagan - 6. hablen

Ej. 10:   1. habían abierto - 2. ha roto - 3. habían frito
           4. te lo he dicho - 5. ♠ os habíais puesto - 6. hicieron
           7. ♠ he visto - 8. ♠ escribió - 9. había muerto - 10. vuelven -
           11. ♠ os quitasteis - 12. nos habíamos despertado
           13. ♠ había venido - 14. has vendido

Ej. 11:   1. mi, tuyo - 2. suya, suyos - 3. suya - 4. nuestra - 5. vuestros
           6. sus - 7. tus, nuestros - 8. sus

☞ CLAVES UNIDAD 3 CARMEN LAFORET.

Ej. 4 :   1,D - 2,H - 3,L - 4,F - 5,J - 6,K - 7,I - 8,A - 9,B
           10,C - 11,G - 12,E

Ej. 5 :   1,09 - 2,48 - 3,94 - 4,70 - 5,05 - 6,22 - 7,29 - 8,14 - 9,40
           10,35 - 11,48 - 12,55

Ej. 6 :   1. chocado - 2. alzó - 3. me metí - 4. intervenir - 5. rodeado
           6. amontoné - 7. asistido - 8. conviene

Ej. 8 : a) 1. come, cena - 2. come, come - 3. cenar - 4. comidas, cenas
           5. comes - 6. comido

       b) 1. refleja - 2. el reflejo - 3. reflexionar - 4. reflexiones
           5. reflejo - 6. reflejos

       c) 1. esperanza - 2. espera - 3. espera - 4. esperanza
           5. esperanza - 6. espera - 7. expectación - 8. expectación

       d) 1. aparecido - 2. pareció - 3. apareció - 4. pareces
           5. parece - 6 aparece

Ej. 9: a) 1. c - 2. a - 3. c - 4. a - 5. b - 6. b

       b) 1,f - 2,d - 3,c - 4,e - 5,d - 6, b - 7,g - 8,b - 9,c
           10,e -11,f - 12,g

Ej. 11:c) 1. intensísimo - 2. baratísima - 3. malísimo - 4. amabilísimos
           5. buenísima - 6. dificilísimo

       d) 1. pequeñito, delgadita - 2. grandona - 3. grandona, feota
           4 .espejito - 5. grandón - 6. grandota - 7. cuadrito
           8. pequeñitos - 9. tacita - 10. pequeñito

SOLUCIONARIO

c) 1. rojizas - 2. blancuzco - 3. grisáceo - 4. amarillento
   5. blanquecino - 6. negruzcas

Ej. 13: 1. en - 2. en,a - 3. en - 4. en - 5. de - 6. en/de - 7. de
         8. de - 9. en - 10. de,a - 11. a - 12. de

☞ CLAVES UNIDAD 4 LA ALIMENTACIÓN.

Ej. 8: a) 1. hambre - 2. apetito - 3. apetito - 4. hambre - 5. apetito
       b) 1. rayo - 2. radio - 3. radio - 4. rayos - 5. rayos
Ej. 9: a) 1. A - 2. B - 3. A
       b) 1. A - 2. B   3. B
       c) 1. A - 2. B - 3. A

☞ CLAVES UNIDAD 5 CARMEN MARTÍN GAITÉ.

Ej. 2 : 1. justificar - 2. complace - 3. envidio - 4. descubrir
         5. complace - 6. falta
Ej. 3 : 1. D - 2. F - 3. A - 4. G - 5. H - 6. E - 7. B - 8. C
Ej. 4 : 1. 23 - 2. 49 - 3. 02 - 4. 26 - 5. 49 - 6. 02
         7. 09 - 8. 03 - 9. 02 - 10. 07 - 11. 10 - 12. 46
         13. 50 - 14. 30
Ej. 6 : a) 1. ♠ confortable - 2. conveniente - 3. ♠ cómodo
            4. confortable - 5. conveniente - 6. cómodo
        b) 1. pescadero - 2. pesca - 3. pez - 4. pez
            5. pescador - 6. pez
        c) 1. final - 2. final - 3. fin - 4. fin - 5. final - 6. ♠ fin
Ej. 9 : a) 1. por - 2. ♠ por, por - 3. por - 4. para - 5. por - 6. para
            7. para - 8. por - 9. por - 10. por
        b) 1. es - 2. es - 3. serán - 4. estuve - 5. son - 6. es - 7. es
            8. estaban - 9. está - 10. es

☞ CLAVES UNIDAD 6 ANA MARÍA MATUTE.

Ej. 5 : a) 1. madero - 2. leña - 3. leño - 4. madera
            5. madera - 6. leña
        b) 1. adula - 2. elogios - 3. adular - 4. elogiado
        c) 1. posición - 2. postura - 3. posición - 4. posición
        d) 1. caliente - 2. templada, tibia - 3. cálidos
            4. cálido - 5. cálido/caluroso - 6. cálido/caluroso
            7. caliente
Ej. 6 : a) 1. B - 2. A - 3. B - 4. C - 5. C - 6. D - 7. D - 8. D
        b) 1. C - 2. A - 3. D - 4. A - 5. B - 6. C - 7. B - 8. D
Ej. 8 : 1. para - 2. por - 3. por - 4. para - 5. para - 6. por
         7. para - 8. por - 9. para - 10. para

SOLUCIONARIO

☞ CLAVES UNIDAD 7   RAFAEL SÁNCHEZ FERLOSIO.

Ej. 1 :   1. B - 2. D - 3. A - 4. C
Ej. 2 :   1. 45 - 2. 60 - 3. 43 - 4. 09 - 5. 23 - 6. 10 - 7. 16
            8. 50 - 9. 09 - 10. 15 - 11. 11 - 12. 49
Ej. 5 : a) 1. antiguo/viejo - 2. viejo - 3. antiguos/viejos
            4. antigua - 5. anticuado - 6. anticuado - 7. vieja/antigua
            8. viejos
       b) 1. acuerdas - 2. recuerda - 3. recuerdo - 4. acuerda
       c) 1. preguntó - 2. pidió - 3. pregunté - 4. pidas
            5. pidas/pidió - 6. preguntando
       d) 1. fila - 2. línea - 3. fila - 4. fila - 5. línea
       e) 1. encendidas - 2. ♠ incendió - 3. encendido
            4. incendiaron
       f) 1. ♠ relató - 2. relacionados - 3. relaciona - 4 ♠ relató
            5. relacionarse
Ej. 6 :   1. A - 2. B - 3. C - 4. B - 5. C
Ej. 7 : a) 1. alborotad/no alborotéis
            2. quédese/no se quede
            3. cierra/no cierres
            4. alborota/no alborotes
            5. pasa/no pases
            6. sentaos/no os sentéis
            7. apártense/no se aparten
            8. comencemos/no comencemos
            9. que espere/que no espere
            10. que duerma/que no duerma
            11. arrímate/no te arrimes
       b) 1. ...si no tienes... - 2. ...ya que no lo piensas...
            3. ...si no es... - 4. ...si no te cabe - 5. ...ya que no le gustan...
            6. ...si tienes...
            7. ...ya que no lo han invitado - 8. ...ya que la han estrenado
       c) 1. ...si te interesa - 2. ...si os portáis bien
            3. ...en caso de que encuentre... - 4. ...si la familia está...
       d) 1. ...si tiene... - 2. ...si estudias - 3. si se lo decís...
            4. mientras restaures...
       e) 1. ...mientras preparaba... - 2. ...tú venías...
            3. ...cuando el tren se alejaba... - 4. ...mientras conducía
       f) 1. mientras... - 2. cuanto... - 3. mientras... - 4. cuanta...
       g) 1. ...mientras que... - 2. ...en cambio... - 3. ...mientras que...
            4. ...mientras que...
Ej. 8 :   1. se quedara - 2. ♠ buscaría - 3. ♠ hablaba
            4. ♠ nos quedáramos - 5. formara - 6. ♠ solicitaría
            7. ♠ se curaría - 8. escribiera
Ej. 9 : a) 1. estaban - 2. es - 3. está - 4. estaba - 5. es - 6. estuvo
            7. es - 8. es - 9. somos - 10. están - 11. estaban - 12. eres
            13. estar
       b) 1. subirán - 2. deje - 3. está - 4. tenéis - 5. hagáis
            6. llegue

SOLUCIONARIO

☞ CLAVES UNIDAD 8 VESTIGIOS DEL PASADO.

Ej. 5 : 1. correspondió - 2. impresionado - 3. ♠ señalaban
4. parecía - 5. gobernó - 6. existen - 7. convencen - 8. quedó
9. conseguido convencerlos - 10. encargado - 11. hecho
12. oponen

Ej. 9 : a) 1. ofertas - 2. oferta - 3. ofrendas - 4. ofrecimiento
5. oferta
b) 1. residuos - 2. restos - 3. residuos - 4. vestigios - 5. resto
c) 1. Vivienda - 2. vivienda - 3. casas/viviendas
4. vivienda/casa - 5. casa
d) 1. vejez - 2. antigüedad - 3. antigüedad/vejez - 4. vejez
5. antigüedad - 6. vejez

Ej. 10 a) 1. C - 2. A - 3. B - 4. C -5. B
10 b) 1. C - 2. B - 3. A - 4. B - 5. C
10 c) 1. B - 2. B - 3. A - 4. C - 5. B

☞ CLAVES UNIDAD 9 JOSÉ SILES ARTÉS.

Ej. 3 : 1. percibía - 2. impuesto - 3. proceder - 4. fías
5. constituyen - 6. confundí - 7. reconocido
8. mantener - 9. señaló

Ej. 4 : 1. H - 2. G - 3. J - 4. I - 5. K - 6. L - 7. A - 8. M - 9. B
10. C - 11. D - 12. E - 13. F - 14. N

Ej. 7 : a) 1. mostró - 2. señalar - 3. mostrar - 4. señalar
5. señalado
b) 1. florece - 2. aflora - 3. florecido - 4. afloró - 5. aflora
c) 1. contemplar - 2. veía - 3. miró
4. contemplando/mirando - 5. vimos - 6. mirado
d) 1. empujones - 2. empuje - 3. empuje - 4. empujón

Ej. 8 : a) 1. A - 2. B - 3. A - 4. C - 5. B - 6. C
b) 1. A - 2. D - 3. B - 4. A - 5. C - 6. B
c) 1. C - 2. C - 3. B - 4. C - 5. A - 6. B

☞ CLAVES UNIDAD 10 GONZALO TORRENTE BALLESTER.

Ej. 2 : 1. ♠ enzarzaron - 2. renqueante - 3. ♠ se quejaba
4. crispada - 5. convulsiones - 6. despreciaba

Ej. 5 : a) 1. llueva - 2. venga - 3. esté - 4. conozca - 5. llegues
6. sea - 7 lo juréis - 8 salgan
b) 1. habían aprendido - 2. ♠ habían previsto - 3. habías perdido
4. ♠ encontraba - 5. ♠ se enteraron - 6. habían esperado
c) 1. los - 2. la - 3. lo - 4. la - 5. lo - 6. la - 7. los - 8. los
9. las - 10. las

Ej. 6 : a) 1. media - 2. mitad - 3. medio - 4. en medio - 5. mitad y mitad
6. media - 7. medio - 8. en medio

b) 1. un turno - 2. la vez - 3. la vez - 4. el turno/la vez
5. turnos

c) 1. abajo - 2. bajo - 3. debajo de - 4. debajo de - 5. abajo
6. bajo

d) 1. traer - 2. lleva - 3. traes - 4. lleva - 5. trae - lleva

e) 1. arriba - 2. encima - 3. arriba - 4. debajo encima/arriba
5. encima - 6. encima

CLAVES UNIDAD 11 CAMILO JOSÉ CELA.

Ej. 7 : a) 1. te equivocas - 2. tuve - 3. es - 4. se encontró - 5. hablaran
6. quieres - 7. sería - 8. llegara - 9. sueles -10. ibas
11. comprende - 12. solía - 13. tiene - 14. salían - 15. salió

b) 1. la - 2. le - 3. le - 4. le - 5. le - 6. la - 7. le

c) 1. le decía - 2. tenga - 3. supieron - 4. se ponga
5. se lo digamos - 6. comíamos - 7. entró

Ej. 8 : 1. está - 2. es - 3. es - 4. está - 5. está - 6. está/es - 7. era
8. estaba - 9. está - 10. estoy - 11. estaba - 12. estaba
13. es - 14. estar

CLAVES UNIDAD 12 EL DEPORTE.

Ej. 4 : 1. medir - 2. gobernó - 3. sirva - 4. marcado - 5. inventó
6. soporto - 7. sirve - 8. desatascar - 9. soportar
10. afecta - 11. controlado

Ej. 7 : 1. paredes - 2. muros - 3. tabique - 4. una mampara
5. murallas - 6. muros/tabiques - 7. paredes - 8. muro

Ej. 8 : a) 1. A - 2. B - 3. A - 4. B

b) 1. B - 2. D - 3. A - 4. D - 5. C - 6. C

CLAVES UNIDAD 13 AZORÍN.

Ej. 5 : 1. 49 - 2. 25 - 3. 02, 06 - 4. 25 - 5. 50 - 6. 50 - 7. 01 - 8.05

Ej. 9 : d) blancuzco - rojizo - azulado - amarillento - negruzco -
verdoso/verduzco - grisáceo - rosáceo/rosado

Ej. 10: a) 1. hubiera caído - 2. hubieran conquistado - 3. hubiera oído
4. hubiera venido - 5. hubiera comido
6. lo hubieran presenciado

b) 1. en,de,a - 2. con/de - 3. con/de - 4. en - 5. a - 6. en,de

Ej. 11: a) 1. para - 2. para - 3. por - 4. para - 5. por - 6. por

b) 1. espera - 2. pueda - 3. manden - 4. comen - 5. llegue
6. desayunan

c) 1. es, está - 2. es, son - 3. es/está, soy/estoy - 4. es, está
5. es, están - 6. es - 7. está, es - 8. estaban - 9. estamos
10. ser - 11. está - 12. es

☞ CLAVES UNIDAD 14 ALEJO CARPENTIER.

Ej. 3 : 1. operado - 2 ♠ resultó - 3 cumples - 4 ♠ suelo - 5 encargar
6. ♠ basa - 7. lanzado - 8. instale - 9. ♠ significa

Ej. 7 : a) 1. accedas - 2. excede - 3. accedió - 4. excede - 5. accede
6. excede

b) 1. inspirar - 2. espira - 3. expirado - 4. inspire,espire
5. expirado

Ej. 8 : a) 1. A - 2. B - 3. A - 4. B

b) 1. A - 2. A - 3. C - 4. C - 5. D - 6. D

Ej. 9 : 1. negro - 2. rojo/colorado - 3. amarillo - 4. colorado
5. morados - 6. blanco - 7. verde

Ej. 10: 1. más, que - 2. más, que/tan, como - 3. tanta,como
4. más, que - 5. tantos, como - 6. más, que

Ej. 11:e) 1. falsamente - 2. difícilmente - 3. probablemente
4. repetidamente - 5. tranquila y concienzudamente
6. familiar y campechanamente
7. peligrosa e imprudentemente - 8. cauta, lenta y suavemente

Ej. 12: 1. para - 2. para - 3. por - 4. para - 5. por - 6. por - 7. para
8. por

☞ CLAVES UNIDAD 15 PABLO NERUDA.

Ej. 6 : a) 1. quemando - 2. arde - 3. quemar - 4. ardió
5. arde - 6. arde

b) 1. conoce - 2. sé - 3. conoces - 4. saben - 5. conoces - 6. sabes
7. sabe - 8. saber

c) 1. cierran - 2. encierran - 3. encerrado - 4. cerrada - 5. cierran
6. se encerraron

Ej. 7: a) 1. D - 2. A - 3. A - 4. C - 5. B - 6. D - 7. C - 8. B

b) 1. C - 2. A - 3. A - 4. C - 5. B - 6. B

c) 1. C - 2. D - 3. B - 4. A

Ej. 9 : a) 1. en - 2. en - 3. en - 4. a, en - 5. a - 6. a, en - 7. en
8. en - 9. en - 10. a, a- 11. en - 12. a - 13. a, en

b) 1. soy - 2. está - 3. es - 4. es - 5. es - 6. estuvimos - 7. era
8. fueron - 9. es/está 10. eran - 11. está
12. somos, estamos

☞ CLAVES UNIDAD 16 LA MEDICINA.

Ej. 5 :   1. recomiendo - 2. realizaron - 3. protestan
           4. distribuído - 5. acusado - 6. fomentar - 7. cometer
           8. propagó
Ej. 9 : a) 1. se eviten - 2. sea - 3. se cometan - 4. esté
        b) 1. dispusiera - 2. aumentara - 3. tuviera - 4. tuviera
Ej. 11 a) 1. A - 2. A - 3. B - 4. B
        b) 1. A - 2. B - 3. A - 4. B
        c) 1. B - 2. A - 3. B - 4. A
        d) 1. C - 2. B - 3. A - 4. B - 5. A

☞ CLAVES UNIDAD 17 MARIO VARGAS LLOSA.

Ej. 5 : a) 1. de, a - 2. a - 3. de, a - 4. de - 5. a - 6. a - 7. a - 8. a
           9. de, a - 10. a, de - 11. a, a - 12. de, a - 13. a - 14. de
        b) 1. ganaba - 2. quieras - 3. vengan - 4. tengo - 5. iban
           6. vayas - 7. lo permite
        c) 1. me lo diga - 2. te dicen - 3. prefiere/prefiera
           4. ordena/ordene - 5. le diga - 6. quiere - 7. les diga
           8. les aconseja/aconseje
Ej. 7 : a) 1. vuelvas - 2. vuelto - 3. vuelves/volverás - 4. volver
           5. volviendo
        b) 1. rascarte/arrascarte - 2. ♠ rascas - 3. rasgado
           4. rajado - 5. rasgó - 6. rasgar - 7. rasca/arrasca
        c) 1. patas - 2. pierna - 3. pata - 4. pata - 5. pata - 6. pata
           7. piernas
        d) 1. hirviendo - 2. cocer - 3. hierve - 4. cocidas
           5. cuecen - 6. cocida
        e) 1. teclas - 2. clave - 3. teclas - 4. llave - 5. llave - 6. clave
Ej.8 :   1. C - 2. A - 3. B - 4. B - 5. A - 6. C
Ej. 10:   1. es, está - 2. fue - 3. era - 4. está, está - 5. estaremos
           6. estás - 7. estaba - 8. es, somos - 9. estaba
           10. estamos, es - 11. estoy, estará - 12. sería
Ej. 12:   1. se ha hecho - 2. se pusieron - 3. se hizo
           4. se ha vuelto - 5. se puso - 6. se ha vuelto
           7. se ha hecho - 8. ha llegado a ser - 9. le pone
           10. se ha vuelto - 11. nos volvemos - 12. se ha hecho

☞ CLAVES UNIDAD 18 GABRIEL GARCÍA MÁRQUEZ.

Ej. 5 : a) 1. cerca - 2. cerca - 3. cercana/cerca - 4. cercanos
           5. cercano - 6. cercanos - 7. cerca - 8. cercanos

b) 1. sigue/continúa - 2. siguen - 3. seguir - 4. seguir
5. sigue/continúa - 6. sigue/continúa - 7. siguió
8. sigue/continúa - 9. sigue/continúa
c) 1. camino - 2. carretera - 3. camino - 4. camino
5. carretera - 6. carretera - 7. camino - 8. caminos
9. camino - 10. camino
d) 1. oigo - 2. entiendes - .3 oiga - 4. entiendo - 5. entendidos
6. entendido - 7. entendedor - 8. oye, entenderás
e) 1. noticias - 2. noticia - 3. noticias - 4. notificación
5. notificación - 6. noticias
Ej.6 : a) 1. C - 2. B - 3. A - 4. A - 5. A - 6. B - 7. C
b) 1. A - 2. A - 3. B - 4. A - 5. B - 6. B - 7. B - 8. A
Ej.8 : 1. por - 2. para, por - 3. por, para - 4. para - 5. por
6. por - 7. para - 8. por - 9. por - 10. para

CLAVES UNIDAD 19 JORGE LUIS BORGES.

Ej. 5 : a) 1. quemando - 2. quemando - 3. arde - 4. arde
5. quemado - 6. arden
b) 1. muro - 2. pared - 3. los tabiques - 4. los muros/las paredes
5. las murallas - 6. las paredes - 7. las murallas
8. el tabique/la pared
c) 1. antiguas - 2. antiguos - 3. antiguos - 4. viejos - 5. viejo
6 viejo - 7 antigua - 8. viejos - 9. antiguo
d) 1. huerta - 2. jardín - 3. huerta - 4. huerto - 5. huerta
6. jardín
Ej. 6 : a) 1. F - 2. D - 3. B/A - 4. C - 5. E - 6. G
b) 1. A -2. C - 3. D - 4. B

CLAVES UNIDAD 20 EL DINERO.

Ej. 4 : 1. superado - 2. retrajeron - 3. conseguiremos
4. dependerá - 5. consiguió - 6. reúnen - 7. tardes
8. situó
Ej. 7 : 1. acumulación - 2. amplitud - 3. tecnología
4. moderación
Ej. 8 : a) 1. B - 2. D - 3. B - 4. C - 5. A - 6. A - 7. B
b) 1. C - 2. D - 3. C - 4. A/B - 5. A/B
c) 1. C - 2. B - 3. A - 4. B - 5. C
d) 1. B - 2. A - 3. A - 4. B
e) 1. A - 2. B - 3. B - 4. A
f) 1. A - 2. B - 3. C - 4. C

SOLUCIONARIO

☞ CLAVES UNIDAD 21 OCTAVIO PAZ.

Ej. 3 :   1. llevaba la voz cantante - 2. sobre todo - 3. al alba
         4. de turno - 5. en extremo - 6. en cambio
         7. a medida que - 8. oriundos - 9. portador
Ej. 4 :   1. D - 2. A - 3. B - 4. C
Ej. 5 :   1. púlpito - 2. pantalla - 3. tema - 4. película
         5. noticiario - 6. orador - 7. altavoz - 8. rasgo
         9. antagonismo
         10. mesa redonda - 11. imborrable - 12. liturgia
Ej. 8 : a) 1. sino - 2. si no - 3. sino - 4. si no - 5. sino - 6. si no
         7. sino - 8. si no - 9. sino
       b) 1. el que=quien - 2. el que=quien - 3. que - 4. que
         5. que - 6. el que=quien - 7. el que=quien
         8. el que=quien - 9. el que=quien - 10. quién
Ej. 9 : a) 1. mismo - 2. mismos - 3. mismo - 4. mismo
         5. mismos - 6. mismo
       b) 1. en medio - 2. medios - 3. por medio - 4. media
         5. en medio - 6. por medio - 7. medios - 8. media
         9. medio - 10. medios
       c) 1. parece - 2. apareció - 3. aparentar - 4. parece
         5. aparecido - 6. aparenta
       d) 1. crecen - 2. crecido - 3. criar - 4. crece - 5. criado
         6. ha criado
Ej. 10 a) 1. tengas - 2. es - 3. invitaran - 4. veo - 5. gusta/guste
         6. encuentre - 7. jugara - 8. son/sean - 9. es - 10. sea
       b) 1. tenía - 2. hubiera - 3. encontrara - 4. ganaban
         5. hubiéramos - 6. hubiérais - 7. tenía - 8. hubieras
       c) 1. por - 2. en - 3. en - 4. por - 5. en - 6. en
         7. en/por - 8. por

☞ CLAVES UNIDAD 22 ORTEGA Y GASSET.

Ej. 4 :   1. espesura - 2. desgranar - 3. claros - 4. halo - 5. internarse
         6. fugitivas - 7. aguijón - 8. verdura - 9. sucesivamente
         10. en cuanto tal
Ej. 8 : a) 1. un bosque - 2. selva - 3. La Selva - 4. un bosque
       b) 1. acá - 2. allá - 3. acá - 4. allá
       c) 1. la acción - 2. un acto - 3. actos - 4. la acción - 5. acción
         6. un acto
       d) 1. cuanto - 2. cuánta - 3. cuantos, cuántos - 4. cuanta
         5. cuánto - 6. cuantas - 7. cuántas
Ej 9 : a) 1. A - 2. B - 3. A - 4. B
       b) 1. B - 2. C - 3. A - 4. A - 5. B - 6. C
       c) 1. D - 2. D - 3. C - 4. B

CLAVES UNIDAD 23 JARDIEL PONCELA.

Ej. 4 : 1. con pasión - 2. de esa manera - 3. impedirlo
4. enciende el "cine"

Ej. 7 : a) 1. de - 2. con - 3. con - 4. de - 5. con, de - 6. con/de
7. de - 8. de

b) 1. para - 2. por/para - 3. por - 4. para - 5. para - 6. por
7. por - 8. para - 9. por/para - 10. para

Ej. 8 : a) 1. D - 2. A - 3. D - 4. A - 5. C - 6. D - 7. B - 8. C
9. C - 10. A

b) 1. B - 2. C - 3. A - 4. B - 5. A - 6. C

c) 1. C - 2. B - 3. A - 4. C - 5. B - 6. A

CLAVES UNIDAD 24 LA ENERGÍA.

Ej. 4 : 1. explotan - 2. forma - 3. dedica - 4. contiene
5. asegurar - 6. utilizamos - 7. forman - 8. distribuyó
9. encargó - 10. supuso - 11. resultó - 12. ofrece

Ej. 5 : 1. captación - 2. instalaciones - 3. datos - 4. inmunización
5. radiación - 6. vacuna - 7. medio ambiente - 8. placas

Ej. 8 : a) 1. media - 2. mitad - 3. media - 4. mitad - 5. media

b) 1. materia - 2. buenos materiales - 3. la materia - 4. materia

Ej. 9 : a) 1. A/B - 2. C - 3. C - 4. D - 5. D - 6. E

b) 1. C - 2. B - 3. B - 4. C - 5. D

c) 1. A - 2. A - 3. B - 4. A - 5. B - 6. A, B

d) 1. B - 2. A - 3. A - 4. B

Ej. 12: 1. se apagara - 2. sería - 3. sale - 4. tuviera - 5. compraremos
6. querría - 7. se resolviera - 8. se cura - 9. se descubriera

CLAVES UNIDAD 25 VALLE INCLÁN.

Ej. 3 : 1. vos - 2. encaje - 3. entreabrir - 4. balbucear - 5. viático
6. regazo - 7. fervorosos - 8. hueco - 9. murmurar
10. reverencia - 11. damasco - 12. sacerdote

Ej. 7 : a) 1. conocí - 2. sé - 3. conoce - 4. conozco - 5. sé - 6. conoce

b) 1. padres - 2. padres - 3. parientes - 4. parientes

c) 1. rodeada - 2. rodó - 3. rodeamos - 4. rueda

d) 1. enjugó - 2. enjuagar - 3. enjugar - 4. enjuagarte

e) 1. recordaba - 2. acordamos - 3. acordáis - 4. recuerde

Ej. 8 : a) 1. B - 2. A - 3. B - 4. A

b) 1. C - 2. A - 3. B - 4. C - 5. B - 6. A

SOLUCIONARIO

👉 CLAVES UNIDAD 26 UNAMUNO.

Ej. 3 :   1. sereno - 2. luto - 3. esforzó - 4. temblaban - 5. pureza
           6. heredado - 7. rehuir - 8. galope - 9. trepidar
           10. desesperes - 11. pretende - 12. fijar
Ej. 6 :   1. para - 2. para - 3. por - 4. para - 5. por - 6. por
           7. por/para - 8. por - 9. para - 10. por - 11. por - 12. para
Ej. 7 : a) 1. a, .. 2. a, a - 3. .. - 4. a, a - 5. .. - 6. .. - 7. a - 8. a

👉 CLAVES UNIDAD 27 PARDO BAZÁN.

Ej. 3 :   1. flojedad - 2. cabizbajo - 3. mojón - 4. peón caminero
           5. paño - 6. serpentear - 7. encendimiento - 8. atajillo
           9. sacroilíaca - 10. talonear - 11. tanteando
           12. personas linfáticas

👉 CLAVES UNIDAD 28 AFICIONES.

Ej. 4 :   aires (6), canciones (39), cante (47), cantos (50)
           arábigo (12), arabesco (19) - improvisar (35)
           embellecen (38) - denominación (03) - ritmo (32)
           representativo (48)
Ej. 5 :   Flandes - Andalucía - Arabia - Argelia
Ej. 6 :   1. subrayaban - 2. recibe - 3. señalar - 4. improvisar
           5. acompañado - 6. procede - 7. formado - 8. introducido
           9. estableció - 10. constituyen -11. merece - 12. sumaron
           13. reviste - 14. procedió - 15. encuentran - 16. guardan
Ej. 7 :   1. agilidad - 2. adornos - 3. arte - 4. notas - 5. pasaje
           6. palmadas - 7. aproximada - 8. actualmente - 9. género
           10. semejanza - 11. sefardíes - 12. impregnado - 13. sinuosa
Ej. 10: a) 1. la técnica - 2. la tecnología - 3. la tecnología
           4. técnicas
       b) 1. padres - 2. parientes - 3. parientes - 4. los padres
           5. parientes - 6. parentesco